红河学院学术文库·滇越合作研究系列丛书

本书由红河学院资助出版

滇越铁路史研究

王玉芝 ◎ 著

人民出版社

目　　录

前　言

　　滇越铁路20世纪初由法国修建，穿越中越两国，北起中国云南昆明，南达越南海防。滇越铁路是一条国际铁路。通过滇越铁路，中国西南陆地与海洋对接，开始了通江达海的现代化交通，影响深远。同时，也使殖民话语下的滇越铁路成为争议和研究课题。勘测修筑期是"阻洋修路"和收回铁路主权的运动，滇越铁路通车之后是震撼，20世纪80年代前是对殖民罪恶的申讨，90年代以后是辩证评价，20至21世纪之交是保护和申遗，现在是保护利用，滇越铁路的研究逐步成为热点，相关著述和画册主要有：戴光禄主编的《中法记者滇越铁路行》，张长利的《滇越铁路》，段锡编的《滇越铁路：跨越百年的小火车》，孙官生的《百年窄轨——滇越铁路史、个碧石铁路史》，肖鹏的《汽笛在山谷中独鸣：滇越铁路小火车之旅（滇越铁路沿线考察纪实）》，［法］皮埃尔·妈尔薄特著，许涛译的《滇越铁路：一个法国家庭在中国的经历》，何凌云的摄影作品《100年轨迹之滇越铁路》，吴兴帜的《延伸的平行线：滇越铁路与边民社会》，王玉芝、彭强、范德伟等合著的《滇越铁路与滇东南少数民族地区的发展与进步》、和中孚的《中国与东南亚的链接：滇越铁路》，昆明铁路局编的《滇越铁路全景图》，王明东的《民国时期滇越铁路沿线乡村社会变迁研究》，庄兴成、吴强、李昆等主编的《滇越铁路史料汇编》，陈强的《老火车漫旅行》，红河哈尼族彝族自治州旅游发展委员会编的《百年滇越铁路》，王耕捷主编的《滇越铁路百年史》《滇越铁路史画》《云南米轨铁路的共和国历程》，云南省铁道学会编的《云南铁道》等，另有相关论文数百篇。这些著作、画册、论文覆盖滇越铁路全貌，但没有把滇越铁路上升到历史学的层面做学科研究。

本书以马克思主义为指导，对滇越铁路做客观辩证研究。马克思以英国在印度的殖民活动为例证，对西方殖民者的作用进行过中肯的评价："印度失掉了它的旧世界而没有获得一个新世界，这就使它的居民现在所遭受的灾难具有了一种特殊的悲惨的色彩"。[①] "铁路在印度将真正成为现代工业的先驱"，"建设性的工作总算开始"。[②] 马克思充分肯定了西方工业文明，因为资产阶级"在它的不到一百年的阶级统治中所创造的生产力，比过去一切世代创造的全部生产力还要多，还要大。"[③] 滇越铁路是法国移植到云南的工业文明。

本书创新之处在于立足于客观，以能获取的各类史料为依据，对滇越铁路滇段进行历史学的研究，内容涵盖如下方面：研究滇越铁路滇段修建前的历史背景，即工业革命后，西方工业文明移植的途径和方法，中国人面对西方文明冲击的反响，中国人对铁路的认知，西方列强的资本输出和对中国铁路修筑权的争夺；中法战争及法国势力渗透到云南；英国占领缅甸及对云南的渗透，英法对云南铁路修筑权的争夺，法国获取中越铁路筑路权；滇越铁路滇段的修建；滇越铁路滇段的警察；1940 年 9 月以前滇越铁路的运输；滇越铁路滇段主权的回归以及国民政府的管理；中华人民共和国成立后，滇越铁路滇段的修复及滇越铁路滇段命名为昆河铁路；昆河铁路的管理；昆河铁路的改造更新；昆河铁路的运输等问题。

本书的书写表达，1957 年 12 月滇越铁路滇段命名为昆河铁路后，滇越铁路滇段称为昆河铁路，涉及中越国际铁路联运就称滇越铁路。

"滇越铁路史研究"分为六大部分：

第一部分：中国人对铁路的认知和西方列强对中国铁路修筑权的争夺。

---

① 中共中央马克思恩格斯列宁斯大林著作编译局译：《马克思恩格斯全集》第九卷，人民出版社 1965 年版，第 145 页。

② 中共中央马克思恩格斯列宁斯大林著作编译局译：《马克思恩格斯全集》第九卷，人民出版社 1965 年版，第 250、247 页。

③ 中共中央马克思恩格斯列宁斯大林著作编译局译：《马克思恩格斯选集》第一卷，人民出版社 1972 年版，第 256 页。

铁路是第一次工业革命的重大成就。1825年,英国建成世界上第一条铁路,斯蒂芬森火车头牵引的列车安全行驶在斯托克敦到达林敦的铁轨上。19世纪40年代,铁路延伸到欧洲大陆和美国,火轮车或火车之译名在中国出现。中国面对西方工业文明的冲击,开展了"中学为体、西学为用"的洋务运动,但拒绝修建铁路。19世纪末,西方列强通过各种渠道向中国输出资本,修筑铁路和开采矿山是西方列强资本输出的主要途径。为了达到资本输出的目的,西方列强在中国展开铁路修筑权和矿山开采权的争夺。

第二部分:法国侵占越南与中法战争。法国17世纪以教士和商人为先导进入越南,18世纪乘越南内乱之机插手越南内政,19世纪40年代借口保护传教士入侵越南,强迫越南签订了《西贡条约》,标志着越南开始沦为法国殖民地,条约中规定红河自由航行,法国打通了进入中国云南的通道。通过1883年的《顺化条约》,法国成为越南保护国,法国管理越南的一切外交事务,包括与中国之关系。法国对越南的侵略占领直接威胁到中国西南边疆的国防安全,清政府不能坐视,中国对法国占领越南提出照会。1883年12月,法军向驻扎在红河三角洲的清军进攻,中法开战。1885年6月,中法代表在天津签订《中法会订越南条约》,承认法国对越南的殖民统治。之后,法国通过各种条约获得中国西南通商口岸管理权,打开中国西南门户。

第三部分:英法对云南铁路修筑权的争夺。

英法两国19世纪中叶在中南半岛展开角逐,英国吞并缅甸,越南沦为法国殖民地。英法两国在东南亚的侵略直接威胁到中国西南地区,英法两国分别以印缅和越南为据点,向中国西南地区渗透,多次派员探险勘查,他们都想打开中国西南门户,将其在长江流域的殖民利益与西南地区联通,构建一个通过西南北上连接扬子江,南下连接印度、东南亚的大交通。为此,英法两国竭力争夺云南的铁路修筑权。

英国占领缅甸后,利用马嘉理事件,通过《烟台条约》,获取了进入中国西南的特权;通过《续议滇缅界、商务条款》和《续议缅甸条约附款》把中缅连接带的腾越变为英国势力范围,打开了中国西南门户。英国势力渗透到云南,但英国修筑滇缅铁路的计划在云南人民争取路权的斗争中流产。

法国为了修筑中越铁路,不断以各种形式,采用各种手段与清政府交涉,杜美精心设计了中越铁路网。经过多番交涉，中法签订《滇越铁路章程》，法国获得滇越铁路滇段修筑权。

第四部分：滇越铁路滇段的修建和运行。

滇越铁路滇段从勘探到设计都困难重重。早期勘探遭到沿线民众的抵制和反抗，最终选择的东线线路在崇山峻岭中，穿越气候酷热、植物干焦、河流湍急、人烟稀少、交通不便的瘴气地带；云南人民争取路权的斗争与滇越铁路滇段的修建相始终。法国修建滇越铁路滇段时，克服了一系列自然灾害和技术难题，通过架设坚固桥梁，打穿成百的山洞，筑起一道道挡墙才修通河口至昆明长达465公里的米轨铁路。滇越铁路滇段工程浩大艰险，是铁路建筑史上的奇迹；滇越铁路滇段是法国工业技术与中国劳工生命和血汗的结晶。

滇越铁路滇段由法国人经营管理。滇越铁路法国公司通过《路员来滇驻扎、游行暂定条款》管理员工，通过《河口分关管辖铁路所载各洋货进口土货出口章程》和《蒙自关碧色寨车站分关章程》管理进出口货物，通过《滇越铁路巡警章程》和《滇越铁路警察章程》把滇越铁路滇段沿线的治安管理权交给云南省政府组建的警察。

滇越铁路滇段边修筑边运营。1908年6月15日河口至腊哈地开始运营，1910年4月1日全线运行营业。滇越铁路主要是货运，兼营客运，由法国人经营管理。滇越铁路上的物流是国际贸易，通过越南海防联通世界市场，出口货物以大锡为主，其次是生丝、皮革、猪鬃及其锑、钨等；进口货物主要以西方的工业成品棉纱、棉布为主，以及药材、纸张、火柴、洋伞、纸烟、肥皂、糖、奶制品等日用生活品，其次是工业建设的材料钢铁、水泥、石油、机电、交通器材、机器、零件等。

第五部分：全面抗战时期的滇越铁路。

全面抗日战争爆发后，由于中国沿海区域被日本占领和控制，中国海外通道被切断，滇越铁路成了外援物资通道。国民政府为了有效利用滇越铁路的国际通道，与法国政府磋商，在越南设立办事机构，主管调节运输。外援物资、内迁工厂和人员大部分从海外和内地运输到香港，再运往越南海防，依靠滇越铁路运输到昆明，滇越铁路成了中国抗战前期的生命线。日本为了切断滇越铁路的国际运输，疯狂轰炸滇越铁路滇段的桥隧、车站。1940 年 9 月，日本占领越南。为了阻止日本利用滇越铁路侵入中国西南地区，国民政府拆除滇越铁路河口至碧色寨段铁轨，炸毁碧河段桥梁和隧道，破坏部分桥涵路基，滇越铁路运输中断。

第二次世界大战法国受挫，中国收回滇越铁路滇段经营管理权。第二次世界大战结束后，中国废除与法国签订的一系列不平等条约，1946 年 4 月签署了《关于法国放弃在华治外法权及其有关特权条约》，协定声明：凡授权法国政府或其代表实行管辖在中华民国领土内法国公司或人民之一切条款，兹特撤销作废。通过《关于中越关系之协定》，中国收回滇越铁路滇段主权。

第六部分：中华人民共和国成立后，滇越铁路滇段的更新与发展。

云南和平解放后，滇越铁路公司收归国有，交由昆明铁路管理局管理。1950 年修复了国内战争时损坏的狗街大桥、糯租大桥，1956 至 1957 年修复了抗日战争时期拆毁的碧色寨至河口段 177.6 公里铁路线路，中断 17 年的滇越铁路滇段即昆明—河口段南北贯通，滇越铁路滇段即昆明—河口段命名为昆河铁路。中越"铁路联运"协定签订后，滇越铁路国际运输功能再次得到发挥。20 世纪六七十年代，滇南草官线修建、寸轨铁路蒙宝线提升改轨为米轨，昆河铁路在滇南与草官、蒙宝米轨连接，与鸡个线寸轨对接，在滇南形成完备的米轨和寸轨联运铁路网。贵昆、成昆铁路建成后，昆河铁路与贵昆、成昆铁路联运，昆河铁路成为云南连接中国西南的铁路交通干线。为了提高运能，对昆河铁路米轨和准轨车站、换装站进行建设。1978 至 1985 年，昆河铁路的改造更新有序推进。随着设备完善、车辆更新、技术提升，昆河铁路的功能得到充分发挥，昆河铁路运输获得发展，在与贵昆、成昆铁路联运中发挥出巨大的运输功能。

1957 年滇越铁路碧河段修复后，中断了 17 年的滇越铁路恢复运输。1958 年中越国际铁路联运，滇越铁路再次成为中国西南国际交通干线。在复杂的国际格局中，中越国际铁路联运在起伏中运行发展。20 世纪 50 至 70 年代前期是中越国际联运的高峰期，70 年代后期至 90 年代初停运，90 年代后期至 21 世纪再次步入恢复发展期。

第一章 中国人对铁路的认知和西方列强对中国铁路修筑权的争夺

铁路是第一次工业革命的重大成就。1825年，英国建成世界上第一条铁路，斯蒂芬森火车头牵引的列车安全行驶在斯托克敦到达林敦的铁轨上。19世纪40年代，铁路延伸到欧洲大陆和美国，火轮车或火车之译名在中国出现。中国面对西方工业文明的冲击，开展了"中学为体、西学为用"的洋务运动，但拒绝修建铁路。19世纪末，西方列强通过各种渠道向中国输出资本，修筑铁路和开采矿山是西方列强资本输出的主要途径。为了达到资本输出的目的，西方列强在中国展开铁路修筑权和矿山开采权的争夺。

第一节 中国人对铁路的认知

中国面对西方工业文明冲击的初期回应是顽固的抵制，有识之士介绍的西方文明成果没有得到回应。无论是郭士立提到的火轮车或火车、魏源《海国图志》提到的火轮车和铁路，还是徐继畬《瀛寰志略》对铁路"精能之致"的赞誉，都没引起反响，中国仍然沉睡在昔日梦乡中。

一、中国有识之士对铁路的认知

铁路是第一次工业革命的重大成就。英国工矿业的发展催生出轨道矿车，1767年铁轨取代木轨道，1814年英国人斯蒂芬森将蒸汽机安装在运行的轨道车辆上。1820 年铁路轨道铁轨被生产出来。1825 年英国建成世界上第一条铁路，由斯蒂芬森火车头牵引的客货列车安全行驶在斯托克敦到达林敦的铁路上，时速每小时 25 公里。英国第一条铁路开拓了人类陆路交通新纪元，人类交通新时代到来。1829 年，英国曼彻斯特到利物浦的铁路通车，时速提高到每小时 29 公里。铁路快速大容量的运输推动了铁路热，19 世纪 40 年代铁路延伸到欧洲大陆和美国。

铁路信息在中国出现是 19 世纪 30 年代。郭士立首先在其《万国地理全图集》（1839 年）中模糊地提到与铁路相关的信息，有火轮车或火车的记载。19 世纪 40 年代在郭士立的《贸易通志》中，不仅对铁路做了详细记载，且提出"亦中国所当法"的灼见。以后林则徐托人代译的《四洲志》提到火轮车和铁路。鸦片战争后，中国人在对西方文明的被动接受中逐渐加深了对铁路的认知，魏源的《海国图志》再次提到火轮车和铁路，徐继畬的《瀛寰志略》介绍了英国的铁路行处及质地，"陆有铁路，石路浇以铁汁，火轮车通行"，赞誉铁路是"精能之致"。

二、清朝政府对铁路的态度

19 世纪六七十年代，清政府当权派鉴于五口通商后对赣粤间传统陆路运输冲击所造成的失业，以及由此引发的民变，无论是李鸿章还是曾国藩，都拒斥铁路。1868 至 1869 年间，江南机器局为生产需要，奏请在江南机器局内修建一条铁路，被曾国藩驳回，"此层决不可行"，认为中国内地铺设铁路"碍难照办"，是"岂可反自作俑"。① 修筑铁路对中国劳工的影响，在美国驻华代办卫三畏向美国国务院呈递的咨文中更为详细："一当粗野的、紧握拳头的、一向恃劳动为生的，像船夫、车夫等亿兆中国人民的生计，忽被汽车或铁路所剥夺，以致穷蹙无归时，是可能成为他们的统治者的严重灾害和真正的危险。"何时适合铁路，卫三畏认为："除非等待到这些人民的知识增加了，这个政府的力量增强了，所有各省的秩序更稳定了，企图在目前即从事铁路

---

① （清）曾国藩：《曾文正公批牍》卷四，《曾文正公全集》本，中国书店 2011 年版，第 64 页。

网的修建，是否安全，确实是一个问题。"①

第二节　西方列强对中国铁路修筑权的争夺

　　19 世纪六七十年代中国拒斥西方工业文明之际，正是西方资本主义制度确立和资本主义经济飞跃发展之时。随着资本主义经济的发展，西方各国实力增强，资本高度集中，西方由商品输出转为资本输出。中国是西方列强资本输出的重要场所，但中国面对西方工业文明的冲击仍然是顽固抵制。英美试建的吴淞铁路上机车的汽笛声不但没震醒国民，反而是侵扰了地下祖宗的安宁；唐胥铁路上机车的轰鸣和烟囱冒出的黑烟没有震醒清政府朝野上下，而是震动了东陵，烟熏了庄稼，机车被禁止使用。19 世纪 80 年代末，国人醒悟，中国兴起铁路修筑热，西方列强围绕中国铁路修筑权展开激烈的争夺。

一、工业革命后西方列强的资本输出

　　19 世纪六七十年代，西方资本主义制度的确立有力地推动了资本主义经济的发展，资本主义经济实现飞跃。西方列强控制着国际贸易，1780—1860年，世界主要国家和地区在世界贸易中所占的百分比如下②：

表 1-1　1780—1860 年间世界主要国家和地区占世界贸易总额比例表

单位：%

年份	英国	法国	德国	欧洲其他国家	美国	世界其他地区
1780	12	12	11	39	2	24
1800	33	9	10	25	6	17
1820	27	9	11	29	6	19
1840	25	11	8	30	7	20
1860	25	11	9	24	9	21

---

① 卫三畏至美国国务卿西华德函：1868 年 7 月；《美国外交文件》（英文），1868 年，第 1 卷，第 516—517 页。

② ［法］米歇尔·博德著，吴艾美等译：《资本主义史：1500—1980》，东方出版社 1986 年版，第 123 页。

19 世纪 90 年代以后，随着资本主义经济的发展，西方列强资本高度集中。1913 年，英国 21 家股份银行集中了全国存款总额的百分之八十五;[①] 1909 年，德国柏林 9 家大银行及其附属银行拥有资本一百一十三亿马克，约占德国银行资本总额的百分之八十三;[②] 1913 年，美国摩根和洛克菲勒两大财团独占了美国全部国民财富一千二百亿美元的三分之一。[③] 西方列强转而资本输出，1850 年英国国外投资为二亿英镑，1875 年增加到十四亿英镑，1913 年达到四十亿英镑，英国资本输出占世界第一位;[④] 法国资本输出仅次于英国，19 世纪 90 年代法国资本输出为二百亿法郎，1902 年增加到二百七十亿至三百七十亿法郎，1914 年达到六百亿法郎。[⑤] 第一次世界大战前夕，英、法、德的国外投资达一千七百五十至二千亿法郎，每年利息收入不少于五十至八十亿法郎。[⑥]

二、西方列强对中国的资本输出

中国是西方列强资本输出的主要国家，其通过战争赔款、获取铁路修筑权和矿山开采权、办工厂等途径向中国输出资本。中日甲午战争后，《马关条约》规定清政府在三年内偿还日本 2 万万两赔款，以及 3000 万两的赎辽费，当时清政府全年的财政收入才八千万余两，根本无力偿还。西方列强借机向中国进行资本输入，以苛刻的条件迫使清政府向西方列强借贷。为筹集中日甲午战争后的赔款，清政府三次向西方列强贷款：第一次是 1895 年的"俄法洋款"。俄法德以三国干涉还辽有功，向清政府提出揽借要求，清政府迫于压力决定向三国借款；后来俄国挤掉德国，与法国合作获得借款权；7 月，清政府与俄法签订《俄法洋款合同》，又称《四厘借款合同》，清政府向俄法借款 4 亿法郎，折银九千八百余万两，年息四厘，以海关收入为担保，分 36 年还清，贷款由四家俄国银行和六家法国银行分摊贷给。第二次是 1896 年的"英

---

① 王荣堂、姜德昌等主编:《新编世界近代史》下册, 吉林人民出版社 1981 年版, 第 54 页。
② 王荣堂、姜德昌等主编:《新编世界近代史》下册, 吉林人民出版社 1981 年版, 第 79 页。
③ 王荣堂、姜德昌等主编:《新编世界近代史》下册, 吉林人民出版社 1981 年版, 第 96 页。
④ 王荣堂、姜德昌等主编:《新编世界近代史》下册, 吉林人民出版社 1981 年版, 第 54 页。
⑤ 王荣堂、姜德昌等主编:《新编世界近代史》下册, 吉林人民出版社 1981 年版, 第 54—55 页。
⑥ 王荣堂、姜德昌等主编:《新编世界近代史》下册, 吉林人民出版社 1981 年版, 第 48 页。

德洋款"。1896 年初，清政府开始筹措第二期对日赔款，英国以武力要挟，英德联合获得清政府第二期对日赔款贷款权；3 月清政府与英德签订《英德洋款合同》，借款总额为 1600 万英镑，折银九千七百余万两，年息五厘，以海关收入为担保，分 36 年还清，贷款由英国汇丰银行和德国德华银行分摊贷给。第三次是"英德洋款"。1897 年，清政府开始筹措第三期对日赔款，英德获得清政府第三期对日赔款贷款权；1898 年 3 月，清政府与英德签订《续借英德洋款合同》，借款总额为 1600 万英镑，折银一亿一千二百余万两，年息四厘五分，分 45 年年还清，以苏州、淞沪、九江、浙东等处的贷厘及宜昌、鄂岸盐厘为担保，贷款由英国汇丰银行和德国德华银行分摊贷给。通过上述三次贷款，俄、法、英、德控制了中国海关。1885 年至 1900 年的 15 年内，清政府向西方列强贷款总额达到四亿五千一百余万两白银，是清政府当时年财政收入的五倍半。借款使清政府在经济上进一步依赖西方列强，高利率更加重了清政府的财政负担，中国处于西方列强的摆布中，无论是铁路建筑，还是矿山开采都成了西方列强对华资本输出的途径。

三、英美在中国修筑铁路的试验

西方列强希望以交通为渠道，进一步拓展中国市场，从铁路修筑中获取高额利润。为了让中国人接受西方工业文明，实现在中国的铁路投资，英美以铺设小型铁路做试验。1865 年，英国人杜兰德在北京宣武门外私自铺设了 500 米的铁路，用小汽车做行车试验。疾驶的速度果然让国人惊讶，但惊讶后的是恐慌，清政府即令拆除。

英国宣武门外展示铁路的失败，并没有阻止英美在中国修建铁路的试验。1872 年至 1876 年，英美在上海至吴淞之间再次展示铁路和机车。五口通商开辟后，上海成为中国最大的贸易口岸，吴淞是长江入海口，为了方便货运和人员往来，英美想在上海和吴淞间修筑一条铁路。针对清政府的抵制，阿礼国提示英国商人以试验的方式把铁路介绍给中国。英国商人在《北华捷报》上刊载了他们在中国修筑铁路的方式："不能作为一种条约的权利来提出要求，开始应该以试验的方式介绍进来"。① 美国首先试验。1872 年，在美国上海领事、驻华公使和美国国务院的支持下，美国驻上海副领事布拉特福组织"吴淞公司"，筹备私建吴淞铁路，但是面对中国的村落、小土地和祖坟，在土地的征集和施工方面困难重重，布拉特福不得不把修筑权转给英国怡和洋行。怡和洋行组织成立了以英国为主的英美合资公司，名为"吴淞道路公司"。为能顺利征地，英国上海领事以修建"一条寻常马路"为名，向上海地方政府提出购买上海至吴淞间的土地，隐蔽推进修筑工程，铁路器材以"供车路之用"运入。1876 年 1 月完成路基工程，2 月 14 日完成路面工程，6 月 30 日上海至江湾段完工试车，7 月 3 日正式通车。

隐蔽修筑的吴淞铁路引起周边民众反抗。购置土地时，许多民众抵制，以至土地购置手续不全，许多地段没有完成土地承租手续；勘测线路时，民众拔去勘测木桩；清政府也极力阻止铁路的修筑。隐蔽修筑的吴淞铁路运行时，民众惊恐，特别是祖坟在铁路周围的民众，认为火车的汽笛声会影响祖宗的安宁，极力反对，有的民众甚至卧轨阻止火车运行。清政府出面谈判，于 1876 年 10 月 24 日订立《收买吴淞铁路条款》，由清政府出 285000 两银买断吴淞铁路，清政府在一年内付清收购款。1877 年 10 月 20 日最后一笔款还清后，吴淞铁路移交给中国。移交回中国的吴淞铁路没有被利用，而是被拆毁，铁轨、机车、车厢被运到台湾，其他材料被搁置在海滩上，这就是英美吴淞铁路修筑试验的结果。19 世纪六七十年代的中国，从政府到民众，对铁路是完全拒斥的，古老的中国文明与西方现代文明形成对峙。

四、19 世纪 80 年代后期中国兴起铁路修筑热

清政府对铁路的拒斥态度在 19 世纪 70 年代末出现转变。1876 年吴淞铁路完工之年，开平煤铁矿务轮船招商局总办唐廷枢向李鸿章呈文，提出修筑开平至涧河口的铁路，没得到回应。1877 年 9 月，唐廷枢再次上书李鸿章，强调开平至涧河口铁路在煤铁运输中的重要作用。当时正值赎回吴淞铁路拆除之时，上书仍然没有得到回应，但唐廷枢被任命为新设立的开平矿务局总

---

① 《北华捷报》（英文），1870 年 1 月 8 日。

办，且任命英国人博内任总工程师。1879 年唐廷枢再次上书李鸿章请求修筑开平至涧河口铁路运煤铁，李鸿章采用中西结合的办法使铁路修筑方案得以通过，即铁路以驴马拖载。在这荒谬的议案中，中国首开修筑铁路之先例。1881 年 6 月 9 日动工修筑，11 月 8 日竣工，全长 10 千米，标准轨距，即唐胥铁路，车辆非驴马拖载，而是由引进英国制造的"0 号"机车、"龙号"机车以及中国人自己拼凑的简易机车牵引。机车的轰鸣和烟囱冒出的黑烟没有震醒清政府，而被认为是震动了东陵，烟熏了庄稼，机车被禁止使用。经过艰难交涉，改为驴马拖载，直到 1882 年才启用蒸汽机车，中国的第一条铁路在崎岖中诞生。1885 年，开平至涧河口铁路的运能改变了清政府朝野上下的看法，清政府开始把铁路建设提上日程，由特设的总理海军事务衙门兼管铁路，铁路成为海防事业。

在清政府主导下，中国于 1886 年 8 月创立了第一个铁路公司——开平铁路公司，拓展开平至涧河口的铁路，即唐芦铁路。唐芦铁路的运能推进着中国的铁路建设，1888 年 9 月借用外资建成津沽铁路，1891 年建成台北至基隆铁路。自此以后，清政府重视铁路建设，中国的铁路建设成为西方列强资本输出的主要渠道。

五、西方列强对中国铁路修筑权的争夺

工业革命之后，英国就积极寻求在中国修筑铁路。1858 年，英国外交大臣马尔斯伯利就同意把铁路作为开辟中国市场的策略；英国订约专使额尔金 1860 年暗示上海英商，在采用武力和外交破除贸易障碍后，开辟中国市场的补充就是投资铁路。英国为了进一步开拓中国市场，积极寻求铁路投资。1867 年，英美在修改《天津条约》时，企图谋取铁路修筑特权。由于当时清政府极力阻止在中国修筑铁路，英美在中国修筑铁路的企图未能实现。19 世纪 70 年代，英美一面私自修筑淞沪铁路，一面宣称他们在华贸易的障碍是交通问题。英美 1872 年至 1876 年修筑淞沪铁路的试验失败后，西方在华谋求铁路修筑权的喧嚣短暂停息。1885 年中法战争后，西方列强再次图谋中国铁路修筑权。1885 年 6 月，中法代表在天津签订《中法会订越南条约》，其中第七款承诺"日后若中国酌拟创造铁路

时，中国自向法国业此之人商办；其招募人工，法国无不尽力襄助。惟彼此言明，不得视此条约为法国一国独受之利益。"① 即以后中国修建铁路得与法国人商办。与此同时，清政府改变了在中国修筑铁路的拒斥态度，酝酿修筑关东铁路，但经济是交通建设后盾，积贫积弱、负债累累的清政府没有这个能力，同时铁路是工业文明的集大成者，是"煤炭和钢铁工业的总结"。② 中国没有铁路建筑的资金、材料、技术，所以当时中国要修筑铁路，无论是资金、材料、技术都得依赖西方列强。清政府修筑铁路的计划为西方列强获取中国铁路修筑权创造了机会，恩格斯1892年指出："英国资本极力要修建中国的铁路。"③ 1889年，英、法、德、比为获取关东铁路修建材料供应展开角逐，法国则进一步要求参与修筑关东铁路，因为修筑铁路是资本输出的最佳途径。

　　19世纪末，西方列强展开了争夺中国铁路修筑权的角逐，俄、法、英、德争夺芦汉、津镇、粤汉、京奉等四条铁路的投资权。俄法借助比利时银行团的斡旋，于1898年获得芦汉铁路的投资、修筑、经营权。俄国势力借助芦汉铁路线，由东北深入到河南、湖北，这触犯到英国在长江流域的势力范围，为了阻止俄国、法国插足长江流域，英国争取到关内关外的铁路借款权，同时向清政府提出修筑天津至镇江、山西经河南至长江沿岸、九龙至广州、浦口至信阳、苏州经杭州至宁波五条铁路的要求。在英国压力下，清政府接受了除津镇铁路外其他四条铁路的修筑要求。因为津镇铁路贯穿直隶、山东、安徽、江苏四省，不仅是清政府的政治中心，且有损德国在山东的权益，德国要挟如果不让德国修筑就不准津镇铁路穿过山东，最后英国以英德分割非洲殖民地为条件，双方妥协，利益分沾。天津至山东南境一段铁路由德国修筑，镇江至山东南境一段铁路由英国修筑。美国不甘坐视，1898年4月争得粤汉铁路的借款权和承筑权，但由于美西战争，英国插手粤汉铁路修筑权。1899年2月美国允许英国投资粤汉铁路，同时英国允许美国投资英国取得的

---

① 王铁崖编：《中外旧约章汇编》第一册，生活·读书·新知三联书店1957年版，第468页。
② 中共中央马克思恩格斯列宁斯大林著作编译局译：《列宁全集》，人民出版社1972年版，第182页。
③ 中共中央马克思恩格斯列宁斯大林著作编译局译：《马克思恩格斯全集》第三十八卷，人民出版社1972年版，第467页。

广九铁路。在英国关内关外铁路借款权问题上，由于俄国干预，清政府不敢批准借款合同，英国不得不与俄国寻求妥协，双方于 1899 年 4 月达成协议，划分了铁路投资范围，俄国不在长江流域进行铁路投资，英国不在长城以北投资铁路，同时不妨碍俄国在长城以北的铁路投资。西方列强瓜分了中国的铁路权益，进一步巩固了各自的势力范围，稳定了投资空间。

第二章　法国侵占越南与中法战争

　　法国 17 世纪以教士和商人为先导进入越南，18 世纪乘越南内乱之机插手越南内政，19 世纪 40 年代借口保护传教士入侵越南，强迫越南签订《西贡条约》，越南沦为法国殖民地，法国打通了进入中国云南的通道。之后，通过 1883 年的《顺化条约》，法国成为越南保护国，管理越南的一切外交事务，包括与中国之关系。法国对越南的侵略占领直接威胁到中国西南边疆的国防安全，清政府不能坐视，中国对法国占领越南提出照会。1883 年 12 月，法军向驻扎在红河三角洲的清军进攻，中法开战。1885 年 6 月，中法代表在天津签订《中法会订越南条约》，承认法国对越南的殖民统治。之后，法国通过各种条约获得中国西南通商口岸管理权，打开中国西南门户。

第一节　法国侵占越南与进窥中国

　　17 世纪，法国传教士和商人进入越南。18 世纪，法国乘越南内乱之机插手越南内政。19 世纪 40 年代，借口保护传教士入侵越南。1862 年，越南阮氏王朝与法国谈判，签订了第一个《西贡条约》，从此越南开始沦为法国殖民地，法国进一步侵略越南。1863 年通过《法柬条约》，柬埔寨沦为法国保护国。之后，法国在越南、老挝不断拓展，同时加紧对中国的探险和勘察。

一、法国侵占越南

法国侵入越南是以传教和经商为开端的。1624 年法国传教士亚历山大·罗德进入越南传教，亚历山大·罗德以传教为途径渗透到越南文化领域，并从事勘探测绘；1658 年亚历山大·罗德代表罗马教皇在越南设立"代牧主教区"，该主教区成为法国在越南的殖民渗透机构。亚历山大·罗德不仅仅是传教，更重要的是对越南进行勘察和文化渗透，他绘制了较为详细的越南地图，记载了传教区的社会情况，创造了拉丁化拼音越语。传教士成为法国侵略越南的先遣队，"印度支那法国殖民史是法国传教士一手写成的"。① 在传教士努力下，法国在越南的传教事业获得发展，到 19 世纪初，越南的欧籍教士发展到 30 名、越籍教士 155 名，拥有约 20 万教徒。正如拿破仑所说："异域传教会将对我们在亚洲、非洲和美洲十分有利……他们的袍服将掩护他们，并将用来掩护政治上和商业上的一些企图"。② 法国经营印度和北美失败后，把殖民重心移到中南半岛。

法国乘越南内乱之际向越南渗透。16—18 世纪，越南南北政权对峙与民众起义交织在一起。内乱中，阮福映投靠法国，于 1784 年请法国传教士百多禄为代表，携带其子阮名景率领代表团到法国求救。1787 年 11 月 28 日，百多禄代表阮福映与法国政府签订了《凡尔赛条约》，把昆仑岛、会安海港割让给法国，保障法国在越南拥有贸易垄断权，法国在东方与他国开战时，越南要供给法国兵员和粮食，法国给阮福映四艘战船和 1650 人的军队。该条约因为法国大革命爆发而中断，没有生效。之后，百多禄帮助阮福映在越南南部造船、铸炮，训练军队。在法国帮助下，阮福映于 1802 年灭西山政权，建立阮氏王朝，定都富春（顺化），改国号为越南，法国势力随之渗透到越南。尽管阮氏王朝在 1825 年至 1833 年两次下令禁止传教，并实行"闭关锁港"政策，但仍无法阻止法国的入侵。

1843—1847 年间，法国借口保护传教士，进行了三次武装挑衅。1858 年

① ［泰］姆·耳·马尼奇·琼赛著，厦门大学外语系翻译小组译：《泰国与柬埔寨史》，福建人民出版社 1976 年版，第 154 页。

② ［法］絮勒·卡纳尔：《黑非洲》，巴黎 1858 年，第 120 页。

发动侵越战争，8 月法国与西班牙联合，在黎峨指挥下进攻土伦，进而图取顺化。在越南人民的抵抗下，法国只占领了土伦门户茶山半岛。1859 年进攻嘉定，以图南圻，法军付出惨重代价占领嘉定。由于英、法联军在中国大沽口失败，推迟了法军对越南的进攻步伐。1860 年第二次鸦片战争结束后，法西联军在法国海军上将戛纳指挥下进攻南圻，法军于 1861 年先后占领了定祥、嘉定、边和三省以及越南南部和昆仑岛，南圻人民英勇抵抗，但阮氏王朝则在顺化与法国谈判，签订条约。

二、《西贡条约》

阮氏王朝于 1862 年 6 月 5 日在顺化与法国谈判，签订了第一个《西贡条约》。割让南圻东部的定祥、嘉定、边和三省和昆仑岛，允许法国商船和军舰在湄公河及其支流自由航行，开放土伦、巴叻、广安三岛为商埠，法国和西班牙商人可在开放的三个商埠自由贸易并受保护，向法西两国赔款 400 万皮阿斯特，同时规定法国控制越南内政外交，规定越南必须通过法国方能与其他国家办理交涉，以此割断越南朝廷与中国清朝的联系。从此越南开始沦为法国殖民地，法国则进一步侵略越南。1863 年的《法柬条约》使柬埔寨沦为法国的保护国。之后，法国在越南、老挝不断拓展，同时加紧对中国的探险和勘察。

三、法国进窥中国

越南与中国唇齿相依，19 世纪法国殖民者在中南半岛推进中，不仅把越南视为自己的侵略目标，更为远大的计划是以越南为跳板进一步图谋中国西南。19 世纪六七十年代，越南沦为法国殖民地，为法国进入中国云南创造了条件。同治年间，法国先后六次到云南探险。同治四年（1865），拉格里（D. de. lagree）对云南探险勘测后，撰写了介绍云南矿产资源的《云南矿说》《云南铜矿》《云南银矿》报告呈递给法国政府，论证了云南蕴藏着丰富的矿产资源；同治五年（1866），法国海军大尉加尼尔（Francis Garnis）开始探测直接通往云南的大通道，从中找到红河是理想的航运大道，"在云南他们从中国官员和法国传教士那里获得了连接云南与东京红河的水路的最有价值的资料。因此，法国把到中国西部的路径的兴趣从湄公河转移到了东京。"①

此外，法国为了与英国争夺在中国的势力范围和商业利益，遏制英国在东南亚的扩张，把中南半岛作为法国图谋中国的基地，"在目下印度的政治均势似大有利于英国人，如有人把恢复平衡看成并非易事也许是有道理的。按照我（注百多禄）的意见，在交趾支那建立一个法国的殖民地是达到这个目的的最稳妥、最有效的办法。使英国人在印度的地位受到损害，最肯定的办法，就是在和平期间摧毁它的商业。由于我们的地位较近中国，我们毫无疑问可以更多地吸收它的贸易。在战争期间，将更容易隔断中国和一切敌国的商务。由于这样一个有利的地位，我们将不难干扰英国人显欲将边界向东扩展的计划。"② 法属印度支那总督在其《法属印度支那》一书的第330页阐述了图谋中国西南的战略意图："长久以来，北圻似乎对于我们开发云南显出它的价值，但随后人们很正确的看出了它还有一种本身的价值，不过这不能作为我们占有它的目的的理由。"③

1867年，法国强占南圻西部的永隆、昭笃、河仙三省，法国侵占越南南部地区后，没达到其最终目的，仍积极向北推进，要打通通往中国云南的红河通道。"但是，这条河（注：湄公河）却不能成为当时商人和官员们正寻求的进入中国西南各省的路线。在所有这些路线之中，除去从广东取道西江的那条路线之外，以通过东京取道红河的那一条路线为最方便，在商业上也最经济。红河航线的价值由于包括安邺、特拉格莱和堵布益在内的一连串大胆探险家的努力，而引起了法国的注意。1871年堵布益进入云南，1873年，他又旧地重游，并与云贵总督订了一个合同，规定运入武器和食盐以换取锡和铜。"④

———————————

① ［英］D. G. E 霍尔著，中山大学东南亚历史研究所译：《东南亚史》，商务印书馆1982年版，第748—749页。
② 转引自［英］肯德著，李抱宏等译《中国铁路发展史》，生活·读书·新知三联书店，1958年版，第151页。
③ 转引自［英］肯德著，李抱宏等译《中国铁路发展史》，生活·读书·新知三联书店，1958年版，第150页。
④ ［美］马士·宓亨利著，姚曾廙译：《远东国际关系史》，上海书店出版社1998年版，第331页。

四、《越法和平同盟条约》

法国占领南圻后继续北进，图谋北圻。北圻是重要的军事基地，法国官员士尔克认为："法国必须占领北圻，因为它是一个理想的军事基地，由于有了这个基地，一旦欧洲各强国企图瓜分中国时，我们将是最先在中国腹地的人。"[①] 1873 年以后，法国不断向北推进，法国总督普迪雷派海军上将安邺带领军队去威震河内。11 月，法军抵达河内，要求红河航行自由，遭到拒绝后，于 11 月 20 日突袭河内，河内总督阮知方战死，法军占领河内，接着攻占了海防、宁平、南平等地区。越南嗣德帝得知河内沦陷后，请求刘永福的黑旗军援助收复河内。12 月 21 日，刘永福率领黑旗军收复河内，发生了第一次纸桥大战，大败法军，打死加尼尔，迫使法军退守河内。黑旗军纸桥大捷极大地鼓舞了北圻人民的反法斗争，但是顺化政府害怕法国的炮火，不想依靠民众继续抗法，与法国进行和谈。

1874 年 3 月 15 日，越南与法国在西贡缔结《越法和平同盟条约》，即第二个《西贡条约》：越南承认法国在南越六省有完全主权；开放施耐港（归仁）、宁海港（海防）、河内等三港为商埠，并允许法国在各商埠派卫队；开放红河水道，法国人可以红河自由通航到云南并保障其安全；允许天主教自由传播，民众信仰自由；法国拥有领事裁判权，法国人与法国人，法国人外国人之间的纠纷，由法国公使裁判，法国成为越南的监护者。第二个《西贡条约》割断了越南与中国之间的宗藩关系，越南丧失了外交自主权，法国在越南获得治外法权，使法国对越南南部六省的占领合法化，这为法国完全占领越南奠定了基础；红河自由航行，法国打通了进入中国云南的通道，正如杜美所言："然而，假如我们要争取的话，我们就应该在这场和平斗争中取得胜利。依赖于红河流域所给予的便利是有助于我们达到控制云南的。"[②]

越南与法国在西贡缔结的《越法和平同盟条约》并没有阻止越南人民的

---

① 陈辉燎：《越南人民抗法八十年史》第一卷，生活·读书·新知三联书店 1973 年版，第 71 页。

② ［英］肯德著，李抱宏等译：《中国铁路发展史》，生活·读书·新知三联书店 1958 年版，第 156 页。

抗法斗争。1883年5月发生了第二次纸桥大战，法军在纸桥附近遭到伏击，在黑旗军的攻击下，法军大败，头目里维埃被击毙，刘永福得到了顺化朝廷的嘉奖，被授予三宣提督，加封义良男爵。越南人民的抗法战争由于嗣德皇帝死亡而夭折。1883年8月嗣德皇帝死后，越南陷入皇位之争中，法军乘机进攻中圻，炮击顺化。8月20日法国占领顺化外围地区以及北圻一部分省份，向顺化朝廷发出最后通牒，要顺化朝廷24小时内接受法军要求，承认受法国保护。8月25日，阮氏王朝与法国签订了第一个《顺化条约》。

条约规定：越南接受法国保护，并承认法国对越南的保护权；法国管理越南的一切外交关系，包括与中国之关系；关税全权委托法国人专办；由法国人负责驱逐黑旗军，同时保障红河的航行安全和商务自由。1884年6月6日又签订第二个《顺化条约》作为前期条约的保障。法国对越南的侵略占领直接威胁到中国西南边疆的国防安全。

第二节　中法战争

法国对越南的侵略占领直接威胁到中国西南边疆的国防安全，清政府不能坐视，提出照会。1883年12月，法军向驻扎在红河三角洲的清军进攻，中法开战。1885年6月，中法代表在天津签订《中法会订越南条约》，承认法国对越南的殖民统治。之后，法国通过各种条约获得中国西南通商口岸，打开了中国西南的门户。

一、中法战争

1883年8月法军进攻顺化时，中国清政府向法国提出照会："法国不得损害安南国的政治地位，并且除已于1862年、1867年并吞或占领的南方七省外，不得并吞该国的任何领土。""安南对中国的藩属地位不变"。① 《顺化条约》签订后，中国清政府11月照会法国外交部和各国使臣："中国保护藩臣，

---

① 黄国安等编：《近代中越关系史资料选编》上，广西人民出版社1986年版，第222页。

如法人侵及我军驻扎之地，不能坐视"，① 但是清政府避战求和消极防御助长了法国的侵略气焰。1883 年 12 月，法军向驻扎在红河三角洲的清军进攻，清军、刘永福的黑旗军和越南人民一起抗击法军。由于没有统一的指挥，内部不团结，清军连败。1884 年 5 月，清政府同法国在天津签订了《中法简明停战条约》，承认法国对越南的保护权，同意将中国军队撤回边境。清政府的妥协并没有使法国停止侵略的计划，法军大举进攻北黎、谅山等地，清军在北黎大败法军。法国以北黎事件为借口，组织远征舰队，由孤拔率领进攻基隆，受挫后转而偷袭福州马尾港，击毁停泊在港内的 11 艘舰艇，清政府被迫宣战。6 月，法军对清朝军队发动攻击，先进犯台湾，被击败后，进犯广西、云南。1885 年 2 月 13 日，法军将领尼格里经过激战占领谅山。海军上将库贝于 1885 年 3 月攻陷基隆，占领澎湖列岛。不过法军打得筋疲力尽，在越南受到刘永福黑旗军的游击困扰，3 月 28 日尼格里在谅山镇外侦察时被袭击受伤，在黑旗军的攻击下，厄尔宾格上尉带兵惊慌失措丢下装备和大炮溃逃。镇南关、谅山、临洮等战役失败的消息电传到巴黎，使法国政府震撼，茹·费里内阁于 3 月 31 日倒台。遗憾的是，清政府这时与法国谈判，签订停战条约。

二、《中法会订越南条约》

1885 年 6 月，中法代表在天津签订《中法会订越南条约》，即《天津条约》或《中法新约》。条约承认法国对越南的殖民统治，主要内容有以下几点：中国承认法国是越南的保护国；法国商人所运货物进出云南、广西边界，应减轻税率；以后中国修建铁路由法国人商办；法国从台湾、澎湖撤军。第七款为法国势力进一步渗透到云南、两广地区大开方便之门，言明"中法现立此约，其意系为邻邦益敦和睦、推广互市，现欲善体此意，由法国在北圻一带开辟道路，鼓励建设铁路。彼此言明，日后若中国酌拟创设铁路时，中国自向法国业此之人商办。其招募人工，法国无不尽力襄助。"②

《中法会订越南条约》不仅确认了法国在越南的殖民统治，而且打开了通

---

① 黄国安等编：《近代中越关系史资料选编》上，广西人民出版社 1986 年版，第 223 页。
② 王铁崖编：《中外旧约章汇编》第一册，生活·读书·新知三联书店 1957 年版，第 468 页。

向中国西南的门户。

第三节　法国势力渗透到云南

1887 年，中法签订《中法续议商务专条》，云南、广西约开埠；1895 年，中法按照《中法续议商务专条附章》，思茅约开商埠，河口取代蛮耗为商埠；法国势力进入云南，法国打开了中国西南的门户。

一、广西和云南约开商埠

1886 年 4 月 25 日，中法签订《越南边界通商章程》，在保胜以上某处，谅山以北某处，中国在此设关通商，允许法国在此两处设立领事馆。法国势力进一步深入。1887 年 6 月 26 日，中法签订《中法续议商务专条》，按照光绪十二年三月二十二日所定和约第一款，两国指定通商处所，广西开龙州为商埠，云南开蒙自为商埠，同时因为蛮耗是保胜至蒙自红河水道的必经之地，蛮耗也辟为商埠，且允许法国派驻蒙自的领事官派一名属下驻扎蛮耗。通商内容主要集在内容于第二、三、五条中。

《中法续议商务专条》第二条规定：按照光绪十二年三月二十二日所定和约第一款，两国指定通商处所，广西则开龙州，云南则开蒙自；缘因蛮耗系保胜至蒙自水道必由之处，所以中国允开该处通商，与龙州、蒙自无异。又允法国任派在蒙自法国领事官属下一员，在蛮耗驻扎。

第三条规定：现因中国、北圻往来商务，必须设法作速振兴，所有光绪十二年三月二十二日所定和约第六、七款内所订税则，今暂行改定：凡由北圻入中国滇、粤通商处所之洋货，即按照通商海关税则减十分之四收纳正税，其出口至北圻之中国土货，即按照中国通商海关税则减十分之四收纳正税。

第五条规定：中国允准，中国土药由陆路边界出口入北圻，此土药应完纳出口正税银二十两一担（即一百斤）。法国人及法国保护之人只能在龙州、蒙自、蛮耗三处可以购买此项土药。中国商人所应纳内地厘金等费，亦不过二十两一担（即一百斤）之数。中国商人由内地运土药者，将此土药交与所买之人时，即与收厘凭单，而所买土药之人完纳出口税时，将凭单到关呈验缴销。再此项土药不许由陆路边界、通商海口再入中国，作为复进口之物。[①]

通过 1887 年 6 月 26 日签订的《中法续议商务专条》，云南、广西约开埠，规定由越南入云南、广西的洋货按中国海关税则减十分之三征进口税，出口至越南的中国土货按中国海关税则十分之四征出口税，对税则未列的货物按值百抽五征税。1888 年，法国领事进驻蒙自，1889 年 7 月 15 日在蒙自正式设立海关。法国殖民者进一步向云南渗透，1895 年 6 月 22 日，按照《中法续议商务专条附章》，思茅约开商埠，河口取代蛮耗为商埠；法国殖民者势力进入广西和云南，法国殖民者打开了中国西南的门户。

二、蒙自和蛮耗开埠

按照《中法续议商务专条》，法国在广西、云南获得了通商口岸，云南蒙自、蛮耗约开埠。蒙自是省府昆明通往越南的捷径，蛮耗是云南通往越南的水路出口。法国在广西、云南获取南下连接东南亚，北上连接省城昆明的水陆通道。

为了执行 1887 年签订的《中法续议商务专条》，中法 1889 年签订了《蒙自正关通商章程专条》和《蛮耗分关通行章程专条》。

附《蒙自正关通商章程专条》[②]

《蒙自正关通商章程专条》共十款：

第一款　蒙自正关界址。蒙自正关东界在东门外赴开化、蛮耗两路分歧处，西界在西门外接官厅处。

第二款　边界贸易。凡货物或由云南往北圻，或由北圻进云南过边界者，路须到蒙自县城，在本关报关纳税。如有货物从小路绕越以避关税者，被本关查拿，罚充入官。

第三款　货到报关。凡有货物或由北圻，或由内地贩运北圻，到蒙自关卡界内，在十八个时辰以内务须报关。用汉文、英文两单，开明货物件数、包外字号、或斤数、或尺数、或估价，以便算其应纳之税。并

---

① 王铁崖编：《中外旧约章汇编》第一册，生活·读书·新知三联书店 1957 年版，第 515 页。

② 龙云修，周钟岳等编，李春龙等点校：《新纂云南通志》第 143 卷《商业考一》，云南人民出版社 2007 年版，第 102 页。

填明由何处来，往何处去，及运货人名。如有货物十八个时辰以后该商未曾报关，每耽搁一天，罚银五十两。惟此罚银，至多不过二百两。如有货商假报其货之斤两、货色，希图漏税，该货应罚入官。

第四款　土货到卡，验内地税厘票单。凡由内地贩运土货未领三联报单者，行抵本关西卡，必须验有内地关卡已收税厘凭单，方准过卡，无者应补缴子口税，至出口时，照章另完正税。

第五款　查验货物。凡货物，必运至验货厂，查验以后，由关发给验单，注名该货应税之银数。

第六款　完纳税项。凡验单所开之银数，应在官银号兑交，换领号收为据。

第七款　发收税单。凡在本关递呈官银号号收，即可请领或进口或出口税单。

第八款　呈缴税单。凡货物往北圻者，应在河口分卡呈缴出口货单。往内地者，应在西门外分卡呈缴进口税单。

第九款　子口税单。凡子口税单，为护送洋货入内地者，由本关发给该商，应将该货之货色、斤两、包外字号、进口报关日期、运往何处开在报单内，经本关查验确实，照纳子口税项，即可发给子口税单。其请领入内地买土货之三联报单者，应报明该商本领事官，函请关道发给。该货到蒙自西门外接官厅西界，应就近报明分卡查验，转报本关派人复验，算明其子口税项完纳后，方可放行过卡。如有将三联报单所开货物沿途私卖者，该货应罚充入官。如有商人报关请领子口税单，捏报该货斤两、货色、所出所往之处，希图漏税者，应将该货全罚入官。

第十款　办公时刻。本关公事，十点钟开关至四点钟闭关。每遇礼拜暨给假之期，均行停止办公。验货厂公事，以八点钟起至六点钟止，其停工日期与上同。

附《蛮耗分关通行章程专条》①

《蛮耗分关通行章程专条》共十九款：

① 龙云修，周钟岳等编，李春龙等点校：《新纂云南通志》第143卷《商业考一》，云南人民出版社2007年版，第102—104页。

第一款　蛮耗分关界址。蛮耗分关上界在红河东北岸小河口，下界在红河东北岸观音庙。

第二款　停泊之处。凡商船进口，须在上所开之界内停泊。

第三款　船到报关。凡商船进口，该船主须立时报关，在十二个时辰内将舱口单呈交。倘过二十四个时辰尚未呈送，即将船主按照条约议罚。

第四款　进口舱口单。凡商船进口之舱口单，须由该船主认保无讹。该单内应将舱内所有一切货物件数、包外字号详细载明。倘查有呈递假单者，该船主应照章重罚。如系但有错误，在递单后十二个时辰内请改正者，免其议罚。

第五款　起下货物界限时刻。凡商船，只准在例准起下货之界限内起货、下货，均在日间，不得在日出以前，日落以后。礼拜日、给假日，均不准行。

第六款　船只起货。凡商船已呈交舱口单，其运蒙自之货商，须自备报起货单一纸呈关，开明货物名目、件数、斤数、尺数、包外字号，并注明货物暂存某栈房，等候马匹驮运。该分关将此报单与舱口单核对相符，即发给盖戳起货存栈之准单。其运往他处之货，亦照此发给起货之准单。但其货应立时抬到分关以备查验纳税。如无蛮耗分关盖戳之起货准单私行起动者，该货罚充入官，该船主照罚。

第七款　运蒙自货物。凡运蒙自货物，起岸之时，经蛮耗分关黏讫封条。如查有船上私行开箱形迹，该分关立时开箱查验，查出走漏确据，罚充入官。到驮运之际，该商务须报关，开明所运货物件数、包外字号，以便该分关开单呈至正关。勒驮时，候该分关派人查看。凡运往蒙自货物一齐到蛮耗者，须挨次陆续起运。至于雇马，应候前帮船货运完，后帮始行雇运。

第八款　运元江、三猛等处货物。凡运元江、三猛等处货物，均照正关专条，在蛮耗分关报关查验，纳进口税。其罚款与正关同。

第九款　船只下货。凡商船要载货出口，该货商须自备报下货单一纸，经蛮耗分关查此报单无讹，随发给盖戳下货之准单，即许照单下货。

如无蛮耗分关盖戳之下货准单私行下货者，该货罚充入官。

第十款　蒙自运来货物。凡由蒙自运来货物之客商，自备报下货单者，须持正关所发之出口税单一并呈验。于报下货单内开明货物名目、件数、斤数、尺数、包外字号与出口税单同，经该分关查验单、货相符，即将出口税单发还，并给与下货之准单。

第十一款　元江、三猛等处运来货物。凡由元江、三猛等处运来货物，均照正关专条，在蛮耗分关报关查验，纳出口税。其罚款与正关同。

第十二款　呈缴税单。凡货物由蛮耗往保胜者，应在河口分卡呈缴出口税单。由蛮耗往元江、三猛等处者，应在蛮耗分关呈缴进口税单。

第十三款　子口税单。凡请领运洋货入内地子口税单，并入内地买土货之三联报单，应照正关第九款领发。

第十四款　完纳船钞。凡商船进口，每四个月应完船钞一次。按其船每一见方吨，完银一钱。如在进口二十四个时辰内，何时起货，即何时照完。如过二十四个时辰后，既不起货，亦应照完钞银。

第十五款　出口舱口单。凡商船下齐货物，须呈出口舱口单，将仓内出口一切货物件数、包外字号详细开载呈关。如递假单，船主照罚。

第十六款　船开报关。凡商船欲开行时，须先报知，由该分关派人到船，将下货各单通行查封，并核知各项税钞均已完清，即准给发船钞执照出口。

第十七款　禁止沿江私行起下货物。凡商船载通商贸易货物过两国边界者，或由蛮耗下保胜，或由保胜上蛮耗，不许沿江私行起下货物。

第十八款　河口分卡报关。凡商船由保胜上蛮耗，蛮耗下保胜，须在河口分卡泊船报关。上江时，报知货物件数。下江时，分卡派人上船查验货物，收其出口税单。

第十九款　办公时刻。蛮耗分关公事，以八点钟起至六点钟止。每遇礼拜暨给假之期，均行停止办公。

从《蒙自正关通商章程专条》和《蛮耗分关通行章程专条》的各款规定可以看出，蒙自口岸在约开商埠中走向现代，管理规范，例行条例都是西方模式，红河航运与口岸条例互构为一个现代运输机制。

　　1889 年云南正式开关。7 月 15 日，首任蒙自海关税务司 A. P. Happer 率领 6 名中外籍海关人员到蒙自。8 月 24 日，蒙自关、蛮耗关正式办公。

　　商埠是法国渗透云南的第一步，法国通过蒙自、蛮耗两个口岸，与堵布益开辟的红河航运互构，建立起北至云南昆明，南至越南海防的水陆国际通道，法国从中获取最大的商业利益。因为蒙自、蛮耗两个口岸与红河航运匹配的国际通道既减轻了关税，又缩短了运输里程，沿红河经蛮耗至河口，水程百余公里，约 200 华里左右，从河口进入红河越南段后，河道平缓宽敞，急流较少，汽船畅通无阻，所以由蛮耗至海防需要七八日至半月，由海防逆流至蛮耗需时约一月。传统的中越贸易通道主要是由百色到广西出海，由百色沿右江至南宁的路程是 492 公里，仅一个单程就需要 54 天。约开商埠后，进出口税减少，中越贸易通道由广西转到云南蒙自、蛮耗、河口口岸的红河航道。

　　在红河航运的繁荣中，蒙自在 1887 年至 1911 年成为云南对外贸易中心。蒙自、思茅、腾越三关贸易可以了解蒙自在云南对外贸易中的地位。

表 2 - 1　蒙自、思茅、腾越三关出口进口贸易及比率①

单位：海关两

光绪年	蒙自关			思茅关			腾越关		
	土货出口	洋货入口	总计	土货出口	洋货入口	总计	土货出口	洋货入口	总计
十五	87629	62300	149929						
十六	46193	466089	927282						
十七	583230	744480	132710						
十八	736000	887606	1623606						
十九	735204	1524290	225949						

----

　①　资料来源：《新纂云南通志》第 144 卷《商业考二》，云南人民出版社 2007 年版，第 111 页。原文数字均为汉字，为便于阅读，统一改用阿拉伯数字。

光绪年	蒙自关			思茅关			腾越关		
	土货出口	洋货入口	总计	土货出口	洋货入口	总计	土货出口	洋货入口	总计
二十	943321	1241879	2185200						
廿一	1033066	1809253	2842319						
廿二	849639	1627036	2476675						
廿三	1057737	2394028	3451765	121378	154596	185974			
廿四	1218811	2453839	3672650	35554	226065	261719			
廿五	1883297	3373641	5256738	42462	171432	213894			
廿六	2439088	2963242	5402330	35316	150195	185511			
廿七	3066934	3748339	6815273	35268	209381	244649			
廿八	3688085	3687444	7375529	36484	147148	183623	148392	513303	661695
廿九	2518688	3916890	6435578	38825	168942	204767	243372	1472281	1715653
三十	4683522	6063777	10747299	45230	221753	266983	337684	1747820	2085504
卅一	4791836	4801109	9592945	41680	205168	246848	236783	1443216	1679999

续表

光绪年	蒙自关			思茅关			腾越关		
	土货出口	洋货入口	总计	土货出口	洋货入口	总计	土货出口	洋货入口	总计
卅二	5144005	5680859	10824684	30812	195270	226082	269921	1127956	1397877
卅三	3563329	5973115	9536444	53392	212075	265467	466918	1265294	1732212
卅四	5237917	4857197	10095114	42865	138922	181787	493021	1272847	1765868
宣统元年	4246740	6696508	10943248	42614	163153	205767	461498	1101863	1563361
宣统二年	6387609	5077320	11464919	39199	160573	199772	556880	1446406	2003286
宣统三年	6750304	4647996	11398300	32259	202949	235208	445802	1238411	1684213

1887 年至 1911 年，云南对外贸易发展迅猛。据海关资料，蒙自关从 1890 年的 927282 海关两增加到 1911 年的 11398300 海关两，增加了 11 倍；思茅关从 1897 年的 185974 海关两增加到 1911 年的 235208 海关两，增加了 26%；腾越关从 1902 年的 661695 海关两增加到 1911 年的 1684213 海关两，增加了 1 倍多。三关中，蒙自关增长最快。蒙自关出口贸易以大锡为主，占出口总额的 80% 以上。蒙自关出口的大锡通过越南海防，由轮船运往香港，转运欧美世界。三关出口的是生丝、皮革、茶叶、药材、猪鬃、火腿等土特产；进口商品主要是棉纱、棉布、棉花，占进口总额的 40% 以上，其次是煤油、烟草以及其他西方日用百货。

二、红河航运

红河全长 1200 公里，是云南省的重要水系。介于中越间，云南境内有 692 公里。自汉朝以来就是我国内地通往越南的交通要道，通过红河交通中越、东南亚、南亚。

法国殖民者对云南商道的探险源于 1866 年，探查的路线开始是湄公河流域，法国人弗朗西斯·加尼尔两年的勘探没有取得实质性的进展。后来在法国传教士和商人的引导下，法国人将探险的目标转到红河。1871 年，法国商人让·堵布益首次由昆明南行至红河岸边的蛮耗，再顺流回越南，法国人找到了由越南通往云南的最佳捷径。1872 年 10 月，堵布益由香港经北部湾入富良江进入红河北上，1873 年 2 月到达云南河口；3 月 4 日，从蛮耗步行，经过 12 日里程到达昆明；4 月 29 日，离开昆明，再沿着红河顺流南下回越南。1873 年 12 月，越南与法国缔结《越法和平同盟条约》，法国获得了红河航运自由权，红河航道畅通。中法战争前，红河已经成为中越通衢，通过越南海防联通世界，云南所产铜、铅、铁、锡、鸦片大都取道红河运到越南海防入洋，各地洋货又取道红河进入云南，红河水道成为交通干线。

1889 年云南正式开关，蒙自、蛮耗成为商埠后，红河成为云南沟通东南亚，连接世界的通衢。红河古老的原始交通转变为规范的现代国际交通，红河水道上行驶的不仅仅有古老的木帆，而且有了现代化的汽船；同时，往返于红河航道上的不再仅仅是黄皮肤的中国人、越南人，而是出现了新面孔——高鼻凹眼、白皮肤的西洋人。更为实质性的变化是，古老的小型民间奇货贸易转变为大宗的国际贸易。

红河航道与世界沟通，与世界市场接轨，红河航运体系上游尽管陆路还是马帮网，水路以木帆为主，但是云南丰富的矿产资源给这古老与现代结合的运输航线注入了活力。由于红河水道缩短了与越南的交通路线，以及约开商埠的优惠税，使中国西南与越南的交通口岸由广西北海线转到蒙自、蛮耗口岸。蒙自、蛮耗开埠前，广西北海是中国西南主要的对外口岸，内地由百色到南宁的路程远，耗时长，由百色到广西出海，仅一个单程就需要 54 天，所以"惟通商后，蒙自设关征税，出入口货物须在蒙自报关，时滇越铁路未通，港、粤货物均由百色运至蒙自，为当时主要商路，自百色沿右江至南宁，计程四九二公里，合八五五华里。"① "光绪末叶，本省出口货运已逐渐舍桂、

---

① 龙云修，周钟岳等编，李春龙等点校：《新纂云南通志》第 56 卷《交通考一》，云南人民出版社 2007 年版，第 13 页。

粤而取道安南。故水路运输之枢纽，亦由百色而移于蒙自之蛮耗矣。""蛮耗
在蒙自城南七八公里，合一三五华里，日程二日。蛮耗至河口，水程百余公
里，约二百华里左右。由蛮耗至海防，需时七、八日至半月；由海防逆流至
蛮耗，需时约一月。"① 这大大缩短了中国西南与东南亚、世界的交通里程，
"海防至河内汽船运一日，河口至老街舢板运十二日，老街至蛮耗舢板运七
日，蛮耗至蒙自牲口运三日，蒙自至云南府牲口运九日，共计四十日。"②

　　蒙自、蛮耗开关，为红河航运的发展创造了条件。红河地区个旧的大锡
是红河航运繁荣的物质基础，蛮耗一时成了云南连接世界贸易的繁荣口岸，
有法国、意大利、德国、美国、日本的领事馆，有西方商人开设的商号、洋
行、餐馆、酒吧、医院、剧院，有中国商人的会馆，仅两广商人就有一百多
户，设置了"广府会馆""潮州会馆"。大锡、皮革、猪鬃等土特产汇集于蛮
耗口岸，由帆船、汽车运到越南海防，再输往世界各地，西方的洋货则由马
帮运往中国西南地区。红河航运繁荣，从 1873 年 12 月通航持续到 1910 年滇
越铁路通车止。

表 2 - 2　1890—1912 年红河航运规模③

年度	逆行船		顺行船		总计	
	艘(次)	运量(吨)	艘(次)	运量(吨)	艘(次)	运量(吨)
1890 年	—	—	—	—	1267	3864
1891 年	—	—	—	—	—	—
1892 年	902	2839	980	2827	1882	5666
1893 年	845	3023	933	2990	1778	6013
1894 年	905	2990	894	2896	1779	5886
1895 年	1065	2793	1033	3604	2098	6397
1896 年	981	3376	958	3288	1939	6664

---

① 龙云修，周钟岳等编，李春龙等点校：《新纂云南通志》第 56 卷《交通考一》，云南人民出版社 2007 年版，第 14 页。
② 龙云修，周钟岳等编，李春龙等点校：《新纂云南通志》第 144 卷《商业考二》，云南人民出版社 2007 年版，第 108 页。
③ 资料来源：蒙自县志编纂委员会《蒙自县志》，中华书局 1995 年版，第 482—483 页。

年度	逆行船		顺行船		总计	
	艘(次)	运量(吨)	艘(次)	运量(吨)	艘(次)	运量(吨)
1897 年	2783	6489	2770	6433	5553	12922
1898 年	4723	11713	4523	11220	9246	22933
1899 年	5825	14066	5647	13789	11472	27855
1900 年	4530	12083	4351	11682	8881	23765
1901 年	5288	14137	5261	14060	10549	28197
1902 年	3798	10905	3776	10837	7574	21742
1903 年	4856	13323	4832	13245	9688	26568
1904 年	7014	18257	7160	18709	14174	36966
1905 年	5073	15718	5169	15990	10242	31708
1906 年	7351	23490	7353	23484	14704	46974
1907 年	9171	28518	9260	28851	18431	57369
1908 年	5031	11890	5174	12384	10205	24274
1909 年	1939	6278	1875	6989	3814	13267
1910 年	1227	1423	1165	1343	2392	2766
1911 年	1365	1688	1340	1669	2705	3357
1912 年	1274	1513	1263	1551	2537	3064

从以上船次、运量可以了解到红河航运随着蒙自开关兴盛，最为发达的是 1907 年。以后，随着滇越铁路的修建和运行，红河航运走向衰落。1910 年滇越铁路通车后，中国西南联通世界的大通道被现代化的铁路运输取代。

第三章　英法对云南铁路修筑权的争夺

英法两国 19 世纪中叶在中南半岛展开角逐。英国吞并缅甸，越南沦为法国殖民地后，英法两国在东南亚的侵略直接威胁到中国西南地区。英法两国分别以印缅和越南为据点，向中国西南地区渗透，多次派员探险勘查，试图打开中国西南门户，将其在长江流域的殖民利益与西南地区联通，构建一个通过西南北上连接扬子江，南下连接印度、东南亚的大交通。为此，英法两国竭力争夺云南的铁路修筑权。

第一节　英国势力渗透到云南

英国占领缅甸后，利用马嘉理事件，通过《烟台条约》，获取了进入中国西南的特权；通过《续议滇缅界、商务条款》和《续议缅甸条约附款》把中缅连接带的腾越变为英国势力范围，打开了中国西南门户，把势力渗透到云南。

一、英缅战争

英国占领印度后，以印度为基地图谋中南半岛，在印缅边界挑起战端。1824 年至 1885 年，英国先后发动三次战争吞并缅甸。1824 年 3 月 5 日，英国以刷浦黎岛事件向缅甸宣战，兵分三路大举入侵缅甸，至 1825 年占领阿拉干全境及仰光、土瓦、丹老、勃固等沿海城市，1826 年占领缅甸古都蒲甘，抵达杨达波，缅甸首都阿瓦受到威胁，缅甸王朝于 1826 年 2 月 24 日与英国签订《杨达波条约》，第一次英缅战争以缅甸失败告终。通过《杨达波条约》，缅甸放弃了对阿萨姆、曼尼坡的统治，割让阿拉干和丹那沙林等地，向英国赔款 1000 万卢比，英国可以派使臣驻缅甸首都，使臣拥有 50 人卫队，英国船只可以自由进入缅甸港口，商船免税，缅甸开始沦为英国殖民地。为了进一步吞并缅甸，英国于 1852 年 4 月 1 日，发动第二次战争，再次占领仰光、马都八、勃固等地，通过第二次英缅战争，英国吞并了下缅甸。1885 年 11 月 13 日，英国以柚木事件为借口发动第三次英缅战争，侵入上缅甸，27 日兵临曼德勒城下，缅甸锡袍王向英军投降，11 月 29 日缅甸雍籍牙王朝结束，缅甸成为英属印度的一个行省。英国以印度、缅甸为基地向中国西南渗透。

二、英国在云南的探险活动

缅甸与中国往来历史悠久，中缅贸易发达，中国向缅甸输出铜器、铁器、丝绸、瓦器、纸扇、伞、水银、朱砂、水果等商品；缅甸向中国输入棉花、宝石、玉石、食盐、象牙等，其中以棉花为主。早在 1795 年，英国就了解到中缅的古道贸易，并寻求通往中国西南的陆路。"西姆斯在他 1795 年首次出使阿瓦的报告中，曾提及缅甸跟云南有着大宗的棉花贸易。"[①] "克劳福德在其 1827 年出使阿瓦的报告中估计，缅甸每年出口总值为二十二万八千英镑。这一估计使人们注意到从毛淡棉寻找一条通路的可能性，也引起了印度政府对从孟加拉到中国的古代陆路交通的兴趣。加尔各答当局出版了一张标明进入云南府的通道的地图，并对这个通道作了多次勘查，积累了大量调查报告。"[②] 1837 年，英国人麦克劳德沿萨尔温江对云南进行初步探察，麦克劳德"成了经萨尔温路线进入中国的第一个欧洲人"[③]，"当时，英国的政策是企图通过从八莫进入云南的古缅道发展同中国西部的贸易。这样一来，寻找一条

---

① ［英］D. G. E. 霍尔著，中山大学东南亚历史研究所译：《东南亚史》下册，中山大学东南亚历史研究所译，商务印书馆 1982 年版，第 713 页。

② ［英］D. G. E. 霍尔著，中山大学东南亚历史研究所译：《东南亚史》下册，中山大学东南亚历史研究所译，商务印书馆 1982 年版，第 713—714 页。

③ ［英］D. G. E. 霍尔著，中山大学东南亚历史研究所译：《东南亚史》下册，中山大学东南亚历史研究所译，商务印书馆 1982 年版，第 714 页。

可以通往中国的陆路这个想法又被重新提出了。"① 1863 年，克莱门·威廉斯视察了伊洛瓦底江上游地区，确信可以从八莫开一条贸易通道。1868 年，费卡在写给印度总督的信中乐观地指出，缅甸已经同意"修筑一条通向中国的公路"，竭力主张"英国应在中国西部有一个入口处来与美国相对抗"。② 同时，英国第一次派出探险队，在斯莱登带领下，由缅甸八莫进入中国，想通过腾越到达大理。斯莱登在腾越进行考察，提出修筑八莫—腾越—大理铁路的计划。因为"印度铁路不久将通至缅，而缅无尾闾，其货物之欲运销于中国之大市场者，惟仍绕道马来半岛，取迂远危险之水程耳，此于商务阻碍实大。故政府与私人之策画中印铁路也已久，然以山谷险阻之故，实行之道诚非易言也。"③

三、马嘉理事件

1874 年英国再次组织探险队，由柏郎上校率领，带着二百多人以"游历"为名进行探险勘查。英国政府十分关注这支探险队，英国驻华公使派翻译马嘉里由上海前往中缅边境迎接。马嘉里前往云南的途中收集各方情报，到达腾越后遭到当地民众谴责和敌视，在腾越地方官护送下出境与柏郎汇合。1875 年马嘉里、柏郎等所率领的游历者武装进入云南，引起了当地民众的恐慌和云贵总督的警觉。2 月 21 日，马嘉里和柏郎率领的武装人员由蛮允、雪列进入中国境内，当地的景颇族、傣族、汉族民众将这些英国"游历者"包围，令其退出境外。在对峙中，马嘉里开枪打死边民引发民愤，近两千民众将马嘉里及随从队伍消灭在雪列户宋河床边，并把柏郎率领的英军包围在班西山下。柏郎面对愤怒的民众不敢造次，最后纵火烧山，乘火势逃脱，退回缅甸境内。这就是马嘉理事件，或称"滇案"。

马嘉里被击毙，引发了中英外交事端，英国以马嘉理事件为借口，对清

---

① ［英］D. G. E. 霍尔著，中山大学东南亚历史研究所译：《东南亚史》下册，中山大学东南亚历史研究所译，商务印书馆 1982 年版，第 713 页。

② ［英］D. G. E. 霍尔著，中山大学东南亚历史研究所译：《东南亚史》下册，中山大学东南亚历史研究所译，商务印书馆 1982 年版，第 718 页。

③ 中国社会科学院近代史研究所《近代史资料》编译室主编：《云南杂志选辑》，知识产权出版社 2013 年版，第 417 页。

政府进行勒索。1875年3月19日，英国政府派驻华公使威妥玛为代表，向清政府提出处理马嘉理事件的六项要求：一、中国须派专员往云南对事件进行调查，英国使馆及印度当局得派员参与此项调查；二、印度政府如认为必要，可再次派探险队去云南；三、赔偿银款十五万两；四、中英立即商定办法，以实现1858年《天津条约》第四款规定的对于外国公使的优待；五、商定办法，按照条约的规定免除英商正税以外的各项负担；六、解决各地历年来的未结案件。六项要求只有一、二、三项是与马嘉理事件相关的要求，而英国借这三项要求获得对中国内地涉英案件的调查与审讯的干预权，其他条件都是借机勒索。清政府开始不同意，在英国政府以断绝外交关系为要挟后，清政府勉强同意，命湖广总督为钦差大臣前往云南查办。

清政府力保云贵总督岑毓英，威妥玛利用"岑毓英不提京审讯"，进一步向清政府索取，提出八项要求：一、总理衙门应将滇案经过写成书面奏折，由英使先审阅查办结论；二、将案件处理结果和谕旨列入告示，张贴全国，两年为期，英国官员随时要求中国官员同赴各地查看张贴情况；三、中国内地若发生涉及英人生命财产的案件，英国得派员观审；四、应谕令云南当局派员协同英国官员调查滇省边界贸易情形并商定贸易章程；五、英国得派领事驻扎大理或云南其他地点查看贸易情形，以五年为期；在重庆亦同；六、华商洋商都可以请领税票（半税单）；中国须在沿海、沿江、沿湖多开口岸，如大孤山、岳州、宜昌……中国如同意这些要求，英国愿意商议调整鸦片入口税；中国如同意"口界"免厘，英国还允许通过国际协定准中国增税；七、以上六条定明后，中国使臣应前往英国，国书内须申明对滇案表示惋惜，国书须先经英使阅看；八、偿款应包括马嘉里家属的抚恤、柏郎等损失的赔补、印度派兵护送柏郎等及英国调遣兵船等费，其总数听英国政府决定。随后在谈判中，威妥玛提出赔银20万两的数目。中英依据上述八项要求进行谈判，英国一直用"岑毓英不提京审讯"要挟清政府。英国还就双方谈判中方人员和地点提出要求，要求清政府派李鸿章为全权大臣，在烟台谈判。

四、《烟台合约》

清政府为了实现西南边疆安稳，在英国威逼下照办，经过谈判，中英于

1876年9月13日签订了《烟台条约》，条约按照威妥玛提出的八项要求签订，内容为三端十六条一专条：

第一端　昭雪滇案

一、威大臣另有拟作为滇案奏稿大概底本，先与李大臣商定，或由总理衙门或由李大臣具奏均可。惟于出奏之前，须将折稿交威大臣阅看，会商妥当。

二、奏明奉旨发抄后，由总理衙门将折稿、谕旨恭录知照，并由总理衙门通行各省，将此次折件、谕旨详细列入告示，一并照会威大臣查照。威大臣即照复申明，限两年为期，由英国驻京大臣随时派员分往各省，查看张贴告示情形。将来或由英国驻京大臣行文，或扎行各口领事官转为照会，即由地方大吏派委妥员，会同前往各处查看。

三、所有滇省边界与缅甸地方来往通商一节，应如何明定章程，于滇案议结折内，一并请旨饬下云南督、抚，后英国所派官员赴滇后，即选派妥干大员，会同妥为商订。

四、自英历来年正月初一日，即光绪二年十一月十七日起，定以五年为限，由英国选派官员在于滇省大理府或他处相宜地方一区驻寓，察看通商情形，俾商定章程得有把握；并于关系英国官民一切事宜，由此项官员与该省官员随时商办。或五年之内或俟期满之时，由英国斟酌订期，开办通商。至去年所议由印度派员赴滇，会经发给护照，应仍由印度节度大臣随时定夺，派员妥办。

五、所有在滇被害人员家属，应给恤款，以及缘滇案用过经费，并因各处官员于光绪二年以前办理未协有应偿还英商之款，威大臣现定为担代，共关平银二十万两，由威大臣随时兑取。

六、俟此案结时，奉有中国朝廷惋惜滇案玺书，应即由钦派出使大臣克期起程，前往英国。所有钦派大臣衔名及随带人员，均应先行知照威大臣，以便咨报本国。其赍国书底稿，亦应由总理衙门先送威大臣阅看。

第二端　是关于驻京大臣及各口领事官等与中国官员彼此往来之礼以及两国办理案件各官交涉事宜。

　　第三端　通商事务，主要是口岸和关税问题，基本上是按照威妥玛提出的八项要求商订。

　　另议专条规定：

　　现因英国酌议，约在明年派员，由中国京师启行，前往遍历甘肃、青海一带地方，或由内地四川等处入藏，以抵印度，为探访路程之意，所有应发护照，并知会各处地方大吏暨驻藏大臣公文，届时当由总理衙门察酌情形，妥为办给。倘若所派之员不由此路行走，另由印度与西藏交界地方派员前往，俟中国接准英国大臣知会后，即行文驻藏大臣，查度情形，派员妥为照料，并由总理衙门发给护照，以免阻碍。①

　　《烟台条约》不仅让中国人抚恤马嘉理事件中伤亡人员，向英国赔款、道歉，惩罚"凶手"，而且进一步开放宜昌、芜湖、温州、北海为通通商口岸，扩大领事裁判权，另议专条允许英国人开辟印藏交通，英国人可以到甘肃、青海、西藏、云南"游历"。通过《烟台条约》，英国获取了进入中国西南的特权。

五、《续议滇缅界、商务条款》和《续议缅甸条约附款》

　　1894年，中英签订《中英续议滇缅界、商务条款》。条款减少英国从缅甸经蛮允、盏西输入中国的商品税，第九条规定"凡货由缅甸入中国，或由中国赴缅甸，过边界之处，准其由蛮允、盏西两路行走，将来贸易兴旺可以设立别处边关时，再当酌量添设。中国欲令中、缅商务兴旺，答允自批准条约后，以六年为期，凡货经以上所开之路运入中国者，完税照海关税则减十分之三，若货由中国过此路运往缅甸者，完税照海关税则减十分之四。凡有陆路出入货物，应给发三联单（即子口税单），照通商口岸章程一律办理。"②1897年2月4日中英签订《续议缅甸条约附款》，该附款第十二条商定了修建铁路事宜，即"英国欲令两国边界事务兴旺，并使云南及约内中国新得各地

---

① 王铁崖编：《中外旧约章汇编》第一册，生活·读书·新知三联书店1957年版，第347—350页。

② 王铁崖编：《中外旧约章汇编》第一册，生活·读书·新知三联书店1957年版，第578—579页。

之矿务一律兴旺，答允中国运货及运矿产之船只，由中国来或往中国去，任意在厄勒瓦谛江（大金沙江）行走，英国待中国之船，如税钞及一切事例，均与待英国船一律。中国答允，将来审量在云南修建铁路与贸易有无裨益，如果修建，即允与缅甸铁路相接。"第十三条约定腾越约开商埠，"按照原约，中国可派领事官一员驻扎缅甸仰光，英国可派领事官一员驻扎蛮允，中国领事官在缅甸，英国领事官在中国，彼此各享权利，应与相待最优之国领事官所享权利相同，如将来中、缅商务兴旺，两国尚须添设领事官，应由两国互相商准派设，其领事官驻扎滇缅之地须视贸易为定。今言明，准将驻扎蛮允之领事官改驻，或腾越或顺宁府，一任英国之便，择定一处，并准在思茅设立英国领事官驻扎。所有英国人民及英国所保护之人民，准在以上各处居住、贸易，与在中国通商各口无异。英国领事官在以上各处驻扎，与中国官员会晤、文移及往来酬应，亦与通商各口领事官无异。"① 中缅连接带的腾越成了英国势力范围，中国西南门户被打开。

六、英国图谋云南铁路修筑权

《烟台条约》为英国在云南的渗透大开方便之门，条约第二条规定：准许英国派员到云南"探路""调查"，英国人还可以进入四川、青海、西藏等地探测印藏道路。19世纪80年代，法国与英国在缅甸角逐。法国在缅甸想取得的权益是与其在中南半岛的扩展一致的，这可以从查尔斯·伯纳德给总督的信中得知："法国的代理人正企图在曼德勒加强自己的阵地，以便将来可以和红河上域的法属地区合到一起。"② 而1885年11月的第三次英缅战争彻底解决了这一争端，上缅甸被英国吞并。1886年2月，缅甸被合并为英属印度的一个省，缅甸沦为英国殖民地。上缅甸的沦陷直接影响到中国，中国西南门户敞开，直接受到英国的威胁。英国想把其印度殖民地和其在长江流域的殖民势力范围连接起来，而其所选择的最佳通道就是通过云南实现印度和扬子江的连接。通过殖民侵略、资本投资实现其侵略利益的最大化——拓展商品

---

① 王铁崖编：《中外旧约章汇编》第一册，生活·读书·新知三联书店1957年版，第689页。
② ［英］D. G. E. 霍尔著，中山大学东南亚历史研究所译：《东南亚史》下册，商务印书馆1982年版，第731页。

市场，特别是资本市场。这可以从 1883 年 4 月英国议员的焦虑看出："目前英国资本的出路好像完全被堵塞了。本国最需要的就是使它的资本能够投入到广大的地域。世界上有什么地域能和中国相比呢？"英国商人要求政府向中国"逼取铁路特权和其他的投资便利。"①

英国占领缅甸后，就开始修建铁路。1885 年修建了仰光至东吁的铁路，1889 年修建了到曼德勒的支线，至 1902 年修建了曼德勒经苗眉北部和顶保温到掸邦首府腊戍的铁路。正如恩格斯 1892 年对英国在中国争夺铁路修筑权势所论述的："英国资本极力要修建中国的铁路。"② 为了英国的商业利益，英国必须畅通中缅陆路通道。"最初提议修筑云南铁路，简单说主要是为了该省与缅甸的贸易，这几乎完全没有得到实施，是因为与之接壤的四川省更富饶，人口众多超过云南。现在建议的这些修筑铁路的计划最终目的未必仅仅是鼓励与缅甸边界一带的地方贸易，而是开辟一条从印度直通四川乃至到中国东部的路线。""这就是为什么在 1898 年云南铁路公司决定派出一支远征队去探察一条可以联结缅甸边界滚弄和乘船可能到达扬子江上游的铁路路线。"③ 因为"这一路线将获双重利益：1. 发展云南与缅甸的贸易，从而防止我们在云南西部的贸易被法国人所取代。2. （由此）到达丰饶的四川省，将来联结在设计中的汉口——成都的铁路，通过这样一条印度和上海的路线——一条锁链中的重要部分的道路，将无疑会经印度把加来（法国一地名）与中国东部联结起来。""如今棉布和棉纱成为四川市场主要的进口商品，而这些商品主要来自孟买。"④

同时是为了与法国争夺商业利益，因为"一个法国人最近在云南旅游，他以一个教会人员的身份到大理府，他认为大理府作为法国铁路向西延伸的终点，延至法国将来在西部的影响范围的边界和法国在湄公河地区的商业范

---

① ［英］伯尔考维茨：《中国通与英国外交部》，转引自宓如成《帝国主义与中国铁路》，经济管理出版社 2007 年版，第 164 页。

② 中共中央马克思恩格斯列宁斯大林著作编译局译：《马克思恩格斯全集》第 38 卷，人民出版社 1972 年版，第 467 页。

③ ［英］H．R 戴维斯著，李安泰等译：《云南：联结印度和扬子江的锁链·19 世纪一个英国人眼中的云南社会状况及民族风情》，云南教育出版社 2004 年版，第 12 页。

④ ［英］H．R 戴维斯著，李安泰等译：《云南：联结印度和扬子江的锁链·19 世纪一个英国人眼中的云南社会状况及民族风》，云南教育出版社 2004 年版，第 13 页。

围的一部分。需要记住的是在大理府和云南府之间的地区建铁路，总的来说比在云南大多数地区建铁路要容易一些。如果我们愿意推延修建从缅甸到云南的铁路，那么事实上就不得不面对如上文所提到的法国在将来拥有缅甸——扬子江的全部势力范围，如前述的位于大理的东部地区，或许可以用数字来说明，大约全长1000英里的（铁路）将有700英里落入外国人的控制中。此外甚至在云南西部的贸易——这个省最富裕地区也可能因找到东兴的商道，而代替目前到缅甸的商道。作为印度帝国的主人和在与中国贸易份额最大的拥有者，我们不能以旁观的态度对待外国势力在这两个国家间建铁路。而我们也决不能坐视云南西部贸易从我们的大门口被夺走。"①

英国政府对云南交通的重视和期待可以从 H. R. 戴维斯对云南的考察勘测以及其所著的《云南：连接印度和扬子江的锁链》了解到。

七、戴维斯到云南考察勘测

为了修建缅甸通往云南的铁路，把印度与中国长江沿岸连接起来，英国工程师戴维斯从1893年至1899年先后多次到云南考察勘测。

1893年11月17日，戴维斯从八莫出发，开始了对云南的考察。这次戴维斯考察八大关，找到了虎踞关、天马关、黄牛关。1894年1月7日，应中方官员邀请，戴维斯和沃锐以小游为名，到云南南坎、勐丙、勐卯、勐宛、户撒、腊撒、勐腊、蛮允、勐拉游历，24日回到八莫，戴维斯考察了中缅边境区域。由于英国在缅甸修建的铁路要由东部的曼德勒进入掸邦，戴维斯决定沿着设计的铁路线路深入云南考察。1894年12月15日，戴维斯与翻译马可里一行从八莫沿着伊洛瓦底江第三峡谷到云南。1895年1月5日进入云南，从神护关开始，在瑞丽江和萨尔温江之间进行考察。1月12日渡过太平江，15日到腾越厅，17日前往大理府，18日沿铁索桥过瑞丽江，戴维斯沿途对瑞丽江和萨尔温江分水岭一带进行考察，考察了到滚弄的路线；21日到达永昌府，24日离开永昌府，考察永昌至大理府一带，2月2日到达大理府；6日考

① ［英］H. R 戴维斯著，李安泰等译：《云南：联结印度和扬子江的锁链》，云南教育出版社2004年版，第15页。

察大理府至顺宁府的地形地貌，14 日到达顺宁府；16 日开始考察顺宁府至云州地形地貌；18 日离开云州，考察湄公河—萨尔温江分水岭带，22 日到达缅宁厅；24 日到达平远巡，3 月 7 日到滚弄。之后，戴维斯考察从滚弄到思茅的路线。3 月 12 日从腊户出发，13 日到勐定，接着进入耿马，21 日穿过南坎要塞进入昌宁，27 日进入湄公河段的腊培村，4 月 3 日进入思茅，5 日去普洱，16 日到达普洱府。戴维斯此行考察了从滚弄到大理和思茅、普洱的两条不同道路，接下来戴维斯要考察普洱至耿马的道路。4 月 8 日，戴维斯一行由普洱到威远再由威远到猛戛，20 日到勐勐渡过湄公河去耿马，23 日到达耿马，25 日离开耿马前往八莫，29 日到孟混，30 日到勐帕，5 月 2 日抵达萨尔温江，经孟仑于 6 日到孟坎（即芒市），5 月 15 日到达南滂要塞回八莫。

　　1895 年戴维斯又一次到云南，这时英国在中国建铁路的重要性开始得到承认，英国组建了云南铁路公司，用足够的经费来支持初步考察勘测，想通过考察勘测资料来论证建一条从缅甸到扬子江的铁路的可行性。1898—1899年勘探缅甸至扬子江的铁路线路和一些重要的地域，"我们分两组，E. 波丁格上尉，C. G. W. 亨利中尉（皇家工兵）和塔克先生去上海，沿扬子江开始考察所建议修建铁路的东端。W. A. 瓦特·琼斯中尉（皇家工兵）和我从缅甸向东考察。J. 特纳先生和 J. S 科尔先生作为云南铁路公司工作的土木工程师，也参加我们这组。印度测绘局除了为我们提供 4 位测量员之外，还派了C. H. D 莱德上尉（皇家工兵）为首的测量队。"①

　　戴维斯队在云南的考察分头进行，"莱德的行程是从腾越东北至云龙州。他走的是去云南府的道路，他从云南府绕道向南，至易门，向西至姚安，再转东北，勘察至东川府和再向前至昭通府的道路。从昭通又向西转勘察一条较直的通往阿墩子的道路。我则探察一条最直的从腾越至龙陵府，龙陵府至云州，再朝东南方至威远的路线。从普洱再穿过他郎、新平和易门至云南府，从云南府又起程朝北走，调查撒盘营流域，在越西府和科尔先生会合，从这

① ［英］转引自 H. R. 戴维斯著，李安泰等译《云南：连接印度和扬子江的锁链》，云南教育出版社 2001 年版，第 129 页。

里向西尽可能地找一条最直的通至阿墩子的路。"①

　　1898 年 11 月 16 日，戴维斯勘测队一行从八莫出发，经蛮允到腾越。到达腾越后遭到腾越民众抵制，在清政府当局保护下，在腾越进行测量。之后，他们分头测量，琼斯和莱德去云州，戴维斯去西连和陪宁。11 月 29 日戴维斯一行离开腾越转向瑞丽江和萨尔温江之间进行测量，12 月 21 日到达永昌府，27 日渡过永昌河前往打洛和滚弄。1899 年 1 月 30 日，戴维斯由滚弄经镇康到云州，2 月 12 日抵达云州。由云州至大理，17 日到达西昌渡口，勘测了沿湄公河铁路线路，26 日到达大理；而莱德和琼斯分别到丽江、楚雄考察勘测。3 月 1 日，戴维斯一行由大理府到云南府勘测，经楚雄于 24 日到达云南府，4 月 4 日离开云南府，前往威宁州，沿途勘测了陆良坝子和曲靖府，经宣威到威宁州，途中考察了云贵区的铜矿。4 月 21 日到达威宁州勘测。4 月 27 日离开威宁州。戴维斯经东川府到云南府，沿途考察勘测了扬子江和珠江分水岭带，且再次考察了云贵交界区矿藏。5 月 1 日到达东川府，对东川府进行考察勘测，莱德上尉则经路南州和安宁州去蒙自，并转东向去开远府，然后直接去红河边上的老街，再由东兴转回印度。5 月中旬，戴维斯由云南府到红河，经呈贡、晋宁、江川、通海，到蒙自，考察勘测沿途线路和矿产。由蛮耗沿红河到河口，经越南于 6 月 3 日从海防转香港前往法国马赛。考察期间，他们用电报手段测量经度，"我们用电报的手段完成科尔先生去年就开始进行的确定经度的工作。他确定了腾越、永昌、大理及姚安的经度，但没能确定云南府的。"②

　　1899 年 11 月戴维斯一行再次进入云南，25 日抵达腾越，27 日分别去云龙州、龙陵府。戴维斯三天后抵达龙陵，接着从龙陵往东去云龙州，沿途探察萨尔温江区域；12 月 17 日渡过湄公河，21 日抵达威远，24 日沿探察湄公河和黑河分水岭带；28 日抵达磨黑，随后进入普洱；1900 年 1 月 2 日，由普洱去云南府；过黑河，调查他郎厅金矿，穿越墨江和红河分水岭带，抵达新

① 转引自〔英〕H. R. 戴维斯著，李安泰等译《云南：连接印度和扬子江的锁链》，云南教育出版社 2001 年版，第 205 页。
② 转引自〔英〕H. R. 戴维斯著，李安泰等译《云南：连接印度和扬子江的锁链》，云南教育出版社 2001 年版 9 月，第 206 页。

平；23 日抵达云南府，测量了云南府、普洱经度，确定了地理位置。以后由云南府到会理州，经富民、武定、禄劝往西北前往扬子江，过普渡河到左曲，抵达扬子江河谷，探察了云南四川交界的扬子江流域；2 月 14 日抵达会理，15 日离开会理，探察扬子江上游；17 日到安宁河，访问宁远府；22 日抵达泸沽镇，勘察了整个长江河谷，随后到冕宁，勘察了冕宁地形地貌，认为嘉定至越西建铁路如同云南府至会理建铁路一样不切实际。之后，从冕宁西行。28 日，科尔组取道雅州去四川成都，海尔得回嘉定，戴维斯西行，探察一条由越西通往云南西北部角阿墩子的道路。沿雅砻江探察，经康巴地区，3 月 20 日抵达木里，28 日到中甸，再由中甸到阿墩子，4 月 3 日抵达阿墩子。11 日顺阿墩子南下到湄公河岸，再由湄公河南下，没成功。23 日由阿墩子向北去盐津，28 日抵达盐津，离开盐津取道西行去巴塘，经雅卡洛、拉达厅，过江卡河，沿扬子江，于 5 月 8 日抵达巴塘，12 日离开巴塘回盐津，受阻，21 日向东返回巴塘，经腊扎、雅拉冈，6 月 9 日到里塘，再由里塘经打箭炉到雅州府。11 日离开里塘，20 日到打箭炉，考察了打箭炉，25 日到天仓州，过雅砻江到雅州，由雅州到上海。

考察结果是，没必要在滚弄到思茅间修建铁路，因为"这两地之间太荒凉和多山，没有可以真正被称为城镇的地方，人口稀少，不管是汉族或其他山民除了生活必需品外要求不多，而他们已拥有了生活必需品。思茅不适于欧洲人的口味，其销售主要限于中国内地和西藏，所以在思茅和缅甸之间将不会有茶叶贸易。"① "我认为没有人曾经或将会在滚弄和思茅之间开辟贸易线，因为从蒙自去思茅更容易，骡队 15 个行程就可以到达。"② "自 11 月离开缅甸，我已跋涉 2442 英里，而莱德则已超过 2500 英里。"③

戴维斯云南考察勘测的经历和结论汇集在其所著述的《云南：联结印度和扬子江的锁链》一书中。

① 转引自［英］H. R. 戴维斯著，李安泰等译《云南：连接印度和扬子江的锁链》，云南教育出版社 2001 年版，第 113 页。
② 转引自［英］H. R. 戴维斯著，李安泰等译《云南：连接印度和扬子江的锁链》，云南教育出版社 2001 年版，第 114 页。
③ 转引自［英］H. R. 戴维斯著，李安泰等译《云南：连接印度和扬子江的锁链》，云南教育出版社 2001 年版，第 315 页。

八、《云南：联结印度和扬子江的锁链》

《云南：联结印度和扬子江的锁链》是戴维斯 1893 年 11 月 17 日至 1900 年 6 月多次探察云南的记录，提出了云南的交通枢纽地位，"它（云南）在中国的西南角。是应引起英国人更多注意的中国的一个省。第一，它有几百英里与我们的印度帝国边境东部接壤；第二，如果印度与扬子江通过铁路相联结的话，这条铁路无疑得通过云南。而且这个省的东南部边界与法国殖民地东兴接壤，其西北角紧接西藏。这些都足以立刻引起人们对云南政治和商业的兴趣。"①

描述了云南当时的交通现状，"云南本身并不是一个贫穷的地方，但苦于其交通不便，这个地区不仅分布着崇山峻岭，而且湍急的大河中乱石成堆而不能通航，如果从陆地行走的话，道路的险阻使旅行者行程缓慢。云南的内河航行不适宜小船，更谈不上汽船了，道路多是山道，其运输靠马帮和骡子驮运货物，而且这个地区到海港甚至从内河航运的距离都较长。"② "有四条商道能抵达云南：①从伊洛瓦底江乘汽船到八莫，从八莫北部二天可抵云南边界。②通过北部湾乘火车，从海防到老街到云南边境。法国正在修从蒙自到云南府的铁路，不久就通到蒙自。③从广东西江乘汽船和木船到广西省的百色，一天到云南边界。④从长江乘汽船到宜昌，改换木船到蜀府，三天到云南边界。""有四条航道通这四个地方本身并不十分重要，所有来自国外的货物自然是经过港口运入，而从海港到云南所花费的运输时间增加了云南运到国外商品的难度。""从老街到海防最好的选择是坐一天半火车，其次，离海最近的是八莫，从仰光乘火车或汽船得花三天。"③ "百色厅和蜀府这两个地方的位置离海港有很远的距离，而且从广东或上海逆水而行大约要花一个半月的时间。再以云南的两个城镇云南府和下关的大概路程来计算，我们发

---

① ［英］H. R 戴维斯著，李安泰等译：《云南：联结印度和扬子江的锁链》，云南教育出版社 2004 年版，第 4 页。

② ［英］H. R 戴维斯著，李安泰等译：《云南：联结印度和扬子江的锁链》，云南教育出版社 2004 年版，第 5 页。

③ ［英］H. R 戴维斯著，李安泰等译：《云南：联结印度和扬子江的锁链》，云南教育出版社 2004 年版，第 6—7 页。

现：到仰光大约要 39—46 天，到海防大约要 16 天，到广东大约要 82 天，到上海大约要 85 天。当一个省地处边远，而且交通又十分困难的情况下，任何大宗的贸易在目前都是不可能的。这一地区的发展只有靠火车。不幸的是，由于这个省众多的山脉使得河流难以通航，加之公路难建，同样建筑铁路也十分困难。"①

书中提出了从八莫经云南修建铁路连接扬子江流域的建议。根据考察和勘测，戴维斯提出构建以云南为交通枢纽，连接印度和扬子江的大交通网，"如果印度与扬子江通过铁路相联结的话，这条铁路无疑得通过云南。而且这个省的东南部与法国殖民地东兴（越南地名）接壤，其西北角紧接西藏。这些都足以立刻引起人们对云南政治和商业的兴趣。"② "当铁路可达到世界上最偏僻的地区的这个时代来临后，印度和中国这两个世界上人口最多的邻国不可能满足于它们之间没有一条铁路。我想我能十分肯定地断言这些铁路都要通过云南。"③ "我们只能作出结论即：通过云南是唯一能够成为联结印度和扬子江及中国东部的锁链。"④ 且认识到这个交通网构建的艰难，提出了循序渐进的修建蓝图，"综上所述可以归纳为：①修建从滚弄到扬子江的直通铁路的工程太大，不能立刻实施。②如果我们对这条延伸到云南的铁路不作任何努力，那么法国有可能拥有这条路线的大部分，这条路线将来有一天会联结印度与中国东部，法国人也将能够获得我们在云南西部的贸易。③为了对付这一切，修建缅甸的铁路从腊戍延伸到滚弄。并且在云南修建铁路从滚弄到云州，旨在将来逐步向（中国）东部扩张。④假如所提出的从八莫到腾越的铁路可以东延至下关，它肯定会成为滚弄线一个可怕的竞争对手。但是假如腾越是铁路的终点，这意味着即使想在云南西部保持我们的贸易也是办不

---

① ［英］H. R 戴维斯著，李安泰等译：《云南：联结印度和扬子江的锁链》，云南教育出版社 2004 年版，第 7 页。

② 转引自［英］H. R. 戴维斯著，李安泰等译《云南：连接印度和扬子江的锁链》，云南教育出版社 2001 年版，第 4 页。

③ 转引自［英］H. R. 戴维斯著，李安泰等译《云南：连接印度和扬子江的锁链》，云南教育出版社 2001 年版，第 14 页。

④ 转引自［英］H. R. 戴维斯著，李安泰等译《云南：连接印度和扬子江的锁链》，云南教育出版社 2001 年版，第 14—15 页。

到的。"①

书中介绍了 20 世纪初中国的铁路建设情况，"而最近（1907 年）由于爱国的愿望使中国人希望将铁路控制在自己手中，而拒绝了外国资金或工程人员的帮助，其结果使一些省从主要的商人及其他人那儿获得了大笔对铁路的投资。然而像在云南修建铁路这样有风险的投资是否会有人愿意还很难说。但是，一个令人鼓舞的现象是，最近云贵总督要求雇佣美国人来培训中国铁路工程师。所有中国的铁路最终将由中国人来修筑，这是很自然和不可避免的，而且如果中国政府将着手修建从缅甸边境到扬子江的铁路，将会使有关各方均感满意。但有两件事是必要的——足够数量的熟练工程技术人员和一些诚实的人来掌握其财政。随着时间的推移，第一个问题无疑会得到解决，但能找到第二种人吗？"②

在云南人民捍卫路权的斗争中，英国修建连接中缅、中印铁路大交通网的设想没实现，只有法国的中越铁路得以修建。

第二节　法国获取中越铁路筑路权

法国为了拓展其在中国西南的势力范围，获取商品市场和资本投资项目，把修建铁路作为渗透途径。为了修筑中越铁路，法国政府不断以各种形式，采用各种手段与清政府交涉，精心设计了中越铁路网。经过多番交涉，中法签订《滇越铁路章程》，法国获得滇越铁路滇段修筑权，达到了修筑中越铁路的目的。

一、法国与清政府关于修筑铁路的交涉

法国为了拓展其在中国西南的势力范围，获取商品市场和资本投资项目，把修建铁路作为渗透通途，米歇尔·布吕吉埃在《云南铁路》中阐述了法国

---

① 转引自［英］H. R. 戴维斯著，李安泰等译《云南：连接印度和扬子江的锁链》，云南教育出版社 2001 年版，第 20 页。

② 转引自［英］H. R. 戴维斯著，李安泰等译《云南：连接印度和扬子江的锁链》，云南教育出版社 2001 年版，第 21 页。

在中国修筑铁路的目的:"(杜美)希望与中国南部做贸易。为了让这个计划变为可能,他希望建一个真正的铁路网。"① 法国要把印度支那半岛和中国西南连接起来,构建一个陆地与海洋对接的大交通网,莫雷斯于 1890 年匿名写的小册子《为了渗透中国》,阐述了法国中越交通网的构想:"就我们在远东的行动而言,东京的重要性尤为特别,别忘了这个国家的三个边境省份,云南、广东、广西正顺从地围着我们的引力圈在转动。在正常的情况下,法国如果能够在东京站稳脚跟……"莫雷斯侯爵要资金修建一条铁路,作为"联系印度支那与中国这两大板块的连接线。"②

为了修筑中越铁路,法国政府不断以各种形式,采用各种手段与清政府协商。法国以《中法会订越南条约》第七条拟定的"彼此言明:日后中国酌拟创设铁路时,中国自向法国业此之人商办。其招募工人,法国无不尽力协助"为前提,不断与清政府交涉。法国以获取通商口为突破口,总理衙门和法国就通商口问题的照会中提出"中国所允法国于龙州、蒙自两处设立之领事官,及蛮耗设立之领事官属下一员,系属陆路通商处所,不可仿照上海等处通商口岸设立租界。"③ 1887 年 6 月 26 日,中法就通商口岸签订的《中法续议商务专条》,按照光绪十二年三月二十二日所定和约第一款,两国指定通商处所,广西开龙州为商埠,云南开蒙自为商埠,同时因为蛮耗是保胜至蒙自红河水道的必经之地,蛮耗也辟为商埠,允许法国派驻蒙自的领事官派一名属下驻扎蛮耗。同时,法国决心获取中越铁路作修筑权,"乃决心攫取滇越铁路之敷设权"。④ "光绪十三年,中法会订商务专约第五款内载:越南之铁路或已成者,或日后拟添者,彼此议定,可由两国酌商妥定办法接至中国界内等语。"⑤ 法国殖民者通过上述条约条款不断推进在中国西南铺设铁路的进

① [法]米歇尔·布吕吉埃,《云南铁路》,1963 年,巴黎,外交史杂志。转引自 [法] 奥古斯特·弗朗索瓦(方苏雅)著,罗顺江、胡宗荣译《晚清纪事——一个法国外交官的手记》,云南美术出版社 2001 年版,第 18 页。

② 转引自 [法] 奥古斯特·弗朗索瓦(方苏雅)著,罗顺江、胡宗荣译《晚清纪事——一个法国外交官的手记》,云南美术出版社 2001 年版,第 15 页。

③ 王铁崖编:《中外旧约章汇编》第一册,1957 年版,第 511 页。

④ 龙云修,周钟岳等编,李春龙等点校:《新纂云南通志》第 57 卷《交通考二》,云南人民出版社 2007 年版,第 2 页。

⑤ 龙云修,周钟岳等编,李春龙等点校:《新纂云南通志》第 57 卷《交通考二》,云南人民出版社 2007 年版,第 2 页。

程。光绪二十二年（1896）"续订商约遂有敷设云南铁路联络越境之议。"①
法国外交部长加布里埃·阿诺托提出 1895 年 6 月签署的条约第五条中准确表
明的："根据协议，有些铁路在安南已经建成，或者正在设计。然而，在达成
共识后，在确定条件中，该铁路可以延伸到中国的土地上。"② 即《续议商务
专条附章》第五条中"至越南之铁路或已成者或日后拟添者，彼此议定，可
由两国酌商妥订办法，接至中国界内。"③ 法国通过 1897 年 6 月 18 日对清政
府的照会，"定允准，自越南交界起，由百色河一带或红河上游一带修造铁
路，以达省城，应由中国渐次察勘办理。"④ 获得越南连接中国云南的铁路修
建权，但没有正式合同。

　　法国认为中国已经认可了法国修筑中越铁路的权力，（法国外交部长）加
布里埃·阿诺托要求法国驻北京代办迪巴伊先生"要求补偿，在这些赔偿中，
包括永久出让通往云南府的铁路线……" 1898 年 4 月 9 日，法国公使致总理
衙门照会修筑中越铁路事："中国国家允准法国国家，或所指法国公司，自越
南边界云南省城修造铁路一道，中国国家所为应备者，惟有该路所经之地与
路旁应用地段而已。该路现正查勘，以后另由两国合订，再行合同订立之章
程。因和睦之由，中国国家将广州湾作为停船趸煤之所，租与法国国家九十
九年，在其地查勘后，将来彼此商订该租界四至，租价将来另议。中国国家
将来设立总理邮政局专派大臣之时，拟聘外员相助，所请外国官员，声明愿
照法国国家请嘱之意酌办。本大臣应请贵王大臣一律照复。"⑤ 总理衙门致法
国公使照会："中国国家允准法国国家，或所指法国公司，自越南边界云南省
城修造铁路一道，中国国家所为应备者，惟有该路所经之地与路旁应用地段
而已。该路现正查勘，以后另由两国合订，再行合同订立之章程。因和睦之
由，中国国家将广州湾作为停船趸煤之所，租与法国国家九十九年，在其地

---

① 龙云修，周钟岳等编，李春龙等点校：《新纂云南通志》第 57 卷《交通考二》，云南人民出
　版社 2007 年版，第 2 页。
② 转引自［法］奥古斯特·弗朗索瓦（方苏雅）著，罗顺江、胡宗荣译《晚清纪事——一个法
　国外交官的手记》，云南美术出版社 2001 年版，第 15—16 页。
③ 王铁崖编：《中外旧约章汇编》第一册，生活·读书·新知三联书店 1957 年版，第 623 页。
④ 王铁崖编：《中外旧约章汇编》第一册，生活·读书·新知三联书店 1957 年版，第 722 页。
⑤ 王铁崖编：《中外旧约章汇编》第一册，生活·读书·新知三联书店 1957 年版，第 744 页。

查勘后，将来彼此商订该租界四至，租价将来另议。中国邮政局现归海关办理，中国国家将来设立总理邮政局专派大臣之时，拟聘外员相助，所请外国官员，声明愿照法国国家请嘱之意酌办。本大臣应请贵王大臣一律照复，以便查阅，彼此心意相同，用来往照会作据。"① 1898 年 4 月 10 日，中国政府认可了"法国政府或该政府指定的法国公司"的权力，他们有权修建从东京边境到云南府的铁路。中国政府提供"铁路及其附属设施的"用地。准确的地价、铁路所经地区，在"当时"都属于规划范围，最终的线路将"经两国政府同意后商定"，② 但是 1898 年 4 月 25 日，"总理各国事务衙门……又《奏法国请租广州湾及建造滇越铁路办理情形》"③，被清政府谢绝。

　　法国急着修建滇越铁路，先入为主，直接到云南交涉。1898 年 10 月 19日法国直接入滇商议修筑铁路之事，"云贵总督崧蕃等《奏法员来滇议修铁路，陈明查勘商办大概情形》，下所司知之。"④ 法国的行径引起地方官的惊恐，云贵给事张仲炘于 10 月 28 日奏清政府："云贵总督崧蕃等擅准法人勘修铁路，办理乖谬，请饬查办。"可得到的旨意是清政府许可法国勘测铁路线路："'著总理各国衙门王大臣查明奏。'寻奏：'滇越铁路系照约办理，奏明请旨准行，该督臣尚无专擅之处。至如何另议章程，俟开办时再与订立合同，俾臻周妥'。"⑤ 1899 年法国开始勘测铁路线路和筹资活动，4 月 25 日云贵总督崧蕃报："英、法两国派员来滇查勘铁路，现藩、臬总司其事，并设提调，妥为办理。"⑥ 云贵总督崧蕃配合法国勘测铁路线路，但受到各方阻碍。1899年 6 月 26 日，谕军机大臣等："本日据崧蕃驰奏《法员查勘云南铁路，急欲兴修，谨陈窒碍情形，请饬总理衙门详告法使，暂缓兴建》一折，又据电奏，蒙

---

① 王铁崖编：《中外旧约章汇编》第一册，生活·读书·新知三联书店 1957 年版，第 745 页。
② 转引自［法］奥古斯特·弗朗索瓦（方苏雅）著，罗顺江、胡宗荣译《晚清纪事——一个法国外交官的手记》，云南美术出版社 2001 年版，第 18 页。
③ 《清德宗实录》第 417 卷，第 3 页。转引自云南省历史研究所编《清实录·云南部分》，第四卷，第 420 页，云南人民出版社 1986 年版。
④ 《清德宗实录》第 419 卷，第 7 页。转引自云南省历史研究所编《清实录·云南部分》，第四卷，第 420 页，云南人民出版社 1986 年版。
⑤ 《清德宗实录》第 429 卷，第 15 页。转引自云南省历史研究所编《清实录·云南部分》，第四卷，第 420 页，云南人民出版社 1986 年版。
⑥ 《清德宗实录》第 417 卷，第 3 页。转引自云南省历史研究所编《清实录·云南部分》，第四卷，第 420 页，云南人民出版社 1986 年版。

自锡厂厂丁啸聚万人，与勘路法员为难等语。著总理各国事务衙门王大臣切实照会法使，妥筹办理。"云贵总督崧蕃奏英、法勘修铁路窒碍情形，得旨："本日又电奏勘路肇衅，厂匪啸聚情形，已交总理各国事务衙门迅速酌核办理矣"。①

法国勘探滇越铁路线路引发了云南民众的恐慌和民变，云南民众不断袭击法国勘探队。7月30日，云贵总督崧蕃奏："个、蒙厂匪因法员勘路，聚众滋事，调兵防剿，匪徒败窜情形，得旨："著总理衙门酌核办理。"又奏："法员勘路滋扰，全省绅民惊惶，联递公呈，请设法挽回，以靖边疆。"② 法国修建滇越铁路引起了官民的惊惶和警惕，地方绅民为维护国家安全和民族利益，极力阻止法国修筑滇越铁路。清政府则积极配合法国的线路勘探，派兵保护。1899年10月7日，云贵总督崧蕃奏："法员在滇勘修铁路，业经竭力开导保护"。③ 与此同时，法国社会对云南铁路建筑极为关注，积极投资。1899年，当法国向其在东京的机构提供保护时，保罗·杜美没费多大周折便取得成果：巴黎的数家银行以及两家工业财团愿意提供帮助，以修建云南的铁路。修建这条长达500公里的铁路包括有3000个桥梁和隧道工程——世界纪录——将耗资7000万金法郎。该工程将动用5万多民工。铁路将于1910年通车。④

二、方苏雅的记述

方苏雅作为法国领事于1895年驻广西龙州，1899年作为法国驻云南府总领事兼法国驻云南铁路委员会代表，1900年因走私枪支入昆明被赶走。1903年，方苏雅被法国政府派往中国云南驻蒙自领事，督办修建滇越铁路，1904年回法国。

1899年12月15日，方苏雅为法国驻云南府总领事兼法国驻云南铁路委

---

① 《清德宗实录》第445卷，第4—5页。转引自云南省历史研究所编《清实录·云南部分》，第四卷，第421页，云南人民出版社1986年版。

② 《清德宗实录》第447卷，第10页。转引自云南省历史研究所编《清实录·云南部分》，第四卷，第421页，云南人民出版社1986年版。

③ 《清德宗实录》第450卷，第3页。转引自云南省历史研究所编《清实录·云南部分》，第四卷，第421页，云南人民出版社1986年版。

④ 摘自1910年发表于巴黎的《云南铁路》。转引自［法］奥古斯特·弗朗索瓦（方苏雅）著，罗顺江、胡宗荣译《晚清纪事——一个法国外交官的手记》，云南美术出版社2001年版，第19页。

员会代表后，他把工作与兴趣爱好结合，探查了贵州、云南，循着云南古老的茶马古道交通线考察。由昆明，经楚雄，沿金沙江北上进入大、小凉山地区，穿过康定到达川藏地区。方苏雅在探查中绘制了线路和地形图，拍摄了各地形形色色的人物，较详细地记录了所到之处的风土民情和地形地貌。更为重要的是，阐述了当时中国的部分外事，法国和英国对云南的企图，对云南铁路交通的认识、规划、争夺等史实。

他还记录了当时外国在中国的侨民和居所数、商埠数以及中国开放的港口数"1900 年，根据帝国海关的统计，中国当时有两万名外国人，1100 多家商埠。人数最多的当数英国人，他们有 5400 名'居民'，427 处住地。随后是德国人，1530 人，122 处住地，接着是法国人，1360 人，74 处住地……港口开放数量超过了 40 个。"①

法国对云南的企图，"就法国人而言，好似不太满足，他们通过 1900 年 1 月 5 日批准的条约，才获得广州湾的那么一小点让步。事实上，他们还有别的企图，此企图显然与东京地区有关……但是在当时的北京，是义和团说了算。"②"这好似说应该把住时机，最终深入到那垂涎欲滴的云南省。"③

法国和英国对云南的争夺，"布诺瓦内阁的马塞兰·贝特洛也想着'打开进入云南市场的通道。'法、英之间于 1896 年 1 月在伦敦签署了一纸条约。条约承认法国的影响'一直延伸到湄公河的深泓线'，勐辛公国立即因此获得解脱，英国的影响到右岸为止。"④"1895 年 11 月至 1896 年 4 月在法、英之间解决了勐辛的问题，云南规划因此走向正轨。"⑤

法国和英国对云南铁路交通的认识、规划："英国人清楚地预见到可以修一条铁路从缅甸的曼德勒到云南府。而法国人认为，从云南到入海口，这条

① [法] 奥古斯特·弗朗索瓦（方苏雅）著，罗顺江、胡宗荣译：《晚清纪事——一个法国外交官的手记》，云南美术出版社 2001 年版，第 11—12 页。
② [法] 奥古斯特·弗朗索瓦（方苏雅）著，罗顺江、胡宗荣译：《晚清纪事——一个法国外交官的手记》，云南美术出版社 2001 年版，第 12 页。
③ [法] 奥古斯特·弗朗索瓦（方苏雅）著，罗顺江、胡宗荣译：《晚清纪事——一个法国外交官的手记》，云南美术出版社 2001 年版，第 13 页。
④ [法] 奥古斯特·弗朗索瓦（方苏雅）著，罗顺江、胡宗荣译：《晚清纪事——一个法国外交官的手记》，云南美术出版社 2001 年版，第 16 页。
⑤ [法] 奥古斯特·弗朗索瓦（方苏雅）著，罗顺江、胡宗荣译：《晚清纪事——一个法国外交官的手记》，云南美术出版社 2001 年版，第 17 页。

路比经由东京要近……"① 法国人把云南铁路建设视为其财源之地，"法国人垂涎已久的云南便成为讨利息的地方。"②

　　法国要在其势力范围内构建铁路交通，"《为了渗透中国》（1890 年写于桑利斯）这本小册子是（匿名）莫雷斯写的。书中这样写道；'就我们在远东的行动而言，东京的重要性尤为特别，别忘了这个国家的三个边境省份，云南、广东、广西正顺从地围着我们的引力圈在转动。在正常的情况下，法国如果能够在东京站稳脚跟……' 莫雷斯侯爵要资金修建一条铁路，作为'联系印度支那与中国这两大板块的连接线。'"③

　　法国把中越铁路作为交通干线不断推进，法国外交部长加布里埃·阿诺托"论述了 1895 年 6 月签署的条约。其中第五条中准确表明：'根据协议，有些铁路在安南已经建成，或者正在设计。然而，在达成共识后，在确定条件中，该铁路可以延伸到中国的土地上。'"④ 布诺瓦内阁的马塞兰·贝特洛也想着"打开进入云南市场的通道"⑤，进一步与中国政府谈判，（法国外交部长）加布里埃·阿诺托"要求法国驻北京代办迪巴伊先生'要求补偿，在这些赔偿中，包括永久出让通往云南府的铁路线……' 1898 年 4 月 10 日，中国政府认可了'法国政府或该政府指定的法国公司'的权力，他们有权修建从东京边境到云南府的铁路。中国政府（正是改良派康有为时期）提供'铁路及其附属设施的'用地。准确的地讲，铁路所经地区，在'当时'都属于规划范围，最终的线路将'经两国政府同意后商定'"。⑥

　　杜美是中越铁路的规划者和实施者，他"希望与中国南部做贸易。为了

---

① ［法］奥古斯特·弗朗索瓦（方苏雅）著，罗顺江、胡宗荣译：《晚清纪事——一个法国外交官的手记》，云南美术出版社 2001 年版，第 14—15 页。
② ［法］奥古斯特·弗朗索瓦（方苏雅）著，罗顺江、胡宗荣译：《晚清纪事——一个法国外交官的手记》，云南美术出版社 2001 年版，第 15 页。
③ ［法］奥古斯特·弗朗索瓦（方苏雅）著，罗顺江、胡宗荣译：《晚清纪事——一个法国外交官的手记》，云南美术出版社 2001 年版，第 15 页。
④ ［法］奥古斯特·弗朗索瓦（方苏雅）著，罗顺江、胡宗荣译：《晚清纪事——一个法国外交官的手记》，云南美术出版社 2001 年版，第 15—16 页。
⑤ ［法］奥古斯特·弗朗索瓦（方苏雅）著，罗顺江、胡宗荣译：《晚清纪事——一个法国外交官的手记》，云南美术出版社 2001 年版，第 16 页。
⑥ ［法］奥古斯特·弗朗索瓦（方苏雅）著，罗顺江、胡宗荣译：《晚清纪事——一个法国外交官的手记》，云南美术出版社 2001 年版，第 18 页。

让这个计划变为可能，他希望建一个真正的铁路网。"① "还是在 1899 年，当法国向其在东京的机构提供保护时，保罗·杜美没费多大周折便取得成果：巴黎的数家银行以及两家工业财团愿意提供帮助，以修建云南的铁路。修建这条长达 500 公里的铁路包括有 3000 个桥梁和隧道工程——世界纪录——将耗资7000 万金法郎。该工程将动用 5 万多民工。铁路将于 1910 年通车……"②

三、杜美设计的中越铁路

法国在中南半岛的铁路建筑始于越南。出于军事需求，1886 年法国在越南修筑了从北让到谅山的 60 厘米宽的小铁路。占领越南后，为了与英国争夺殖民地和商业利益，开始设计和修筑铁路。

中越铁路的蓝图由杜美提出。1897 年杜美被任命为印度支那总督，他向法国政府提出一个庞大的铁路网计划，建造 3200 公里的铁路。他这样扼要地说："这个自西贡至北圻贯通整个印度支那的铁路网，连接越南一些富饶的流域与沿海的港口，并使湄公河一些可通航的河道与海连接，再从红河流域伸入中国。这样一个铁路网将发展至 3，000 公里左右。"③ 具体为：安南纵贯铁路，柴棍—归仁—顺化—清华—宁平—河内；海防河内铁路，海防—河内，延长线劳开（老街）—蒙自—云南府；老挝安南中央铁路，安南—广治—湄公河沿岸—山防南下；老挝安南南部铁路，归仁—安图泊；柴棍南坎铁路，柴棍—南坎；越中铁路：河内—劳开（老街）线；劳开（老街）—蒙自—云南府；河内—南定—义安线；茶麟、顺化—广治线；柴棍—庆和线；弥陀、永隆—康都线；海防—河内线；河内—谅山—文烟线；柴棍—弥陀线等。

杜美认为，"由劳开至云南府的铁路，只有将它展筑至人口稠密的四川省，才会显出它的真正价值。该铁路的目的地应该是该省省会成都"，并且

---

① ［法］米歇尔·布吕吉埃，《云南铁路》，1963 年，巴黎，外交史杂志。转引自［法］奥古斯特·弗朗索瓦（方苏雅）著，罗顺江、胡宗荣译《晚清纪事——一个法国外交官的手记》，云南美术出版社 2001 年版，第 18 页。

② 摘自 1910 年发表于巴黎的《云南铁路》。转引自［法］奥古斯特·弗朗索瓦（方苏雅）著，罗顺江、胡宗荣译《晚清纪事——一个法国外交官的手记》，云南美术出版社 2001 年版，第 19 页。

③ 转引自［英］肯德著、李抱宏等译《中国铁路发展史》，生活·读书·新知三联书店 1958 年版，第 156 页。

"经过扬子江的真正航运要地叙府。""极力主张广东、广西两省的商业也应该靠河内至谅山的铁路来加以开发；而谅山应以经龙州至南宁府的铁路与法国在广东的租借地广州湾相连接。"由此产生了"从南宁府建筑铁路经桂林、永州、衡州和长沙至武昌，同时这个综合性的系统中，又计划自梧州向各方面建筑一些短距离的铁路至广州、广州湾和桂林。"对铁路在中国的渗透作用，杜美做了精辟概述："对中国的渗入，从我们占有地的北方必须保证建造那些贯穿云南四川的铁路，从我们占有地东北部渗入中国的广东和广西，则有赖于自河内展筑至镇南关的印度支那铁路，及新近在广州湾获得的土地。以前中国政府曾特许某法国公司展筑我们的铁路线至边境之外直达龙州，再由龙州展筑至南宁，但不幸由于种种困难使施工拖延八年之久，直到目前才成为可能之事"。①

杜美设计的中越铁路是东北方向，以两广为中心，北到四川叙府，连接扬子江，南下达大海，构建一个覆盖中国西南，南到两广海域，与越南交通的中越大交通系统，即海防河内铁路，起点海防港，终点河内府，延长线劳开（老街）—蒙自—云南府；广州湾—高州—梧州线；广州湾—遂溪—郁林线；文烟—龙州—南宁—郁林—梧州线，两广横贯线；南宁—柳州—桂林—衡州—长沙—汉口线；云南—叙州—成都—重庆线。

四、龙州铁路的修筑及夭折

1898 年 9 月 14 日，法国国务会议审查委员会审查从海防至河内，再沿红河流域北上至云南的线路。1898 年 12 月 25 日，杜美的铁路网计划按照法律程序被批准。法国首先修筑龙州铁路，1896 年 10 月 1 日设置龙州铁路局，建筑房屋、旅馆、码头。为了进一步推进杜美的中越铁路网计划，法国不断迫使清政府出让路权，鉴于英国政府与清政府于 1897 年 2 月 4 日签订的《续议缅甸条约附款》和《西江通商专条》，清政府把中缅边境大片领土和西江通商特权给予英国，并《续议缅甸条约附款》第 12 条中承诺"将来审量在云南修

---

① 转引自〔英〕肯德著，李抱宏等译《中国铁路发展史》，生活·读书·新知三联书店 1958 年版，第 164 页。

建铁路，允与缅甸铁路相接。"法国认为自己在云南的利益受到损害，要求清政府补偿，清政府于 1897 年 6 月 18 日照会法使，议定：龙州铁路筑竣，允许"接造往南宁、百色"；法国重申中国在云南、广西、广东三省境内开采矿产时，先向法国矿商及矿师商办之前议；清政府负责疏通红河上游水道，并修平河口至蛮耗、蒙自以达昆明的陆路，以利通商；"允准自越南交界起，沿百色河一带或红河上游一带，修建铁路，以达昆明，由中国渐次察勘办理。"①

　　法国获得展筑中越铁路的一系列权利，但龙州铁路进展不顺利。龙州铁路勘探线路以龙州城外的左江对岸伏波庙码头为起点，经过鸭水滩、凭祥、土州，到镇南关外的界口，长度 61 公里，越南境内的法国自建，谅山经同登和那岑至中越交界处 12 公里，与龙州铁路衔接。1898 年，费务林公司线路勘探完后，与龙州铁路官局督办苏元春评估造价，每米需要白银 3200000 两。从 1896 年 10 月 1 日龙州铁路局开办起，到 1900 年，历时三年零十个月，支银先后 30 万两，其中户部解拨 28 万两，其余为官局向市商息借之款。② 龙州铁路仅建起龙州铁路局房屋，凭祥来安馆及四处码头，铁路一寸都未建成。由于"总理衙门曾否认与法国订立建筑该路（由东京湾上的北海至西江流域的南宁府建筑铁路的权利）的任何合同。后来总理衙门又于 1899 年 11 月重申以前否认之意，并向窦纳乐郑重保证，在该地区给予法国的唯一权利仅为谅山至龙州的相距 40 哩的铁路建筑权。"③ 法国当局意识到"这条铁路在战略上的价值大于在商业上的价值，同时又鉴于没有获得展筑至南宁府的权利，那末建造这条铁路似乎不会得到什么利益。"④ 法国放弃了龙州铁路的建筑，1905 年想转给清政府，"1905 年 1 月法使吕班（M. Dubail）照会外务部，建议接修龙州铁路，由法国派工程师数名，听候中国派用，估计建筑费用约 1，

① 王彦威、王亮辑：《清季外交史料》卷一二六，书目文献出版社 1987 年版，第 9 页。
② ［英］菲利普·约瑟夫著，湖滨译：《列强对华外交（1894—1900）——对华政治经济关系的研究》，商务印书馆 1959 年版，第 132 页。
③ ［英］肯德著，李抱宏等译：《中国铁路发展史》，生活·读书·新知三联书店 1958 年版，第 158 页。
④ ［英］肯德著，李抱宏等译：《中国铁路发展史》，生活·读书·新知三联书店 1958 年版，第 159 页。

020 万法郎，法国借垫。此议未为清政府采纳。"[1] 1909 年，法国提出路权归还清政府，请中国自己筹办。1910 年 2 月法国再一次照会清政府，法国资助清政府修筑龙州铁路，清政府没有接受，龙州铁路夭折。

五、《滇越铁路章程》

经过多番交谈，中法于光绪二十九年（1903 年 10 月 29 日）签订《滇越铁路章程》。

《滇越铁路章程》由 34 条文和一个附件构成：

滇越铁路章程[2]

一九〇三年十月二十九日，光绪二十九年九月初十，北京。

光绪二十四年三月十九、二十等日，即西历一千八百九十八年四月初九、初十等日，经驻扎北京法国署使臣吕班与总理衙门互相同文照会所载：中国国家允准法国国家或所指法国公司自越南边界至云南省城修造铁路一道，中国国家所应备者惟有该路所经过之地与路旁应用地段而已，铁路所经之道现经查看，嗣后应由两国国家酌商指定，并应行定立章程。按照总署文称意向原系巩固两国邦交，来往更形亲密，以免永无争论各事。现法国国家拣选越滇铁路法国公司为修造开办东京至云南省城铁路，该公司系法国最为殷实银行合股设立。其铁路经过各地方，先由法国国家查看，再由该公司复勘，以总署王大臣及法国使臣互相同文照会为据，彼此商酌，以免永无争论各事，并修造铁路及管理铁路各事宜，诸臻妥洽，两相合意，爰订立章程如左：

一、东京边界至云南省城铁路，自河口起抵蒙自，或于蒙自附近，以至云南省城。设若嗣后法国国家查看，有略改此路之处，应由驻扎云南省法国总领事官照会滇省大吏，会同监工，详加查看，所拟改之处果无妨碍，滇省大吏应行即速备文照复法国领事转允准，始能改修。倘法

---

[1]　[英] 菲利普·约瑟夫著，湖滨译：《列强对华外交（1894—1900）对华政治经济关系的研究》，商务印书馆 1959 年版，第 133 页。

[2]　转引自王铁崖编《中外旧约章汇编》第二册，生活·读书·新知三联书店 1959 年版，第 202—209 页。

国总领事官与滇省大吏意见不合，则应由驻京法国使臣与外务部商定一切。

二、铁路监工查看铁路各事完竣后，自应详细绘画地图，将铁路起止、经过、何处应设站厂，一一载明图上。其修造车站、厂房、机器铁厂、存货栈房，总之铁路所属各地，均应备有地段听用，应先指明各地地段宽窄及作何用项。此项地段专归铁路应用，以足敷其用为止，不可多使。务当预先设法使用官地。亦应竭力设法不用庙宇、坟墓、民房、菜园等项。经监工逐层查看后，即当绘图二分，其二分由法国总领事官送交滇省大吏，查阅后，应将所用地段预为购买。然后将图样一分，盖用滇督印信，送交领事一分存留备案。一面按照第三款限期交地办法陆续拨交地段，俟地拨清楚，方可开工。

三、法国总领事逐层将应用地段照会滇省大吏，此地系属铁路及铁路所属应用，各项地段已由监工查看定准，按照第二款所载。若所用地段系属官地，应即交给铁路公司收领。若系民业，应由滇省大吏购买，每次于至多六个月期限内拨交公司；此期限以总领事照会大吏请交给之日起算。所购买地段契纸，应有二分，其一分由滇省大吏交给公司收存。契内应载明业主、租主自行声明因修造铁路所受亏累均已补偿清楚等语，以免铁路公司与卖地业主有所争论。其契式样应由滇省大吏与总领事酌商定立。铁路公司人员，于交给地段之时，应行刨挖沟渠以为界址。

四、铁路轨道之旁可以修造二、三迈当宽之工程运路，以便查看、修造工程工役人夫行走、预备工程及运送机器、傢伙各项物料之用。此道暂可安设铁轨，若与民地相连，必设法以免损毁各事。修造铁路公司人员自可修造工程运路以抵石矿，开挖运送石块物料，并抵铁路及铁路所属厂房。所有修造此项运路应用地段亦由该省有司交给公司，其办法仍遵照铁路及铁路所属地段一律办理。惟运路地段如系租赁民业，其价均由铁路公司给发，一俟工程完竣，其地仍退还业主管理。

五、此条铁路先由河口开工；惟现在议明，经监工查看指明，应在何处修造厂房，若造桥、开挖山洞、开通山路、填平地段、设立车站，当在该处监造各项厂栈，亦当同时开工。

六、铁轨宽窄在两轨之间计一迈当宽。

七、铁路经过地方概不得损坏城垣、公署及紧要防务砲垒。遇有农民灌地沟渠、河道，必须筹设善法，或造桥梁，或架简轨，水仍流通，与农民田亩无碍。此项修造均系铁路公司备款经理。

八、铁路工程需用物料必须先尽多用本地出产。地方官理应相助，公司人员亦可请地方官会同酌定物料，随市价值，亦可自向卖主商购物料。其所购物料价值清单，亦可呈送地方官抄录立案，以免诓骗之弊，亦可免卖主临时不给物料争论之事。价值若干自必由公司如数交给。倘在本地购买物料，或卖主不照市价，高抬价值甚昂，或本地实无此项料件，则公司使可向中国他处采买。

九、开挖石矿、沙矿及砍伐树林木料，公司预为达知地方官查看，有无妨碍，若沙石各矿，系在官地之内，即行交给公司开采。其林木一项，虽系官产，亦应向地方官议买，议定始能砍伐。若石沙矿产、树林等项在民人地内，或预向地方官商买，或自向业主购买，所定价值均由公司给发。

十、修造铁路所用各地段，如厂房、货物栈房，运送物料之道，抵厂、抵沙石矿、积土各道，挖土地段，修造人员、匠役暂时住房，总之于兴作工程之内所用各地，俟铁路逐层告藏，即将以上无用各项地段交还滇省。地方官于接收地段之时，即行发还业主管理。

十一、干路造成之后，如果彼此视为有利益，与滇省大吏商定办法之后，再由法国驻京公使与外务部议妥，方可在干路上接修支路。

十二、铁路监工、副监工、匠目及各色执事均须有专门学业者，可招用外国人。其余各色人夫均须先尽招募本省人民充当。设若本省工匠人数不足，或索费甚昂，亦可招募他省人民充当。所有他省工匠及本省工匠应由地方官查看，编立姓名册籍，以免匪徒潜来滇省。其各项工资，或按日，或包工，应由公司公道商定。至发给此项工资，或每日，或有一定期限，应由公司人员预向工匠人等商定。倘该工人等或抬高工价，齐行罢市，应请地方官设法尽力相助，与公司人员公平定立工资，以安民心。如果地方官酌中定价，中国工匠人等仍不肯应募，由地方官查明确有此等情形，方允公司另募外国工人。

十三、所有铁路中国执事、工匠、人夫等，自必优待，或有病症，应由公司济以医药，或有在工程之内伤损、残废者，应行给与抚恤之资；若有伤亡者，亦应给予其人亲属抚恤之资。

十四、所有厂内公司执事人员、工匠、人夫等均归总监工管理，或总监工所派之人经理，不准苛待。中国工匠人等，或有词讼、争论、人命、偷窃、吵闹、斗殴等事，均应由所管地方官查看，按律办理。或有犯事罪人经地方官达知公司，该公司人员即当将其人送交地方官办理，不得庇护阻挠、干预其事。如中国执事人等向铁路所用外国人有偷窃、殴戕情事，一经公司知照，地方官即应查拿该犯，按律办理。所用外国执事有违犯礼法或犯章程者，应按条约办理。凡中外各色匠役、执事人等，无论何国人，均不准擅入民房滋事，一经违犯，即行按律重办。无论购买何物并购粮食，均应按照随时行市，公道交易。

十五、该公司亦可会商驻蒙大员，自行出资招募本地土民充当巡丁，以保护各厂平安，并可延请中国人或外国人充当巡捕长、管带，择要驻扎，以资弹压；如遇事故本地巡丁不能弹压，一经该公司人员禀请，滇省大吏即当遣派官兵，前往弹压保护。该公司所招募本地巡丁，责任但为巡查各厂，弹压工匠、人夫。一俟路成后，此起巡丁自可用以随时修补道路，其费亦由公司发给。倘有民情不平之事，保护铁路工程乃系地方官专责。无论出有何事，该公司总不得请派西国兵丁。

十六、铁路公司洋员一抵滇境，即由驻扎河口副领事官达知该处专办边界事务中国副统带，于三日内即发给暂时护照，以便执持前进。一经行抵蒙自，即由海关道于三日内换给正照，将前领副统带暂时护照缴销。该洋员既领有此项护照，无论前往何处，地方官自当照章妥为保护。但不论何人，如无此项护照，地方官不认保护之责。

十七、铁路公司洋员一抵滇省，应由该省领事官将该洋员姓名翻译汉文，开列清单，达知滇省大吏。彼此应行各立册簿，将公司人员译出姓名，各注于册。所有已经注册姓名，不能任便更改。如或迁调他处，亦当立即达知中国地方官，俾随时随地易于稽查。公司洋员在所领护照内，缮写译汉姓名，当与所存册簿姓名一律，不可稍有差别。

十八、公司人员欲在铁路附近处所租赁房屋居住，应先知会地方官向业主商租，所订租房合同即抄送地方官存案。

十九、铁路公司人员暨匠役人等办理工程，均不准扰及民人产业。设若损坏民人房屋或其庄稼，应由公司会同地方官查看，公平议价赔偿，以示体恤。

二十、按照海关章程，凡火药、炸药不准运入中国境内。惟系造路所需，应通融准其入境，惟需随时将运来火药、炸药数目，报关验明后，一面会同地方官寻有妥善地方，修造栈房存储，以免意外之虞。倘就地制造较为便利，由公司报知滇省大吏，查无妨碍，允准设立专厂，派员会同监制，严为稽查。此项火药、炸药，无论在本地制造，或系购运，该公司应用若干，以足敷用为止。并设立专薄，详载存用数目，每月由地方官查验报明。所有存储之火药、炸药专为铁路工程之用，不准售卖。该公司务需加意防范，以免危险。设或误伤人畜、物产，应行查看情形，斟酌赔偿抚恤之款。

二十一、路成开车后，凡经此铁路出入货物均照通商税则缴纳进、出口正税。若运往内地已经交纳子口半税，凡过关卡概不重征；若未完子税，则逢关纳税，遇卡抽厘。中国将来应酌量添设税关，以便稽查。再日后彼此另订加税章程，该路运送货物税则亦应一律遵照完纳。

二十二、修造铁路及开办铁路应用机器、物料等件概免进口各色税项。惟此项机器、物料于进口时，应在第一海关报明，因其物系在此地使用，该公司不必将其物运往他处。报明海关清单将运进各色物料详细载明。

二十三、客位、货物运送价值均系公司自行核定。凡有大吏文件及中国邮政局各种信包及局役一名由定例日行火车运送者，一概不收运费。中国邮政局可向公司包舱运信，或自备专车令公司随同拖带，或不拘时刻，专开带信车一辆。惟包舱应照搭客价减半，不得别有折扣。至专开带信车一辆，须有滇省大吏凭据，方准开驶，运价格外减让，每一启罗迈当只取运资一佛郎半，如用两辆车头，每一启罗迈当价二佛郎半。言明，此外均照中国通行邮政章程办理。凡有运送中国各色兵丁以及兵丁所用枪械、火药、粮饷并中国振抚各处偏灾之粮，均尽先运送，其运费均减半。如果运送兵丁，欲用四等车，其价不能减少。

二十四、此项铁路专为治理商务，路成开车后，不准载运郊盐及运送西国兵丁或西国兵丁所用军火、粮饷，并不得装运中国例禁之物。万一中国与他国失和，遇有战事，该铁路不守局外之例，悉听中国调度。

二十五、铁路公司以补偿中国查看费用，每年每一启罗迈当，或系开办及尚未造竣之铁路，给与二十佛郎。

二十六、铁路造成后，该公司须设法专用中国人民充当梭巡人夫及修补道路之工匠。惟须在各本地选托公正老成绅董，令其代雇，俾所雇之人，均系良善。并每人均须由该绅禀由地方官发给凭单，以便稽查。

二十七、铁路开车以后，设或有损坏民人产业抑或伤害人民，此乃公司未曾留意，必须酌量补偿抚恤其人之款。设若工程尚未完竣，因来往火车经管机器不善致有损害民人之处，亦当照前办理。

二十八、公司将来出资可以设立专门学堂，以便华人学习翻译及铁路专门之业。嗣后该公司随时应用人员应先由该学堂选拔。

二十九、以后该公司逐段设立厂房，可在沿途安设应用之电线或德律风，专为铁路之用，不准收发平人电报。

三十、凡有铁路应会同滇省大吏商办之事均由法国总领事官商办。惟应声明，所有专门事宜须由铁路监工定夺。

三十一、铁路开工之始，须由总领事官照会滇省大吏，即派位尊大员与沿途铁路公司人员将铁路工程事务，按照滇省大吏及总领事官所定章程，妥商办理。滇省大吏亦允选派官员数位，其职任系襄助铁路公司人员办理事务。遇有公司与地方人民为难之事，该委员应即会同地方官从中调处，以免彼此误会疑忌，并免其争论之事。倘事关重大，未能就地商妥了结，应禀报滇省大吏会同总领事官妥为办竣。如事非大吏权力所能及，则报由中国政府与驻京法国使臣会同商办。

三十二、造路时每月由铁路公司兑交滇省大吏银四千四百五十两，系补偿各员来往照料薪水、伙食之费：驻扎蒙自大员一员，驻扎蒙自管理地段官员一员，驻蒙自提调官兼发审一员，驻省城办理往来事件提调官一员，帮造路事差遣委员十二员，巡捕武官十员，护卫士勇二百四十名，翻译一员并各属员。

三十三、此项章程经中国国家批准，作为定章。凡修造铁路、开办铁路各事物，均须遵守此一定专章办理。

三十四、中国国家于八十年期限将满，可与法国国家商议收回地段铁路及铁路一切产业，其应须偿还所造花费并专门各色手工之资，及法国所保代为给发公司股本利息。凡所有此项铁路各色经费，俟到期限，均在此路进款内归清，则铁路及一切产业，自可归还滇省大吏收管，无庸给价。如欲核算各项制造等费，当以彼时开议法国所结历年出入账目为凭，则预知中国应否给费以收回此项铁路及一切产业。

　　附件：法公使致总理衙门照会

为照会事：照得云南铁路一事，章程已经定议，现在言明，中国国家及中国人民如欲在法国银市购买该省铁路股票，或现在，或将来出售，均准任便购买。法国国家尽力襄助，务使价值公允。一年之内但照原价，嗣后股票如有涨落，按照时价购买。为此备文声明，列入章程之后，作为附件，相应照会贵爵查照可也。须至照会者。

右照会

大清钦命总理外务部事务和硕庆亲王

光绪二十九年九月初九日

西历一千九百三年十月二十八日

章程对铁路修建到中国境内的起点及终点，图纸绘制及其保管、修改事宜；沿途土地征购、修建中占用土地的租赁问题；铁路修建开工、铁轨尺寸问题；铁路所经过地区与民间各种生活设施冲突时解决的方式、修建铁路所需材料来源、各地段所占用地及其以后铁路的进一步拓展等问题；铁路监工、专业技术人员、施工工人来源、工资等问题做了规定；铁路工作人员的待遇、民事、刑事纠纷的解决方式，保安人员的设置、来源、职责，外国职员入境手续、居住期间的租赁及其与当地居民关系等问题做了规定；铁路运行期间涉及的违禁品、税收、客货、邮件运价及其在军事方面的职责、运行中与所经区域民众利益等问题做了规定；铁路运输所涉及的员工培训、铁路公司与当地民众纠纷的解决步骤、铁路修建期间各种事务人员来往的补偿经费等做了明确规定。此外，是对铁路章程的遵守，八十年期满后中国赎回铁路的方法等做了规定；并在附件中申明中国人可以购买铁路股票。

《滇越铁路章程》使法国修筑滇越铁路合法化，而且为法国进一步渗透创造了条件，第十一条规定"干路造成之后，如果彼此视为有利益，与滇省大吏商定办法之后，再由法国驻京公使与外务部议妥，方可在干路上接修支路。"

第四章 滇越铁路滇段的修建和运行

滇越铁路滇段，从勘探到设计都困难重重。早期勘探遭到沿线民众的抵制和反抗，最终选择的东线线路在崇山峻岭中，穿越气候酷热、植物干焦、河流湍急、人烟稀少、交通不便的瘴气地带；云南人民争取路权的斗争与滇越铁路滇段的修建相始终。法国修建滇越铁路滇段时，克服了一系列自然灾害和技术难题，通过架设坚固桥梁，打穿成百的山洞，筑起一道道挡墙才修通河口至昆明长达 465 公里的米轨铁路。滇越铁路滇段工程浩大艰险，是铁路建筑奇迹；滇越铁路滇段是法国工业技术与中国劳工生命和血汗的结晶。

第一节 滇越铁路滇段线路的勘探设计

滇越铁路滇段的勘探设计异常艰难，西线勘探遇到沿线民众的抵制和反抗，经过自然环境和人文环境的比对，最终选择东线。东线出越南老街，从河口沿南溪河谷而上，经过腊哈地、芷村、碧色寨、阿迷州（开远），再沿八大河、大成河经婆兮（盘溪）、宜良、水塘、呈贡到达云南府（昆明）。东线穿越气候酷热、植物干焦、河流湍急、人烟稀少、交通不便的瘴气地带。

一、线路的勘探设计

法属印度支那总督杜美获得滇越铁路修筑权之前，就多次考察勘测滇越铁路滇段线路。1897 年秋，法国政府驻越南总督杜美派邦勒甘考察云南地理，勘测红河至蒙自的线路。1898 年，法国外交部派出筑路工程师吉勒莫多和矿业工程师勒克莱尔组成考察团分南北两路沿红河北上，考察勘测滇越铁路滇段线路和勘探矿产资源，郭士兰率领的团队负责考察老街至蒙自南段线路，布金荣率领的团队负责考察勘测蒙自至昆明北段线路。这次勘测分析了滇越铁路滇段线路的经纬、气候、地质地貌、风土人情，老街至蒙自气候酷热，植物干焦，河流湍急，人烟稀少，是交通不便的瘴气地带；蒙自至昆明经纬相当，气候适宜，物产丰富，人口稠密，交通便利。这次勘测在新现山谷中辟出 140 公里的工作便道，且绘出平、纵面线路简图，做了工程预算。杜美获得资料后，初步设计了从海防至河内，再沿红河流域北上至云南的滇越铁路线路，河内至云南府的铁路修筑费大概需要 7000 万法郎。之后，法国继续强行到云南勘探，与清政府交涉修建滇越铁路。

　　1899 至 1900 年，法国巴黎信贷和企业财团组成人员进行更为详细的勘测。这次勘测由于强占民田、拆毁民房引发民变，1899 年 5 月发生了杨自元火烧洋楼事件，勘测工作被迫停止。1900 年恢复勘测工作，这次勘测绘制了最大坡度 35‰、最小曲线半径 50 米的平、纵面线路图，但由于图纸的技术标准过低，未被杜美采纳，勘测仍在继续。

　　1901 年 9 月，法国铁路公司和建筑公司联合派员勘测，经过多番勘测比较，最后仅能找到最大坡度 25‰、最小曲线半径 75 米的西线线路，且该线路还得迂回于深谷沟壑地带，平、纵面技术标准低，需大量石材，工程浩大，通过元江和珠江分水岭到达蒙自盆地须架设高桥。线路所经过的蒙自、建水、通海是云南富庶的坝区，民众反抗强烈，法国不得不放弃西线线路。之后，杜美派越南工程部的总工程师尤理坚研究线路走向。尤理坚经过研究，提出了沿南溪河谷的东线方案。东线出越南老街，从河口沿南溪河谷而上，经过腊哈地、芷村、碧色寨、阿迷州（开远），再沿八大河、大成河经婆兮（盘溪）、宜良、水塘、呈贡到达云南府（昆明）。

　　1902 年开始勘测东线线路。这次勘测绘制了最大坡度 25‰、最小曲线半径 100 米的平、纵面线路图，杜美批准采纳东线线路，并于 1903 年 3 月派出250 人分段定测。东线穿行于南溪河谷的悬崖峭壁中，是荆棘丛生、瘴疠遍野、疟疾盛行的荒野之地，高温、暴雨、疾病使定测工作异常艰难，直到1905 年 6 月才完成全部的定测工作。

滇越铁路滇段线路设计的周折和困难可以从李德尔的报告中了解到，"铁路的路线问题曾经成为讨论中的一个痛心的问题，前后有过两次改变——问题是这条铁路是否应该沿着中国古老的商道前进至蒙自和蛮耗，如此则可以将主要的城市都包括在内并可以使该地区人口较为稠密的流域与外界相通；还是应该专从技术上着眼采取最容易的路线？这两种办法在工程上都显得极大的困难，包括用之于凿开山道与隧道的大量费用，所以难怪工程师们最后决定将路线绕过天然的峡道，虽然所经之处大部分不是人口稠密和商业繁盛的地方。""诚如我们前已指出，云南高原不过是无数小而孤立的绿洲——泥塘或盆地——而已。这些绿洲上有的满布深水湖，有的局部是浅水湖，点缀在锯齿般的群山之间。这些盆地上唯有中国人恃以为生的稻可以种植，那儿很自然地成为唯一可住的地方，居民们越过各个盆地上的墙垣互相往还；在地上行的少数的河流在石灰石之间切成了深而狭的峡谷，因而无法供给居民居住和耕种的多余的地方，至于这些峡谷则对相互的交通形成不能通行的障碍。因而摆在云南铁路公司（Yunnan Railway Company）面前的主要问题是怎样才能够胜利地攀越这些高出红河流域 5，000 尺的城墙般的高地来踏上云南高原：是否就此升上这个自然的峡谷选择阻力最少的方向前进，但这要经过一些人迹不到之处；还是沿着旧路，攀登重叠的山岭或在它们下面通过，从这一盆地到另一盆地。后面的一条路线是最初的选择的，但是在花了很多时间与金钱在勘探上以及初步施工后，最后决定沿着一条支流的峡道前进，这条支流发源于蒙自以东的高原上，该地高出蒙自 2，000 尺，自此下流至劳开注入红河。在蒙自以北，直至云南府之间，决定的路线为沿着比较平坦的大成江河谷上行至盆地，宜良即位于此盆地中，由蒙自至云南府一段之间的铁路与该段之间的大路相隔一座大山，此山在铁路以东约 30 哩。铁路经过宜良后即折向西行，绕过另一深谷后，又穿过一段低的山路（长达 500 尺），最后出现在云南高原上。由劳开至云南府的新线全长 448.2 公里（合 280 哩），比原线长 6 公里"①

　　经过南溪河谷的路线是一条险径，就是李德尔所说的"'一个支流的峡道，这个支流发源于蒙自以东的高原上，自此下流至劳开注入红河'，实在就是可怕的南溪河谷，这一路段就是劳开至蒙自的铁路行经之处。南溪河谷'曾经对那些胆敢打开它的原始的丛莽和溪谷的人征收了巨大的通行税'。"②这是个群山峡谷纵横、地势落差大的地带，铁路线路必须依托隧道、桥梁，工程艰险，困难重重。

二、滇越铁路滇段沿线民众的反应

　　鸦片战争后，中国衰弱贫穷与顽固交织在一起。面对西方文明，中国下层民众恐慌拒斥。坚船利炮的威力、洋人的欺凌，使中国人把西方人妖化为红发蓝眼的妖魔，西方工业文明的轰鸣声震醒的只有少部分有识之士，大部分民众对于西方文明处于恐慌拒斥中。修筑铁路对于当时的大部分中国人来说是不可思议的惊天动地的大事，1874 年李鸿章奏请修筑铁路就遭到了强烈的反对，反对的理由是：火车巨大的声响会扰乱安眠于地下的祖先。铁路、火车带来的是恐惧，法国要在云南修筑铁路引发民众恐慌，云贵总督菘蕃在光绪二十四年（1898）九月初五日的奏报中说道：法国人擅自"于蒙自城外到处测量、打桩，气焰颇盛。又于开、蒙交界之新现一带，亦有搭棚、打桩各事。民心惊惶。"③

　　法国没有任何手续就在中国的土地上肆意妄为，1899 年在蒙自设置滇越铁路建设公司蒙自工程处，主持滇越铁路云南段的修筑。法国修建滇越铁路引起了官民的警惕，民众情绪高涨，地方绅民为维护国家安全和民众利益，极力阻止法国修筑滇越铁路。蒙自民众不断袭击法国勘探队，"蒙厂匪因法员

---

①　［英］肯德著，李抱宏等译：《中国铁路发展史》，生活·读书·新知三联书店 1958 年版，第 160—161 页。

②　［英］肯德著，李抱宏等译：《中国铁路发展史》，生活·读书·新知三联书店 1958 年版，第 161 页。

③　王彦威、王亮辑：《清季外交史料》第 135 卷，书目文献出版社 1987 年版，第 6—7 页。

勘路，聚众滋事。""法员勘路滋扰，全省绅民惊惶。"① 法国修筑铁路引发的民众恐惧与个旧矿区的纠纷交织在一起，引发了蒙自大屯杨家寨人杨自元火烧洋关和建水西庄人周云祥"仇洋"、"拒洋"为主导的"拒修铁路"，"阻洋占厂"，"保厂御外"的民变。

光绪二十五年（1899）杨自元因古山尖位矿硐开采，与建水厂商杨柱臣之争，向蒙自知县颜先春告状无果，与颜先春顶撞受罚引发事端。杨自元一方面与官府对抗，另一方面动员驱赶洋人，反对修铁路，以壮大声势，杨自元得到大屯一带各硐砂丁（即矿工）、附近村寨的农民等众的响应。杨自元率众趁于6月21日夜攻打蒙自城未果，转而攻城东南之海关署。遇到装备精良的法国领事卫队及关警员抵抗，久攻不克，杨自元纵火焚烧税务司署大门和房屋后逃亡逢春岭（1903年2月11日返回蒙自的杨自元被蒙自知县孙家祥带兵围捕击杀）。1899年7月30日，云贵总督崧蕃奏："个、蒙厂匪因法员勘路，聚众滋事，调兵防剿，匪徒败窜情形。"得旨："著总理衙门酌核办理。"又奏："法员勘路滋扰，全省绅民惊惶，联递公呈，请设法挽回，以靖边疆。"下所司知之。② 电文将法国勘路时受到民众抵制情况向清政府做了汇报，清政府派兵镇压了民众的反抗，对法国在云南的勘探给予保护，"法员在滇勘修铁路，业经竭力开道保护。"③

光绪二十九年（1903）四月十八日，建水西庄人周云祥因与临元镇总兵马柱结仇，要报复总兵马柱，联合河口三点会起事，提出"拒修铁路""阻洋占厂""保厂御外"的口号。由于害怕外国人获取个旧锡矿开采权，个旧矿主矿工响应，这次事件由个旧蔓延到建水、蒙自、开远、河口，曾经一度抵蒙自郊外，焚东门外新建之税务司及帮办公馆等洋楼12座，占临安。使得"风声所至，不逞之徒到处响应，麇集益多，省城大震，各属鼎沸。""当是

① 《清德宗实录》第417卷，转引自云南省历史研究所编《清实录·云南部分》第四卷，第421页。云南人民出版社1986年版，第3页。
② 《清德宗实录》第447卷，转引自云南省历史研究所编《清实录·云南部分》第四卷，第421页，云南人民出版社1986年版，第10页。
③ 《清德宗实录》第417卷，第3页。转引自云南省历史研究所编《清实录·云南部分》第四卷，云南人民出版社1986年版，第421页。

时也，省城人心惶惑，一夕数惊。"① 最后是清政府从各处会集"兵勇计用至五十余营，团丁又万余众"②，从通海、蒙自等两路会攻建水，五月初被镇压下去。

杨自元火烧洋关和周云祥起义对修筑滇越铁路的影响法国方面没有记载，中国方面在云南省历史学会、云南省中国近代史研究会编的《云南辛亥革命史》中认为，正是周云祥起义，使法国人由河口到新县，再到蒙自，由蒙自至建水，玉溪、昆阳、呈贡到昆明的西线路，改由河口向北，沿南溪河山谷即屏边的崇山峻岭到芷村，由芷村北上到碧色寨，经开远，宜良到昆明的东线。③

三、捍卫路权的斗争

1. 清政府争回路权的努力

民众的反抗被压制后，清政府一方面积极配合法国勘探滇越铁路滇段线路并协商修筑事业，另一方面为争回路权而努力。1900年1月27日，云贵总督崧蕃等奏："中、法会勘铁路，修费法国筹办，地段中国筹办。购置一切，需费孔巨，请饬筹拨款一百万两，解滇备用，俾免贻误。"④ 清政府开始预算拨款修筑滇越铁路滇段，地方官员申请拨款数额。同年1月30日，"先是云贵总督奏请拨款一百万办铁路，下所司议。至是总理各国事务衙门、户部奏：'广东厘金，招商承办，每年认缴四百万两。奉旨准其一半留为外用，一半听候部拨。兹议将听候部拨之五十万拨交滇督，并饬即与法人订立章程，以期挽回利权。'依议行。"⑤

清政府一方面配合和保护法国线路勘探，一方面积极筹备资金挽回滇越铁路滇段权利，从广州筹集费用，划拨到云南，以挽回利权。1902年3月30

① 中国第一历史档案馆、北京师范大学历史系编：《辛亥革命前十年间民变档案史料》（下册），中华书局1985年版，第675页。
② 中国第一历史档案馆、北京师范大学历史系编：《辛亥革命前十年间民变档案史料》（下册），中华书局1985年版，第677页。
③ 云南省历史学会、云南省中国近代史研究会编：《云南辛亥革命史》，云南大学出版社1991年版，第19页。
④ 《清德宗实录》第457卷，第14页，转引自云南省历史研究所编《清实录·云南部分》第四卷，第421页云南人民出版社1986年版。
⑤ 《清德宗实录》第457卷，第17—18页，转引自云南省历史研究所编《清实录·云南部分》第四卷，第422页云南人民出版社1986年版。

日，云贵总督魏光焘急奏法国勘探情况，盼望迅速筹款挽回利权，"'中、法合办铁路，法员已由蒙自、河口一带分段会勘，势将兴工。立待购地，需费孔亟。恳饬部查照原案，指拨的款，解滇备用，以免贻误。'下户部速议。"① 魏光焘的奏折得到重视，清政府迅速讨论，并拟定滇越铁路滇段利权细节，4月1日，谕军机大臣等："'魏光焘等电奏勘办滇越铁路等语，著外务部议奏。'寻奏'滇越铁路，谨拟办法七条：一、北路地主，系属中国，寄送文函，例不给费；运送水路各军及军械、粮饷、赈济等事，车价减半。遇有战事，不得守局外之例，悉听中国调度。二、北路应订明年限，归中国管业，或先期若干年，照原修价值买回。三、岁纳税若干。四、装运货物，照纳税厘。五、工匠巡兵，全用华人。六、铁轨尺寸，由中国自定。七、所用材料，先尽用中国所产。此外各省铁路合同，有关地主权利者，并宜参酌与法使磋订。'依议行。"② 故《滇越铁路章程》签订后，外务部奏"'自越南边界至云南省城，法国借地建造铁路，定议八十年后，由中国议收。公司股票，中国亦可购买，与各股票均分利息。将来购股票较多，借可收回权利，已与法国使订定。'从之。"③ 清政府仍然为争回路权而努力。

2. 云南人民捍卫路权的抗争

法国图谋云南铁路的行为在滇越铁路滇段路线勘探期间就遭到云南人民的抵制，杨自元、周云祥"阻洋占厂""阻洋修路"的暴动被镇压下去，但不能阻挡云南人民捍卫路权的斗争。1904 年，滇越铁路滇段动工，英国不甘坐视法国修建铁路，加紧推进滇缅铁路的勘探，同时准备开采七府矿产，全国收回路权矿权的斗争热潮鼓舞着云南人民，路权斗争与矿权斗争交织在一起。

英法垂涎云南矿产资源，在获取云南路权的同时，图谋云南矿权，1900年法国就义和团运动期间其驻昆明教堂和工程处被毁事件，要挟云南赔款，清政府把云南矿产开采权给法国，英国以"利益均沾"为由，要求共享在云

① 《清德宗实录》第 496 卷，第 6 页，转引自云南省历史研究所编《清实录·云南部分》第四卷，第 422 页云南人民出版社 1986 年版。
② 《清德宗实录》第 496 卷，第 7 页，转引自云南省历史研究所编《清实录·云南部分》第四卷，第 422 页云南人民出版社 1986 年版。
③ 《清德宗实录》第 521 卷，第 5 页，转引自云南省历史研究所编《清实录·云南部分》第四卷，第 422—423 页云南人民出版社 1986 年版。

南开矿的权力。1901 年，法英合伙组建"隆兴公司"，着手筹办开矿事宜，1902 年 6 月 21 日，签订了《云南隆兴公司承办七府矿务章程》，即英法隆兴公司可以开采云南、澄江、临安、开化、楚雄府、元江州、永北厅等七处的矿产。所以，法国滇越铁路滇段一开工，英国双向运作，准备开矿、修建滇缅铁路。英法的掠夺遭到了云南人民的反抗。

1905 年，昆明士绅掀起争回路权矿权运动，以陈昌荣为代表的士绅倡导由云南自己修建铁路，呈请由云南自办滇蜀铁路，清政府鉴于全国轰轰烈烈的收回路、矿权运动和滇南由滇越铁路引发的杨自元、周云祥"阻洋修路""阻洋占厂"的武装起义，批准云南自办滇蜀铁路。云南开始筹集资金修建铁路，6 月拟定了《滇蜀铁路公司集股章程》，成立以陈昌荣为总办的"滇蜀铁路公司"；1906 年，收回由英国勘测的腾越铁路（腾越至古里卡），由"滇蜀铁路公司"承办，"滇蜀铁路公司"更名为"滇蜀腾越铁路公司"，滇蜀腾越铁路线路规划是，滇蜀铁路北起四川宜宾，南达昆明，腾越铁路由腾越至中缅边界的古里卡。

云南收回路、矿权的运动深入发展，海内外人士热情高涨，1908 年，云南留日学生发出"废除七府矿约，收回滇越铁路"的号召，云南爱国人士与云南留日学生相呼应。1908 年 6 月，云南在京官员吴炯上书督察院，陈述云南危机，提请收回滇越铁路"近日法人举动，则无一不为军事上之经营""所有滇省边境至省城铁路，归中国收回自办。"① 云南掀起了收回路权运动。对镜狂呼客在《为滇越铁路敬告吾滇父老兄弟》中呼吁："不早日赎回，将来的下场，还不如东三省呢……如今我们大家不争气踊跃集股，求政府将此路赎回来，将来一亡，便要先做安南人的奴隶，才到法人的牛马呢！"②

云南海内外人士奋起呼吁废除路、矿权，有云南留日同乡会为废滇越路约上外务部书："请阻法兵入境，并请废滇越铁路约。"③ 敬告全滇父老缴款赎路意见书："列国之以商权路权为灭国要法久已，路线所及之地即兵商两权所及之点，彼所谓势力范围者此也。……今敢请我父老兄弟，一面选举代表，

---

① 宓汝成编：《近代中国铁路史资料》（中册），（台北）文海出版社 1977 年版，第 672 页。
② 《滇话报》，1908 年创刊号，第 17 页。
③ 中国社会科学院近代史研究所《近代史资料》编译室主编：《云南杂志选辑》，知识产权出版社 2013 年版，第 447 页。

至外邮两部，与法使议赎路价；一面催缴已认各股，以作赎路之资。"以浙江赎回苏甬路为例，陈述民众力量："小学堂学生至减膳金以入股，乞丐头亦认十股，娼妓亦集会演说，认购巨股，其爱乡心较吾父老兄弟何如。"[①] 滇省京官陈时铨奏请赎滇越铁路折提出筹集赎路款之事宜，"盐粮捐款；酌加厘金；改良税契；开办租捐等。"[②] 云南留日学生上邮传部外务部恳收赎滇越铁路禀稿："禀为滇越铁路关系危亡，恳力争废约赎归自办事。"[③] 赎滇越铁路万不能再缓之警言："总之此滇越铁路乃吾云南之深患，杀吾云南人之毒剂，戕吾云南人之利刃，赎之则生，不得则死。滇越铁路一日不赎回，即吾云南人一日不生存，四万万同胞一日不安全。早赎回，早兴办，魂安魄宁，梦稳心泰，将来之云南亦可从此渐进于文明之城，与欧美并驾齐驱于激烈竞争之场。是则吾云南人之天职，四万万同胞之希望者也。"[④] 为滇越铁路告成敬告全滇："以赎路为职业，以赎路为生活。精神所贯，何事不成。浸假而路股足矣，浸假而滇越铁路之主权失之法人者，仍返之滇人矣。壮丽河山依然无恙，堂皇华胄共庆生存。且由此而雄心发展，力图富强，滇蜀路通，滇缅路筑，于斯时也。吾今日警告全滇之愁肠九转，当一变而为预祝滇之飞跃全球。"[⑤] 留日云南同乡会致咨议局筹赎滇越铁路意见书："同人等对于滇越铁路，确认为不容不赎，不可缓赎之一重公案，不自今日始也，学界倡之于前，京官和之于后，凡吾乡士夫及各省热诚诸君子，亦莫不痛心疾首，奔走呼号，重视此路为云南之命脉所关，中国之安危所系，急欲赎回之心，殆如骨之在喉，速吐乃快；芒之在背，拔去始安。所谓路存则滇存，滇存则东南诸省之藩篱固，

① 中国社会科学院近代史研究所《近代史资料》编译室主编：《云南杂志选辑》，知识产权出版社 2013 年版，第 498—499 页。

② 中国社会科学院近代史研究所《近代史资料》编译室主编：《云南杂志选辑》，知识产权出版社 2013 年版，第 501—502 页。

③ 中国社会科学院近代史研究所《近代史资料》编译室主编：《云南杂志选辑》，知识产权出版社 2013 年版，第 503 页。

④ 中国社会科学院近代史研究所《近代史资料》编译室主编：《云南杂志选辑》，知识产权出版社 2013 年版，第 514 页。

⑤ 中国社会科学院近代史研究所《近代史资料》编译室主编：《云南杂志选辑》，知识产权出版社 2013 年版，第 519 页。

英法之觊觎可寝，瓜分之实祸可弭。"①并提出了赎回滇越铁路之策略："组织一个赎回滇越铁路会，依募集地方公款法：（一）以赎路为宗旨；（二）以集股招募为职务；（三）以联络京内外各同乡官绅、海内外各学界同人及各商贾之实业大家，均为本会会员。盖以此四部分人之名誉之价值，对于各省各埠均足以昭信用而广声气也。"②《滇中争废矿约纪略》载"云南士绅以议废英法隆兴公司所订七府矿约，曾经数次集议，立有矿务研究会，以备筹商对付方法。滇省咨议局亦于十五日开协议会，公呈废约。兹有陆军小学堂学生赵永昌断指誓书，杨越割臂血草，同上书于研究会，以期达其目的，亦人中之豪也。赵永昌血书……俾矿权早复一日，即云南早安一日，亦实全局早安一日。兹矿产尚未争回，国耻重积，忧心如焚，一身不足惜，如大局何。夫矿产系云南命脉，尽人而知之矣，知之而不实行与实行而不从速，势必因循迟误，坐败事机。"③

上述海内外人士痛心疾首地陈述了云南路、矿权丧失给云南带来的危机，他们不仅上书和呼吁，还提出了收回路、矿权的途径和方法。请愿也好，呼吁也罢，要赎回滇越铁路主权需经济实力，《滇越铁路章程》第三十四条规定法国的使用权是80年，80年后中国才能提出赎回滇越铁路的要求，赎价包括修建滇越铁路的一切费用和股息，仅造价就高达5370万两白银，而当时的云南省政府财政赤字严重。在赤贫的云南，无论是商人的执着，还是人民的爱国热情，都不能筹集到赎回滇越铁路的经费，赎回滇越铁路的愿望在羸弱和赤贫中流产。

滇越铁路滇段修筑期间，劳工现状是人们关注的焦点，恶劣的自然环境和外国监工的苛刻交织在一起，引发极大不满。劳工生活医疗条件极差，劳动强度大，工资低，特别是南溪河谷地带气候炎热潮湿，居住环境恶劣，一间小草棚住10多名劳工，席地而卧。这一带是瘴疬地带，1905年3—4月的

① 中国社会科学院近代史研究所《近代史资料》编译室主编：《云南杂志选辑》，知识产权出版社2013年版，第519—520页。
② 中国社会科学院近代史研究所《近代史资料》编译室主编：《云南杂志选辑》，知识产权出版社2013年版，第523页。
③ 中国社会科学院近代史研究所《近代史资料》编译室主编：《云南杂志选辑》，知识产权出版社2013年版，第547—548页。

一次瘟疫就死亡 700—800 人，加上意大利、希腊监工的苛刻，引发民众关注。1906 年革命党人杨振鸿到修筑工地考察后，发表了《上父老书》，陈述劳工现状，揭露法国的企图，引发起轰轰烈烈的废约赎路运动。1908 年 4 月，革命党人黄明堂领导的河口起义得到南溪河谷华工支持，使筑路工程延迟半年多。

经过云南海内外人士的呼吁和抗争，云南废除了七府矿约，阻止了英法殖民势力的深入，英国修建滇缅铁路的计划落空，法国沿滇越铁路修建支路的企图挫败，云南保住了滇缅铁路路权和七府矿权，尽管赎回滇越铁路的愿望没实现，但仍然在努力争取滇越铁路滇段主权。

第二节　滇越铁路滇段的修筑

法国滇越铁路公司负责修筑、管理滇越铁路，资金由法国筹集，建筑铁路所需材料由法国提供；滇越铁路技术人员和管理人员都是欧洲人，劳工主要是华工、越工。滇越铁路以河口为界，分为南北两段，即越段和滇段，越段于 1901 年修筑，1903 年竣工，起于越南海防，经嘉林、河内、富梅、到老街，长 389 公里；滇段 1903 年修筑，1910 年竣工，滇段自云南河口至昆明，长 465 公里。越段和滇段通过河口中越大桥连接，全长 854 公里，轨距为一米的窄轨铁路，称为米轨铁路。滇越铁路滇段穿越崇山峻岭，工程浩大艰险，人字桥堪称建筑史上的奇迹。

一、经费预算

1898 年 12 月 25 日，法国越南总督批准了法国铁路公司由越南老街至云南省的铁路建筑权，同时获得法国政府批准，建筑费用及银行贷款由法国银行办理。1899 年 3 月，法国巴黎金融集团，即东方汇理银行、国家贴现银行、法国兴业银行、里昂信贷银行、工商信贷银行以及铁路管理总局、巴底纽勒建筑公司等共同组成银行团前往云南考察。银行团成员中的工程技术人员对滇越铁路技术方案进行实地考察，补充论证，做工程预算，考察后做出的预算费用大幅增加，即费用初期预算为 7000 万法郎，后来增加到 9500 万法郎，公司费用及各种杂费合计 600 万法郎，共计 1 万万 100 万法郎。1900 年 6 月，印度支那总督杜美与法国银行集团在巴黎签订《海防云南府铁路合同》《海防云南府铁路承揽簿》，洽谈滇越铁路贷款问题。合同经法国议会议定通过，并由法国政府作担保。1900 年 9 月 23 日，印度支那铁路建筑公司以 9500 万法郎的承包价，签订了修建滇越铁路的合同。

由于地形复杂，原料、各种器材运输艰难，中国币制不稳定，筑路费用增加，于是铁路公司与建筑公司就滇越铁路修筑费用又多番协商，法国政府派人实地调查，成立了仲裁委员会裁决，其费用至 1906 年 11 月 30 日止，共用 81387126 法郎；从 1906 年 11 月 30 日起，到将来通车为止，约用 77079762 法郎，共计 158466888 法郎。[①] 建筑公司认为所裁决的工程材料和建筑价值太低不服判决，不过铁路公司未上诉，双方再次派人清理账目，协商解决。

最终耗资 15846.7 万法郎，平均每公里 34.1 万法郎；耗时近八年，使用劳工 3720 万工日，完成滇越铁路滇段的修建。[②]

二、工程机构

1900 年 7 月 5 日，法国批准筑路合同，法国政府与东方汇理等数家银行签订合约，决定成立法国滇越铁路公司，8 月 10 日铁路公司正式成立。法国滇越铁路公司负责修造、管理滇越铁路，资金由法国提供，建筑铁路所需材料由法国提供，由法国船只运往铁路公司。合约中明确规定："此公司应照法国律例办理。其督理之人，均须法国人氏"。[③] 滇越铁路法国公司总部设在巴黎，代办处设在蒙自。巴黎总部委派一位总管驻扎在越南河内，总管下设秘书处，秘书处下设交通科、营业科、购置科、管理科等部门，修理厂设置在越南嘉林。各科人员大部驻扎河内，一部分驻扎云南。

1903 年 3 月，滇越铁路滇段勘测工作完成，按照选择线路绘制出东线线路图，同时滇越铁路越段海防到老街段的线路通车，为滇越铁路滇段的修筑提供了物资运输条件。1904 年 1 月 25 日，印度支那总督批准了东线方案，确定了施工方案，采用法国技术和材料，各种材料由法国运输；技术人员、监

① 苏曾贻译：《滇越铁路纪要》(1919)，云南大学图书馆藏，D304.34. 第 4 页。
② 云南省地方志编纂委员会：《云南省志·铁道志》，云南人民出版社 1994 年版，第 34 页。
③ 宓汝成编：《近代中国铁路史资料》(中册)，(台北) 文海出版社 1977 年版，第 655 页。

工由法国、意大利、希腊等国家人员组成。对滇越铁路滇段修筑基建组织进行分派，全线分为九个工程段，各工程段的包工，大包工 27 段，小包工 99 段。特派员志复在其《滇越边务及铁路之实况——滇越铁路之部分及工程》中详细记载了滇越铁路滇段修筑工程段划分情况："自河口至省垣铁路，共分九部分，每部分设一总工程，每工程更分设各监工，视路程之远近难易为定。今将各部分之距离及地名，简略分别如下。第一部分：自河口至那哈坡脚止，计法尺七十一启罗，华里一百七十五里。监工三小部，大包工三段，小包工二十二段。第二部分：自白河至保家田止，计法尺七十四启罗至八十九，华里四十五里。监工三小部，大包工二段，小包工六段。第三部分：自马蝗田至盆河止，计法尺九十二启罗至一百三十六，华里一百二十四里。监工四小部，大包工四段，小包工十一段。第四部分：自抵足坎至千塘子止，计法尺一百三十七启罗至二百〇一，华里百六十七里。监工四小部，大包工五段，小包工九段。第五部分：自镇蛮哨至西扯邑止，计法尺二百〇一启罗至二百七十八，华里九十六里。监工五小部，大包工三段，小包工十三段。第六部分：自哈左邑至禄豆庄止，计法尺二百八十一启罗至三百十一，华里九十三里。监工二小部，大包工二段，小包工七段。第七部分：自小河口至徐家渡止，计法尺三百十五启罗至三百六十二，华里一百一十四里。监工四小部，大包工一段，小包工十二段。第八部分：自徐家渡至江头村止，计法尺三百六十二启罗至四百一十，华里一百三十八里。监工三小部，大包工三段，小包工九段。第九部分：自安家田至云南府止，计法尺四百十一启罗至四百七十，华里一百六十八里。监工七小部，大包工四段，小包工十段。"①

滇越铁路滇段修建期间，为有效组织管理，自老街至云南府 460 法里的线路上设置了 186 个工所。工所视路工需求，据地势而设置。

三、劳工来源及现状

法国是滇越铁路的投资者、设计者，滇越铁路的资金、技术、材料完全依靠

① 中国社会科学院近代史研究所《近代史资料》编译室主编：《云南杂志选辑》，知识产权出版社 2013 年版，第 461—462 页。

法国，滇越铁路技术人员和管理人员都是法国人，共用262名技术员，管理人员667人，共计929人。① 滇越铁路由南向北推进，南部越段自海防至老街，越段地势平缓，工程进展顺利，1900年动工，1903年完工。滇越铁路滇段的修筑从1903年3月开始准备，9月陆续开工，施工技术和管理人员全部是欧洲籍员工，主要以法国人、意大利人、希腊人为主，先后雇佣了2129名欧籍员工。普通技工及劳工以越南、中国为主，由清政府招募，首先在云南各州县强征，再向福建、四川、河北、山东、浙江、广东各省征召。法国人的《云南铁道线路》中记载"先后共招到6.07万人"，《中国铁路史资料》中记载"省外工人数约二三十万"②。

法国资料苏曾贻译《滇越铁路纪要》（1919）记载了大部分劳工招募的时间、来源和数量：③

表4-1　《滇越铁路纪要》所载招募劳工情况表

时间	地区	人数
	安南	3800人
	天津	1500人
	广东	800人
	宁波	1000人
	福州	1000人
1905年	东方各省	4000人
	广东	2500人
	天津	5500人
	东方各省	1800人
1904年	广西	2300人
1903年	安南	500人
1903年	广西	2000人
1906年	广西	15000人

① 苏曾贻译：《滇越铁路纪要》（1919），云南大学图书馆藏，D304.34. 第46页。
② 转引自云南省地方志编纂委员会《云南省志·铁道志》，云南人民出版社1994年版，第31页。
③ 苏曾贻译：《滇越铁路纪要》（1919），云南大学图书馆藏，D304.34，第48—49页。

续表

时间	地区	人数
	安南	7000 人
1906 年以后	广西	5000 人
	安南	5000 人
	东方各省	2000 人

这些劳工在瘴气弥漫、疟疾盛行、水土性毒、不利远人、山多石坚的地带劳作，早期由于医疗设备跟不上，劳工死亡率极高，肯德记述了开工时的死亡率："据说一年之中有五千个劳工——占全部工作人员的百分之七十——都牺牲了。"① 以后随着医院的设置、外国医生的到来，疾病得到控制，死亡率下降，但芷村段以下的施工仍然艰险，夏季由于雨季和炎热，往往停工，筑路工程进展缓慢。1905 年瘟疫灾难后，招募的大部分是广西、越南人。《滇越铁路之现状》一文记载了南溪河沿岸路段的状况："此间线路之峻险崎岖，真莫可名言，更须再凿开南底河谷之侧面，通过荒废之地域及郁茂之山岭，方可稍达平坦之地。以故工程甚苦，欲招工人极觉困难耳。""刻间所雇路工，共有三万六千余人，内中安南人占一万八千。"②

劳工待遇和生活是一幅活生生的苦难画面，特派员志复在其《滇越边务及铁路之实况——法人傀偏之铁路委员》中记载了劳工所受的欺骗和困苦："本议每路工二十五人，发给起工房费五十元；而法监工止给二十元或十元，今则十元、二十元亦无之，致路工流离失所，逐水草而居，加以时而日光暴烈，时而雨水淋漓，因之路工多染疾病瘴疠死。本议因病不能操作者，不给工价，惟日给米一斤，并对症药料，以资养活。自去岁五、六月来，其有病者均不给与，致路工因病而饿死。本议石工触石死或跌岩死，每人给恤费五十元；土工病死者，每人给恤费十元；路上行人误为飞石打死者，每人给恤费二十元。以余访闻，石工死者三百余人，得恤费者不及十之二；土工死者

---

① ［英］肯德著，李抱宏等译：《中国铁路发展史》，生活·读书·新知三联书店 1958 年版，第162 页。

② 中国社会科学院近代史研究所《近代史资料》编译室主编：《云南杂志选辑》，知识产权出版社 2013 年版，第 459 页。

约二万余人，经稍有人心之委员禀报注册者一万八千余人，其未经禀报注册者约六七千人，得恤费者不及十之一；路上行人误伤死者三十余人，得恤费者不及十之三。而此死亡之路工，天津、上海人居十之二，粤闽人居十之四，蜀人居十之三，越人居十之二，滇人则未及十之一，爰滇人多知此路之危害，故多不愿代法人作工。未今岁米贵，通海、宁州、蒙自一带有作路工者约三千人；然今米价已低，半多回家务农经商，不复来矣。但此未得恤费之路工，多有暴尸路旁者，适以供鸟兽食料。本议石工每人每日工价八角或七角；土工每人每日工价四角，米价在内。惟米由法人每人每日给一斤，由工价内扣除，而价值之高昂，任彼折扣。又工价每月发一次，至一月中而工人之病死者，工价即被法人行骗；其或经满一月，而法人多方推辞，不给工价，工人苟强为催索，即被其殴打或枪击。前五十一启罗之路工，以监工部欠工价至一千余元，工人同至其监工部房催索，被监工持枪击毙三人，伤六人，而众工即鸟兽散，流离饿死者大半焉。又落水洞、抵足坎等处之通海石工，代法人包做机关石房，每间五千元，今闻法人止给二千四百元，其半数即被法人行骗。又沿路之路工，每路线一启罗，均被法人行骗工价一二百元至七八百元者。沿路之监工，有法人、义人、印人、越人。惟越人之充监工者，尽服洋装，始足以威服工人。每监工随带手枪一支，手棍一根，工人稍形倦惰，即以手棍击之，亦或以老拳飞脚饷之。"[1]

清政府驻蒙自铁路局会办贺宗章在其《幻影谈》一书中记载了劳工被外国监工苛虐致死和逃亡的事实："首由天津招到顺直、济南等处苦力六千名，来自海道，分赴下段，工价仍为日六毫，然不免有层递折扣之弊，其余工棚伙食概由苦力自备。初至春寒，北人皆棉裤长袍，而瘴热已同三伏，或数人数十人为一起，即于路旁搭一窝棚，斜立三叉木条，上覆以草，席地而卧，潮湿尤重……无几日病亡相继，甚至每棚能行动者十无一二。外人见而恶之，不问已死未死，火焚其棚，随覆以土。或病坐路旁，奄奄一息，外人过者，

① 中国社会科学院近代史研究所《近代史资料》编译室主编：《云南杂志选辑》，知识产权出版社2013年版，第472—473页。

以足踢之深涧……于是，其未病者，皆舍命逃亡，不数日而尽。"① 这些来自天津、济南等地的劳工很大一部分的白骨散在滇越铁路滇段上。1907年，湖南省候补道沈祖燕查复云南参案禀稿的记录："查法人接造滇路，以意大利人包修为多，而希腊等国次之。……其中意国包工头最为苛刻。中国又有工头……皆受命于洋包工，其发工资，往往不按定章，多所扣欠。……当其在工之时，洋包工督责甚严，每日需点名两次，偶值歇息即扣工资一日……稍不如意，鞭棰立致，甚有以铁索贯十数人之辫发，驱之力作，偶有倦息，即以马棒击之。种种苛虐，实不以人类相待。……沿路访查，此次滇越路工所毙人数，其死于瘴、于病、于饿毙、于虐待者实不止六七万人计。"中国劳工遭受各路监工的欺骗和盘剥，很大一部分劳工死于瘴气、疾病、饥饿、虐待。②

法国人的《云南铁道线路》中记载："从1903年滇越铁路滇段开工，到1910年通车，修筑滇越铁路死亡人数达1.2万人，其中南溪河谷段死亡人数达1万人。1905年3—4月的瘟疫一次就死了700—800人。"③ 由于气候恶劣，医疗条件有限，死伤的不仅是一般劳工，还有来自欧洲的技术员、工头等大约死了80人，这些洋人被安葬在开远、芷村等沿线地区，现在开远市还有洋人墓址。

四、技术难度

滇越铁路滇段的修筑是西方技术人员与中国劳工在崇山峻岭中开展的一场现代工业技术与原始劳作相结合的大型工程，筑路劳工用的是铁锹、锄头、撬棍、竹筐、扁担、手推独轮车等原始简单的工具。滇越铁路滇段修筑材料，从枕轨、铁轨以及各种建筑钢材，到每颗螺丝钉都从法国运来。材料的运输异常艰难，先由远洋航轮运到越南，再由越南用帆船沿红河运到蛮耗码头，

① 转引自开远铁路分局志编纂委员会《开远铁路分局志》上册，中国铁道出版社1997年版，第43页。
② 转引自开远铁路分局志编纂委员会《开远铁路分局志》（上册），中国铁道出版社1997年版，第43页。
③ 转引自云南省地方志编纂委员会《云南省志·铁道志》，云南人民出版社1994年版，第32页。

之后由骡马运送到蒙自城，再沿着预先修筑的便道运往各工程点。1906 至 1908 年施工高峰期，运输骡马多达 8000 头。其他砂、石、木等就地取材，但水泥无论从法国还是从越南运输都无法供应需求，最终在修筑中探索出了用焙烧、压碎、筛选制成"烧红土"代替水泥的办法。

滇越铁路线路轨距为 1000 毫米，曲线最小半径 100 米，曲线半径 450 米及以下的两端设有 20 米长的缓和曲线，曲线超高度的设置以线路中心水平点为标准，钢轨内股降低，外股升高，降低升高数各为超高度的一半；曲线总长 274.4 公里，占正线全长的 59.1%；直线段碧色寨至大庄站间全长 8876 米；最大坡度 30‰。线路起点河口站海拔 89 米，终点昆明站 1896 米，两地直线距离不到 300 公里，而高程相差 1807 米。最陡地段在白寨至倮姑站间 K82+000—K126+600，平均坡度达 20‰，故铺设的钢轨为法国制造的 V.L 型，重 25 公斤/米，标准长 9.58 米/根；铺设的岔道与钢轨同型，均为单开 8.3 号，全长 19.16 米，岔长正好等于两根标准钢轨的长度，具有铺拆方便的优点。

铺设的钢轨均为钢枕，轨枕长 1.8 米，重 36 公斤，枕头下弯能嵌入道床内，具有重量轻、防爬力强、使用寿命长、防雨防白蚁腐蚀的特点。道床顶宽 2.8 米、底宽 3.4 米，枕下道砟厚度 0.3 米，道砟为 3—5 厘米的石灰质碎石；路基断面，路堤宽 4.4 米，边坡 1:1.5；路堑土质地段顶宽 4.4 米，石质地段顶宽 3.4 米；路基工程由于大部分线路顺河绕行，因地制宜设计了挡墙、护坡、护岸、导流堤坝等多种防护工程，避免了高填深挖；桥梁采用钢梁、石拱两种，石拱桥的桥拱为半圆形的共有 84 座，为桥梁总数的 46%，孔跨分为 5、6、10、15 米 4 种；钢梁桥有 8、10、30、51.5 米 4 种孔跨。8 米孔跨的箱式钣梁配钢塔架桥墩用于多孔高桥，全段最长的 17 孔 8 米白寨大桥就是这种结构的钢桥；10、30、51.5 米孔跨钢梁用于单孔石砌墩台桥，但跨越南盘江上的小龙潭、糯租、禄丰村、狗街 4 座钢桥与石拱混合的大桥，主跨为 51.5 米穿式钢桁桥，两端联结 10 米石拱桥。在地形险峻的波渡菁至倮姑间 K111+883.4 处，设计了 1 座桁肋式三铰拱钢梁桥，即人字桥。全段共设桥、涵 3422 座，跨长计 5000 延米。为方便骡马和人力运送和架设，钢梁及钢塔架桥墩的杆件长度不超过 2.5 米，重量不超过 100 公斤。钢梁限界高 4 米、宽 4.05 米。隧道结构在土质、石质松散地层一般采用五心圆全衬砌拱圈，在坚石岩层采用一心圆无衬砌，其余视其不同地层采用三心圆全衬砌或半衬砌。

滇越铁路滇段穿越崇山峻岭、河谷深涧，隧道基础十分复杂，有溶洞、暗河、涌水、突泥等。全段共设隧道 155 座，长 17.9 公里，占正线长度的 3.9%，其中波渡菁至倮姑站间最密，两站隔涧相望绕行 14 公里，有隧道 28 座，长 3.7 公里，为站间线路长度的 26%。全段以巡检司至西扯邑站间 K270+809 处隧道最长，为 587 米，隧道限界高 5 米，起拱线处宽 4.4 米，底部宽 4.1 米。

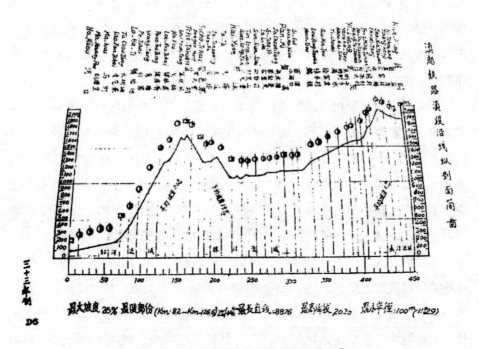

图 4－1　滇越铁路滇段沿线纵剖面简图①

从以上剖面图可以看出滇越铁路滇段线路特点，穿越在崇山峻岭中的滇越铁路滇段无论是设计还是施工，都必须要技术支撑。线路的勘测从 1897

---

①　图片来源：云南省志编纂委员会办公室编《续云南通志长编》第五十五卷《交通二》，云南省志编纂委员会办公室 1986 年，第 1011 页。

至 1903 年，历时 7 年，法国工程师踏遍沿线各区域，克服重重困难，采用当时最先进的仪器测绘出翔实精准的线路图，根据河口到昆明的海拔落差、各地的地形地貌特征设计。从河口到昆明海拔从 2030 米降到 91 米，落差 22 倍，南北线路高差 1940 米，曲线占 53%，最小曲线半径 80 米，最大坡度 30‰，80% 的路段都建于深谷悬崖之上。线路铁轨的轨距只能是 1 米轨距，比标准的少 0.435 米，平均每 3 公里 1 个隧道，每 1 公里 1 座桥涵。工程人员设计了 3628 道桥梁、涵洞和山洞，其中长 20 米以上的桥 107 座，172 个山洞累计长 20 余公里，最长的山洞 657 米，最长的石桥 70 米，最长的钢桥 136 米。有的地方坡陡弯急，最大坡道 31.5‰，最小曲线半径 80 米，全线曲线长度超过总长一半以上。从开远到河口段 220 公里，火车需 10 小时 30 分，平均时速 20 公里。全段共设隧道 155 座，长 17.9 公里，占正线长度的 3.9%，全段以巡检司至西扯邑站间 K270+809 处隧道最长，长 587 米。

西方的土木工程在修筑滇越铁路滇段中显示出其技术优势。1908 年在修筑盘溪至徐家渡路段时遇到水害和地质灾害，毁坏了 1905 年修筑的外侧半坡挡墙。当时由于路基未设置在稳定的基岩上，之后在水灾和地震时开离变形，重建时大范围塌方，塌滑体达 40 米，2.5 万立方米。为了稳定路基，用高端的土木工程，在塌滑路堤基下 60.7 米的坡脚修筑一座长 25 米、高 11.5 米的混凝土挡墙，这一座坚固的挡墙，保障了铁路机车的安全运行。

尽管滇越铁路工程复杂艰巨，但最终仍顺利竣工。同时，也创造了世界奇迹。滇越铁路之最有：鸣村站至水塘站区间最大上坡，坡度 25.5‰，240 米长；湾塘站至波渡箐站区间上行方向最大的下坡，最大坡度 28‰，130 米长；大树塘站至腊哈地站区间上行方向最长平坡路段，坡度 0‰，长度 1360 米；拉里黑站至西扯邑站区间最长的隧道，全长 586.9 米；波渡箐站至倮姑寨站区间最短的隧道，全长 5.0 米；湾塘站至波渡箐站区间最窄的界限隧道，全长 296.4 米，最宽处约有 3 米，仅能容纳内燃机车限速 5KM/H 缓行通过；白寨站至湾塘站区间最长的白寨钢塔架桥墩钢架桥，桥面长 136 米，其中 84.27 米在半径 100 米曲线上，20 米在缓和曲线上，直线 31.73 米；波渡箐站至倮姑寨站区间距地面最高桥梁人字桥，桥面距桥下的四岔河谷底约 100

米；碧色寨站至大庄站区间的最长直线，直线总长 8876 米；倮姑寨站
（K120＋553）间的四岔河展线的最长延展线，两地直线距离约 2000 米，为
升高海拔，线路展长近 18 公里，分为三个阶梯层，K103 处附近至第 53 号
隧道（今昆河线第 121 号隧道）为第一层，第 53 号隧道中心至人字桥为第
二层，人字桥至倮姑寨站为第三层。这一段也处于滇越铁路全线中最险峻
的路段，腊哈地到落水洞区间内共有大小 4 座展线，四岔河展线是其中最
大的一座。

　　上述之最都是法国工业技术的结晶，在众多铁路桥中，科技含量高的是
人字桥和白寨大桥。

　　人字桥位于哀牢山东段屏边县湾塘乡波渡箐与倮姑站之间的四岔河上。
四岔河只有 15 公里，是个大峡谷，谷深一百余米，河谷溪流湍急，谷底是冲
刷过的漂石，河水清澈，但两岸却是陡峭的峡谷，要修一条桥梁跨越大峡谷
是一件困难重重的事。滇越铁路线路勘探后，就着手设计跨越峡谷的桥梁。
铁道工程师把峡谷地貌拍成照片发送到法国，寻求帮助。1904 年底，法国政
府以招标的方式征集设计方案，到 1905 年 3 月收到 21 种不同的设计方案，但
都不适合，最终是桥梁专家鲍尔·波邓在剪刀双叉落地启发下设计的人字桥
最合适。据说鲍尔·波邓到裁缝店做衣服，裁缝的剪刀掉到地上，剪刀两个
口叉开呈人字形立于地上，剪刀人字形的站立成了鲍尔·波邓设计人字桥的
灵感。人字桥的部件在法国制造，然后由远洋航轮运往越南海防，再沿已修
筑的滇越铁路越段，由火车运往河口，之后钢材就用原始的运输运往施工点。
人字桥的骨架、钢板、槽、角钢构件和铆钉达 2 万余组，重近 180 吨。1907
年 3 月 10 日开工架设，1908 年 12 月 6 日竣工。

　　人字架是中国劳工的血汗与法国人智慧、技术、工业的结晶。整个施工
过程是人与自然的较量。为了打通峡谷两边悬崖峭壁的隧道，法国人重金聘
请劳工，有着敲打一锤一块银圆的说法。打隧道时没立足之点，就用绳子把
人从山顶上放到施工点，荡在半空中打击峭壁，打一锤，荡回来再打击。在
这种冒险的往返中，绳子往往磨损断离，劳工落入峡谷深处，一命呜呼。为
修建人字桥，中国 800 多劳工献出了宝贵的生命。从河口车拉、马驮、人背
原始运输人字桥钢材的道路上艰难行走着的是中国劳工，人字桥用来牵引桥

架的两根铁链长 355 米，重 5000 多公斤，由 200 多中国劳工用肩扛，在丛林般的小道上，艰难地走了 3 天才扛到施工点。

人字桥全长 67.15 米，是简支型的腹钢梁桥身，没有中心立柱，靠两边隧道的钢架结构连接，钢架结构以人手背腿脚伸展的姿势从牢固的两隧道相对伸展对接。两只手似的钢架抵在峡谷的峭壁上为桥面，两条腿似的钢架抵在峡谷峭壁上，承载着桥面的铁轨。人字桥是双重式结构，桥身由两条 355 米长，5000 多公斤重的铁链牵引，其它部分是重量不超过 100 公斤、长度不超过 2.5 米、钢梁高度 4 米、宽 4.05 米的部件，1.2 至 1.5 米长的轻钢杆等小部件用铆钉组合。整座桥身重 179.5 吨，采用三铰拱钢桥，上托四孔简支上乘钢桁梁。自倮姑起，第一孔跨度长 21.9 米，第二、三孔跨度长 14.75 米，第四孔跨度长 15.75 米；下半部是三铰人字拱，由两个等腰三角形桁架拱臂组成，跨度 55 米，高 15.6 米，拱臂立于事先铸在山腰间的两个球形支座上，拱顶合臂连接到钢枢上，托着上面四孔承载的多腹钢梁。

人字桥架接工程复杂，需要先开凿峡谷两边的隧道，再在隧道道口修筑桥台，又在隧道口距铁轨顶高 19.17 米处开挖出宽 4.4 米、高 3.8 米、深 4 米的山洞做施工平台，以安装绞车、滑车等施工设备，然后用钢筋水泥在隧道下方修筑拱座承台，用来安置铸钢球形支座，作为人字桥基座。上中下的基础工作完成后，需要用绞车、滑车吊装衔接人字桥钢架，先用球形铰垂直上吊安装三角形钢拱支架，拱肋的上弦、上风撑等则临时用锚杆和缆绳稳定在崖壁上；由下而上拼装弦杆、腹杆、下风撑，三角形拱架顶悬挂于与绞车相连的滑车上。之后，是拱臂钢架合拢。利用绞车、滑车等起重设备，让拱臂绕着支座作半圆弧转动，峡谷两边的拱臂缓缓移向峡谷中心合拢，两架拱臂顶部枢轴孔吻合后，穿入钢枢，再在拱脚底部安装锚固螺栓，固牢吻合的拱臂，用绞车、滑车把拼装槽内拼装好的简支梁送到桥架上安装。1908 年 6 月 28 日进入工程关键时期，这天拱肋上弦固定，做峡谷两边拱臂对接准备。7 月 18 日是对接之日，这天 8 点绞车钢缆绳合拢，9 点 30 分放下三脚架，10 点 30 分两边拱臂合拢，12 点两拱臂不差分毫地合拢。法国工程师的辛苦、中国 800 多劳工的血汗换来了一座稳固的人字桥。12 月 6 日，历时 20 个月零 26 天的人字桥竣工，人字桥是人类桥梁建筑的奇迹。

人字桥不仅是法国人智慧、技术、工业的结晶，也是中国工人生命和血汗的结晶。1907 年 3 月 10 日，100 名中国工人来到工地开始施工。在没有辅助设备和安全保障的情况下，工人悬挂着，像荡秋千一样吊在半空中一锤一锤地敲凿绝壁。4 月暴雨过后的一次施工，3 名工人因绳索断离摔下深谷，13 名工人因被暴风吹到绝壁上撞为血肉模糊的尸体。1908 年，施工工人增加到3000 人。在滴水岩隧道，由于暴雨，隧道坍塌，300 名工人被埋，无一生还。修建人字桥，中国 800 多名工人付出了生命的代价。

法国工业技术和中国工人生命与血汗铸造的人字桥技术含量极高，是铁路建筑史的奇迹。附全桥简图。[①]

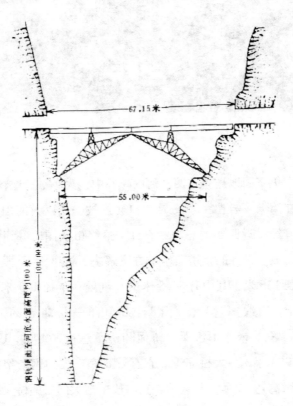

图 4 - 2 人字桥简图

① 图片来源：云南省地方志编纂委员会编《云南省志·铁道志》，云南人民出版社 1994 年版，第 33 页。

图 4－3　白寨大桥（王玉芝摄）

　　人字桥至今仍坚固地矗立在四岔河的峡谷中，火车平稳地在上面行驶。

　　滇越铁路在湾塘乡与白河乡交界的白寨处被一条巨大的山沟挡住，如何克服这一障碍，经过近四年的思考、设计，最终由法国巴底纽勒建筑公司董事工程师保罗·波登设计的钢塔架桥墩方案解决。桥梁为 17 段 8 米上承箱式钢板梁，桥面长 136 米，其中有 84.3 米的长度处在半径 100 米的曲线上，20米在缓和曲线上，直线 31.73 米，由 8 个高 10.3—10.34 米的钢塔架支撑，8个钢塔架托着 17 孔 8 米箱形钣梁，桥面和桥墩总重 374 吨。1907 年 9 月 15日开工建设，1908 年 3 月大桥完工。它有着 8 座高大的钢塔架桥墩，最高的3、5、6、7 号墩高达 34 米，是滇越铁路滇段中最大的一座桥梁，也是中国桥墩最高的钢塔架桥墩铁路桥。法国人对大桥给予很高评价，法国人在《云南铁路》里曾这样写道："这些桥梁以一种简洁、高效的方式解决了在未开化的，气候于健康不利，出行十分困难，有着众多宽而深的峡谷地区中的交通问题……在 1905 年，曾考虑建造一些石砌高架桥，但在这样的环境条件下建造几乎是不可能的，更不可能满足承包要求的建造期限……假设在 1906 年初着手进行（石砌高架桥）建造，极有可能拖延到 1909 年底还不能完工……幸好由于采用了特殊设计的金属高架桥，这些地点就可以在 1908 年 3 月通过列车了。"这座桥梁称为白寨大桥，又称十七孔桥，是滇越铁路上最长、孔最多的大桥。

五、工程进度和工程数量

滇越铁路滇段线路由南向北铺设，由于海防至老街的越段 1903 年就已竣工，铁轨就沿修筑好的线路逐次向北铺设，但是速度缓慢。1906 年 2 月 7 日，自河口开始向北铺轨，轨料、工具、人员由两列车轮番运送，速度仍然缓慢。1906 年 3 月至 1908 年 12 月的 33 个月内仅完成 111.8 公里，月均进度仅 3.4 公里；从 1908 年 12 月至 1910 年 1 月完成 352.8 公里，月均进度 25.2 公里，较初期工效提高 7.4 倍。随铺轨进度分段办理运输营业，河口至腊哈地、腊哈地至碧色寨分别于 1908 年 6 月 15 日和 1909 年 4 月 15 日运营，碧色寨至开远、开远至小龙潭、小龙潭至盘溪分别于 1909 年 5 月 1 日、6 月 1 日、7 月 17 日运营，盘溪至宜良、宜良至昆明分别于 1910 年 1 月 10 日、4 月 1 日运营。

滇越铁路滇段正线铺轨 464.4 公里，站线铺轨 17.1 公里，道岔 122 组，路基土石方 1660 万立方米，其中土方 810 万立方米，石方 850 万立方米；桥涵 3422 座/5000 米，隧道 155 座/17864 米，车站 34 个，房屋 344 栋，机车库房 5 栋，给煤设备 5 处，给水设备 14 处，机车转向设备 7 个，通信电线路 2 条，通信电报机 45 台，蒸汽机车 29 台，重型 23 台，轻型 6 台，车辆 508 辆，客车 62 辆，货车 446 辆。[①]

六、滇越铁路贯通

滇越铁路河口至湾塘段的工程异常艰难，工程进展缓慢，至 1906 年月均速度才 3.4 公里，1907 年速度提升到 33.8 公里，以后不断推进，1908 年终于

---

① 云南省地方志编纂委员会编：《云南省志·铁道志》，云南人民出版社 1994 年版，第 34—35 页。

达到湾塘。河口至腊哈地段通车，所需材料运输加快，铺设速度提升，1909年1月28日可以到达蒙自黑龙潭，3月15日到达开远，11月13日跨过八大河，11月25日到达宜良，1910年1月31日到达云南府。自1903年10月至1910年1月31日，历时6年零3个月的滇越铁路工程竣工。1910年3月31日，滇越铁路公司在昆明举行盛大典礼庆祝滇越铁路通车。典礼由法国公司董事兼总经理格登主持，出席盛典的除滇越铁路公司高级职员和管理人员，还有法国外交部代表、法国领事，有云贵总督以及巡抚、承宣布政使、提巡按察史、外交事务特派员、知名绅士，还有法、美、英、日以及国内记者，盛况空前。

七、滇越铁路滇段线路及设施

滇越铁路以河口为界，分为南北两段，即越段和滇段。越段于1901年修筑，1903年竣工，起于越南海防，经嘉林、河内、富梅，到老街，长389公里。滇段自云南河口至昆明，长465公里。越段和滇段通过河口中越大桥连接，全长854公里，轨距为1米的窄轨铁路，称为米轨铁路。

"云南铁路共设三十四站，等级分四种。一等车站一处，设在昆明府。二等车站一处，设在阿迷州。三等车站六处，四等车站二十四出。与海关之有关系处两处：一河口，该城在山脚之下，及当南溪河之冲，形势最为重要，中国在此设立海关，查验出入口货物。二蒙自碧色寨，凡往来蒙自者，必经此地，故海关在此设立，职是之由。"[①] 即河口、南溪、马街、老范寨、大树塘、腊哈地、白寨、湾塘、波渡箐、保姑、戈姑、落水洞、芷村、黑龙潭、碧色寨、大庄、大塔、开远、小龙潭、巡检司、西扯邑、热水塘、盘溪、西洱、糯租、禄丰村、徐家渡、滴水、狗街子、宜良、可保村、水塘、呈贡、昆明等34站。以后随着业务的扩展，运能增加，增设了西庄、三家村、凤鸣村、江头村、羊街子、小河口、拉里黑、草坝、蚂蟥堡9个会让站，车站总数由初期的34站增至43站。河口设有边境检查站，碧色寨设有海关检查站。

各站间距离一般为10公里，最长为小龙潭至巡检司，站间长20.6公里；最短为落水洞至芷村，站间长8.4公里，股道布置均为横列式。

---

① 苏曾贻译：《滇越铁路纪要》（1919），云南大学图书馆藏，D304.34. 第9页。

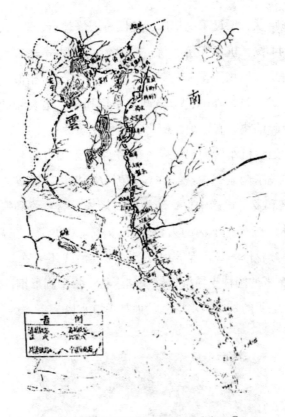

图 4 - 4　滇越铁路滇段沿线地名图①

一等车站昆明站有站线五股，站坪长 700 米；二等车站开远站有站线三股，站坪长 600 米；三等车站有腊哈地、芷村、盘溪、禄丰村、宜良、可保村等，各有站线 2 股，站坪长 400 米；四等车站 24 个，各有站线 1 股，站坪长 350 米；

一等车站建有六避车道、一个机车房、一个货仓、一个修理厂、售票房、候车室以及所需各类办公室；二等车站建有四避车道、一座旋回桥、一个机车房、售票房、候车室以及所需各类办公室；三等车站设有一个月台、两个岔道、一个货仓、售票房、候车室以及所需各类办公室；四等车站设有一个月台、一个岔道、售票房、候车室以及所需各类办公室。三等车站重要的是

①　图片来源：云南省志编纂委员会办公室编《续云南通志长编》第五十五卷《交通二》，云南省志编纂委员会办公室 1986 年，第 1010 页。

芷村车站，设施特殊，增设了机车厂、旋回桥、修理厂、职工宿舍等。

共有房屋 344 栋，机车库房 5 栋，车站站房是法式建筑，红瓦黄墙百叶窗，依次联排建筑，屋檐下配有时钟。职工宿舍与站房相似，法国职员的住宅是两层楼的法式建筑，外部色彩格调与站房和职工宿舍相同，内部是欧式设备，地面用瓷砖铺垫，有壁炉、厨房、栅栏花园。

给煤设备 5 处，机车转向设备 7 个；铁路上无固定信号灯，用手信号指挥行车，沿线架设了两条通信线，在各站配设电报机，沿线共有通信电报机 45 台，用于联络和发送长途电报；滇越铁路沿线配有维修和保养站，维修中心站在越南嘉林，机车、车辆的大修由嘉林修理站负责；在开远设修理厂，机车和车辆的部分轮修、日常保养由开远负责。沿线还配置 14 个给水站，水塔由直径为 4.25 米的圆柱支撑圆形钢铁储水柜，每个圆形钢铁储水柜储水 30 立方米，开远、昆明的是双缸水塔，其他是单缸水塔。

图 4 - 5　碧色寨车站水塔（王玉芝摄）

图4-6　碧色寨车站时钟（王玉芝摄）

　　滇越铁路上的机车有重型、轻型机车及客车。越段有四辆二十吨机车，载重九吨煤水车十四辆，六辆三十吨机车，八辆煤水车，客车十二辆，三等客车六辆，螺杆挡四等客车十辆，无挡四等车二十三辆，四等行旅车十辆，螺杆挡货车八辆，手动挡棚车三十七辆，螺杆挡敞车十三辆，倾卸车十四辆，手动挡平车六十五辆，螺杆挡平车十五辆，车底鞍形式平车十六辆，起重车三辆。云南段所有车辆数目：重机车二十辆，轻机车六辆，头二等客车十二辆，三四等客车四十二辆，棚车一百九十二辆，敞车一百二十四辆，筑路用车一百辆，续添车辆数目：重机车三十六辆，轻机车二十辆，客车四十三辆，四等车八十七辆，客敞车一辆，敞车三十辆，各式车六百六十辆，起重机车三辆，三顿摇车三辆。合计有蒸汽机车29台，重型机车23台，轻型机车6台，车厢508辆，客车车厢62辆，货车车厢446辆。①

　　火车是米轨型蒸汽机车，有KD55型、JF51型、GD51型。KD55型为日

————————————

①　苏曾贻译：《滇越铁路纪要》（1919），云南大学图书馆藏，D304.34.第12、13页。

本制造，JF51 型由法国 1913 年制造，是轨距为 1 米的侧水柜型窄轨机车，机车全长 11.55 米，时速 55 公里，整备重量 61.96 吨。GD51 型，法国 1929 年制造，机车全长 24.385 米，时速 40 公里，整备重量 121.1 吨，GD51 型又称"嘎拉式"活节蒸汽机车，由英国人郝柏特·W·加拉特于 1907 年发明，运载量大。1938 年为满足繁忙的战时运输，法国滇越铁路公司从英国购进 6 台，是滇越铁路上使用过的最大机车。滇越铁路上时速最快的是橡胶轮子"米其林"客车，每小时 70 公里，"米其林"客车不仅时速块，且豪华，是达官贵人的专车，动车长 16 米，宽 2.6 米，高 2.9 米，车内设软席座位 19 个，硬座 24 个，装饰豪华，内有洗脸间、卫生间、厨房、西餐厅等设施。

为了维持雨季行车安全，铁路线路除每年增建急需的挡墙、护坡、涵渠外，在塌方、落石严重地点修建隧道、明洞 10 座/491 米。使用牵引能力较大的超重型（2—8—2）、巩固型（2—8—0）、戛拉型（4—8—2+2—8—4）等蒸汽机车，车辆增添装载 20 吨货物。

图 4-7　馆藏的米轨型蒸汽机车（云南铁路博物馆）

图 4 – 8 馆藏的"米其林"客车（云南铁路博物馆）

第三节 滇越铁路的管理

滇越铁路由法国人经营管理。滇越铁路法国公司通过《路员来滇驻扎、游行暂定条款》管理员工，通过《河口分关管辖铁路所载各洋货进口土货出口章程》和《蒙自关碧色寨车站分关章程》管理进出口货物，通过《滇越铁路巡警章程》和《滇越铁路警察章程》把滇越铁路滇段沿线的治安管理权交给云南省政府组建的警察。

一、机构及员工管理

滇越铁路法国公司最高行政机关设在巴黎，其委派一个总督驻河内，管理铁路所有事务。设有秘书处，秘书处下设交通、营业、购置、管理等科，各科工作人员一部分驻河内，一部分驻云南。滇越铁路法国公司代办处设在蒙自，全路法籍职工共有六百余人，其中高级职员 119 人，其他中级职员三千余人，大部分是越籍工人，少数为滇籍工人。修理总厂在越南嘉林，云南境内设芷村和阿迷两个分厂。

对于员工的管理据《路员来滇驻扎、游行暂定条款》运作，条款共五条：

第一款　开办铁路人员过界来滇及在省内停顿、游行等事，均查照法国国家训条，由总领事官及其属员与滇省大吏及该管地方官商议办理。

第二款　铁路人员过界，必需护照，此项护照，应由法国领事等官照请奉准，缮照之地方官查明缮发，滇省大吏亦应详细饬知属员查照办理。

第三款　铁路人员照章过界，及因事停顿、游行，应由地方官派兵护送，并设法帮助。

第四款　铁路人员因公游行，应由滇省大吏派委妥员，给与事权并一切训条，随同每段员工。凡一应工员应办之事，代向地方官照料商办，以免官、民误会争执。查该委员之职司、专为护助路工及照料工员停顿、游行等事，如遇疑难事件，则各禀请本管上司核存。

第五款　铁路人员如来滇省，应由领事官报知滇省大吏，将姓氏、执事登注护照。

滇越铁路公司在滇段设昆明车务总段（1938年迁往开远），河口、腊哈地设分段，由车站站长指挥行车，行车规章由法国制定。段长、主要站站长、稽查、高级职员由法国人担任，技术员大部分是越籍人，工人多为华人，设车务组管理行车，车务组下设运输科，车务一、二、三段分级管理行车。

二、运营章程及管理费

滇越铁路是国际铁路，穿越中越两国，承载着国际运输任务，从昆明至河口需经过蒙自关所属的河口分关、碧色寨分关、云南府分关三个海关机构。蒙自关规定，运入河口、碧色寨间各地的进口货物，由河口分关兼管，运入碧色寨、云南府间各地的进口货物，由碧色寨分关兼管，运入云南府的进口货物由云南府分关兼管。出口货物也如此。河口分关、碧色寨分关按照1908年至1909年蒙自关税务司与滇越铁路总办先后共同制定的《河口分关管辖铁路所载各洋货进口土货出口章程》和《蒙自关碧色寨车站分关章程》运作。

《河口分关管辖铁路所载各洋货进口土货出口章程》[①] 规定：

（1）河口运进货物。火车到站，该站主务须在36小时之内，将所运货物

---

①　云南省地方志编纂委员会编：《云南省志·海关志》，云南人民出版社1996年版，第73—74页。

之号头、重量、数目，逐开清单画押，来关报明，或送运货原单亦可。货物未凭海关放行单，不能运出站界，但此单必须于 24 小时内发给。货物抵车站 7 天不报关纳税，站主应将货物交关没收，或由站主代货主报关纳税即可。

（2）经河口内运的货物。按规定铁路所运进口货物到河口后应即时查验，但今可格外通融，由站主赴关送上河口各站清单，并请在河口免检，然后河口分关派人封车准行，到别站时由官员开封查验。

（3）河口内外转运货物。凡货物出口，未领海关下货准单者，不得上载。货物装完，将出口清单并下货准单赴关请发红单，即可出站，该红单必须于 24 小时内发给。空车出口，不须红单，但应计车数、吨数，造册送关。

（4）经河口运外洋货。按日规定铁路所运出口货物到河口应即时查验，但今可格外通融，若由别关封车抵此，由站主赴关请免检，即由河口分关派人查验车上封条放行。

《蒙自关碧色寨车站分关章程》规定：

（1）进口货物。凡有洋货由河口运进蒙自或蒙自以北车站，若在河口未曾报关者，均须装载由海关封固之车内到站，该车一到海关验货厂，由站主报知海关，海关人员与站主或其所派人员，会同查验各车之号数封条，如有不符暨拆动情事，即行核办。凡有自国外来，经由河口之火车到站，其各封车清单立即报交海关。火车封条，惟海关人员方可照拆。

凡自外洋运来包件，或装有自外洋运来货物之火车，该站主于未领海关准单之前，不得擅自准其离站，此项准单可否发给，海关准于报关后 24 小时内告知。

（2）出口货物。凡货物装联运火车运往越南各站，或在蒙自碧色寨车站装车，或在别处车站装车，通过该车站时，该站在查明领有海关准单者，方可准其装车或通过。凡货物装联运火车，运往越南各省者，装毕时，即将出口清单并下货准单呈送海关，海关于 24 小时以内，每一列车应发红单一纸，方可出站，未领红单者，概不得出站，所有经过国境，开往外海之货车，该站主可请由蒙自关加封。

凡空车出站，毋须请领红单。

（3）凡货物抵碧色寨车站后，已过 7 日未完关税者，站主应将该货交关没收，或由站主代货主报关纳税即可。

（4）滇越海关因已相互允认彼此所用之关封，所有往越南应过国境之货车所载货物，将其清单另抄 1 份，由蒙自关盖印，抵河口时，由该分关验明铅封后，再行盖印。每车应各执清单 1 份。

20 世纪 20 年代，经总税务司署核准，对滇越铁路进出口货物改按铁路的运输方式监管。从越南运来的进口货物可分 3 类：整车皮装载货物、车皮混合装载货物、零件货物；从云南出口的货物也分为 3 类：直接出口之大量货物、直接出口之零件货物、复出口货物；各类货物的运输管理方式有别。

滇越铁路有一套完备的管理体系，管理费用广泛，涉及海关、车站、码头、保险等方面，海防方面有过境税、过关税、统计税、手续费等四项。过境税是货物通过越境必须缴纳的税，占货物的百分之一至百分之四；过关税是通过海关必须缴纳的税，货物不分等级，每吨一律收越币二角；统计税是向越南海关统计室缴纳的税，进出口货物不分等级，每吨概收越币二角。除上述三种税外，还有千分之一的手续费。

车站方面的管理费分登记费、过站费、过秤费、打印费、搬运费五项。即任何货物装车必须在车站登记，货物不分等级，每吨缴纳越币一角费用；在起货和卸货站，货物不分等级，起货交越币二角的费用，卸货交越币一角的费用；装车前货物要过秤，货物不分等级，每吨收越币五分的过秤费；货物装完要打蜡封印，零件货物每件缴纳越币一角费用，载兜每兜收越币一元的费用；车站搬运货物每吨收越币二角至四角的力夫费。

到海防码头，由火车上搬运到轮船或由轮船搬运到火车上，要收卸货费，每吨越币三角三分；货物搬运进货站要收搬运费，每吨力夫费和十五日栈租费，出口货物每吨越币四角，入口货物每吨越币伍角五分；上面所存货物十五日后要继续存留，每吨还得交栈租费一角五分；存储或搬运货物自雇搬运工，得交借路费，每吨收越币一角。

昆明至海防间的货物还须缴纳保险费，普通商品每千元收越币二角至四角，油类则在五角以上，此外还可以根据数量大小和保险公司商洽。

三、滇越铁路滇段警察

滇越铁路跨越中越两国，承载着中国西南连接世界各地的人流物流，治安管理极为重要。为了有效管理滇越铁路沿线的货运、客运以及铁路设施，法国铁路公司对于滇越铁路滇段的管理采取较为实际的办法，即与云南地方合作，由中国方面负责滇越铁路滇段治安。为了达到具体有效的治安管理，法国与滇省大吏签署了《滇越铁路巡警章程》和《滇越铁路警察章程》。章程对与云南地方合作，致力于滇越铁路沿线的治安管理做了明确规定。巡警和警察职责明确，且强调了云南地方人士组成的治安巡警和警察与滇越铁路管理人员的协调合作，由此在滇越铁路沿线建立起一套有别于地方治安管理的特殊警察。滇越铁路滇段警察有一套完备的治安管理机构，不仅能有效地维持滇越铁路滇段沿线治安，在与地方配合中完备了滇越铁路滇段辐射区域的治安管理，且为日后滇越铁路主权的回归奠定了基础。

（一）滇越铁路滇段警察之源

1903 年签订《滇越铁路章程》时，对滇越铁路滇段治安问题做了特别规定。章程第十五条规定："该公司亦可会商驻蒙大员，自行出资招募本地土民充当巡丁，以保护各厂平安，并可延请中国人或外国人充当巡捕长、管带，择要驻扎，以资弹压；如遇事故本地巡丁不能弹压，一经该公司人员禀请，滇省大吏即当遣派官兵，前往弹压保护。该公司所招募本地巡丁，责任但为巡查各厂，弹压工匠、人夫。一俟路成后，此起巡丁自可用以随时修补道路，其费亦由公司发给。倘有民情不平之事，保护铁路工程乃系地方官专责。无论出有何事，该公司总不得派西国兵丁。"[1] 即维护铁路治安的兵丁从本地华人中招募，但由于"并可延请中国人或外国人充当巡捕长、管带，择要驻扎，以资弹压"一点，巡捕长、管带落入外国人之手，这使得滇越铁路滇段的执法权在铁路公司掌控下，铁路公司聘用的巡捕可以驻扎铁路沿线，意味着法国军事势力可以隐蔽渗透到滇越铁路滇段沿线，其现状可以从滇籍留日学生杨振鸿 1907 年沿铁路线考察的情况得到证实，"彼沿路二百余工所、白药所，储蓄枪弹，无虑数千"，甚至有的工所中竟由法国陆军上尉驻守，已变质为"驻防之先声"的兵站，他在蒙自城外，"见一法国宪兵驻屯所，内房约十余

---

①　王铁崖编：《中外旧约章汇编》第二册，生活·读书·新知三联书店 1959 年版，第 205—206 页。

间，门外站立宪兵四系法人，四系越人，均着军服……其内有多数兵士"，滇越铁路沿线的中国领土"已形同占领"。① 当时"自河口至云南省城，法人沿所勘定之铁路线，或三里，或五里，遇有阨塞之处，必建一碉楼……其碉楼之高阔，可望十数里，布置周密，已成连营千里之势……且彼所用铁路工头，皆带兵武官，一旦时势可乘……只化工为兵，已足直捣省城"，② 但由于惧怕洋人，云贵总督丁振铎在 1904 年向清廷报告的中隐瞒实情，说："沿路并无法兵。公司设洋巡捕十名，系专为约束洋人起见。"③ 这引起云南人民的愤慨，特别是留日学生，1906 年 7 月以李根源、吴琨、由宗龙等为代表到北京状告丁振铎庇护法国人，其奏折隐瞒实情祸害云南。

1907 年贵州提学使陈昌荣弹劾丁振铎，清政府密令湖南巡抚岑春煊调查。岑春煊派沈祖燕到云南秘密调查，沈祖燕在滇越两地实地调查，证实了法国人想借滇越铁路巡捕之事作驻军通途的企图："路工未竣，法人已屡有中国保护不力，须自派兵来华之说……其心本不测……反谓我之不能护路，而逞其朝发夕至之兵，以直入省城，可以为所欲为"。④ 根据岑春煊的秘密调查，清政府用锡良取代丁振铎为云贵总督。锡良到任后，上奏朝廷，"滇越铁路公司不宜设兵丁，以碍主权。"⑤ 滇越铁路兵丁问题随滇越铁路通车而告一段落。

但滇越铁路是一条贯穿中越的国际铁路，治安的维护和管理不能或缺。1910 年，滇越铁路竣工，修建铁路的工人纷纷撤离，巡丁也随撤。滇越铁路沿线的治安由清廷派驻负责守备铁路沿线的 3 营巡防队分别驻宜良、开远、蒙自维持。随着滇越铁路的运行，外国侨民、铁路工人、商贸往来激增，滇越铁路的治安管理和维护成为中法关注的问题。负责滇巡警道的杨福璋、临安开广（蒙自）道的龚心湛联合提出，"仿照胶济铁路设立警察章程，于滇越铁路各段安设铁路警察，以期稍省经费。"力争滇越铁路警察权，但滇越铁路

---

① 中国社会科学院近代史研所《五代史资料》编译室主编：《云南杂志选辑》，知识产权出版社2013 年版，第 518—522 页。

② 中国社会科学院近代史研所《五代史资料》编译室主编：《云南杂志选辑》，知识产权出版社2013 年版，第 382 页。

③ 《清德宗实录》卷五二八，中华书局 1987 年版，第 32 页。

④ 方国瑜主编：《云南史料丛刊》（第 9 卷），云南大学出版社 2001 年版，第 793 页。

⑤ 《清德宗实录》卷五七六，中华书局 1987 年版，第 625 页。

各段安设铁路警察在《滇越铁路章程》中没有涉及，设立铁路警察就意味着取代法国招募的巡捕，这就剥夺了法国在滇越铁路滇段的治安管理权。为了维护中方滇越铁路的权益，清政府派李鸿章与法国磋商，云贵总督李经羲前往法国领事馆协商，经过多次协商，法国最终同意设立滇越铁路滇段警察。

（二）滇越铁路滇段巡警和警察章程

1910 年 3 月，法国与滇省大吏签署了《滇越铁路巡警章程》和《滇越铁路警察章程》。《章程》对与云南地方合作，滇越铁路滇段沿线的治安管理做了明确规定。巡警和警察职责明确，且强调了云南地方人士组成的治安巡警和警察与滇越铁路管理人员的互相协调，但是治外法权仍然制约着铁路巡警和警察。如《滇越铁路巡警章程》第二条规定：铁路公司允于车到时，许巡官一人及巡警二人入站查缉。唯该巡警职任方能查拿匪人及曾在中国犯事之人。如有凶恶大股匪人，经入站巡警一面知会站长，一面招呼其余巡警及游击队兵入站内捕拿，此乃特别之情形，不得已而为之。第三条规定：如遇有公司人员疑有违法行为尚未现其罪由时，即由该处警局商诸站长，以便调查违法事实。第十条规定：凡法国人，或法国保护人，有约之他国人，如有扰害情事，应由警员立即告知该处车站主管人，将其扣留，并一面设法解送省城、蒙自，由交涉司、关道转领署办理，或先由领署派员提解，以速为宜。《滇越铁路警察章程》第十一条规定：凡法国人，或法国保护人，或他国人如有扰害治安所犯情事重大者，亦准所在警官按照条约拘送交涉司或关道，送交就近领事讯办，并一面告知该处车站主管之人。上述条例强调了法国人、法国保护国人民以及与中国有约国人在滇越铁路沿线违法时，其最终的审理权属于领事。受制于治外法权，中国巡警和警察执法受制于车站上的法国站长和职员。

附（一）《滇越铁路巡警章程》①

一九一〇年三月十五日，宣统二年二月初五日，昆明

第一条　滇越铁路自河口以达云南省城均在中国境内，为便于弹压、

---

①　王铁崖编：《中外旧约汇编》第二册，生活·读书·新知三联书店，1959 年版，第 650—653 页。

查拿匪徒起见，中国省吏分段设立警局，维持地方治安，即所以保护铁路治安。中国省吏与法国交涉委员，特订铁路巡警章程如下。

第二条　中国建筑各站警局，按照中历宣统元年八月，西历一千九百零九年十月商定办法，如原拨车站地段外无相宜之处，可由中国官员会商公司委员，即于车站原拨界内择地建筑，如商未就绪，再禀由交涉司与法交涉委员在云南商酌办理。铁路公司允于车到时，许巡官一人及巡警二人入站查缉。惟该巡警职任只能查拿匪人及曾在中国犯事之人。如有凶恶大股匪人，经入站巡警一面知会站长，一面招呼其余巡警及游击队兵入站内捕拿，此乃特别之情形，不得已而为之。

第三条　如遇有公司人员疑有违法行为尚未现其罪由时，即由该处警局商诸站长，以便调查违法事实。如公司所用之中国人有犯罪须拿问者，务须立即知会站长交出。即各车站、厂房等处，倘有匪人混入，警察一得消息，亦得知会站长，入内调查，站员不得阻拦纵庇。

第四条　大车到站时，运送客货之丁夫推挤、喧嚷、争闹，警察须得拦阻、弹压。惟将来客货繁多，公司得雇用长班挑夫，以便搬运车站内客人之行李，应仿照中历光绪二十九年、西历一千九百三年会订铁路章程第十二条，先尽招募本省人民充当，取有妥实保结并立姓名册籍，送交警员查看准充，以免匪徒混迹。此项夫役只能在车站之内搬运行李。

第五条　轨道上遇有山崩、地震、水淹、石塌以至桥折、路倾，警察一有知觉，宜速知会公司修理。

第六条　各站有失窃情事，该公司得请警局于勘明后代为查缉。查获失物，无论贵贱，即交该公司验明领回。缉获窃贼如系中国人或来与中国立约通商之外国人，即交地方官按律审办，如系约国之人，即照第十条办理。

第七条　中国人民如有妨害车辆、轨道、电线者，巡警应随时查禁。若有妨害之确实证据，即知会地方官查拿其人，按律究办，不认赔偿，并一面将损害之处速先报知该车站执事人。

第八条　公司个车站洋员，应由领事馆按照会订滇越铁路章程第十七条将其姓名译出华文，开列清单，达知省城交涉司或蒙自关道，移送路警督办，转行各警局查照保护。所有雇用中国司事及各项工役姓名即由各该车站逐行开单，知照该处警局存记。其车站职司人等标记、服饰亦应一律绘具图式送交，俾警员得以识别。如公司洋员有欲往离铁路三十里以外者，则护送等事应请地方官查验其照约应有之护照保护。如未通知以致出事，铁路巡警不认其保护之责也。

第九条　警局于现定路警章程应先刷印多张，交由各车站主管之员，通告站上各项人等一律遵守。法国人及保护国人民如有违犯法律情事，警局应飞报路警督办查核，并报交涉司或关道照会领事按约办理。其公司雇用之中国人如犯寻常违警之罪，即由警官自行究罚，若犯人命词讼之案，应照造路章程第十四款交由地方官按律办理。又，中国人在火车及车站有违犯现定规则及不正之行为而警官未及查觉者，应由站员、车长告知警官，或送交查办，该公司人等，无论如何，不能自行责罚。如有公司洋员违犯规则有害于公司，应由法领事查照法国律例惩办。

第十条　凡法国人，或法国保护人，或有约之他国人，如有扰害情事，应由警员立即告知该处车站主管人，将其扣留，并一面设法解送省城、蒙自，由交涉司、关道转交领署办理，或先由领署派员提解，以速为宜。若中国罪犯乘搭火车，或逃匿车站房屋内，一经警局知会公司车站，应即照章程将其交出，不得庇纵阻挠。

第十一条　查中法会订章程载明，火车不准载运硇盐及西国兵丁所用军火、粮饷，并不得装运中国例禁之物，本应由第一道进口税关盘查，难免无偷漏、隐瞒等弊，警察亦得帮同查验。但查验例禁之物，只能在出站之时。如车中确有违禁之物，应由警察知会站长，会同查验。至入境之外国人，曾否请有护照，入口时已经边界官查验，如有蒙蔽混入者，警察亦不能不加以诘问。至外国人携带卫身军器及鸟枪等物，如呈明关道允准，护照内载明件数者，准其放行，否则警察亦须查究、扣留、禀报。除中国员弁确有公差者不计外，余均不准携带枪械、药弹，查出扣留究办。

第十二条　公司车站职司人等与搭车之中国客人如有争端，应由警官及公司主管，会同和平理处。如果情节重大，并应呈报路警督办查核，暨交涉司或关道照会领事按约办理。

第十三条　凡公司诸人与警局警官尤宜互相敬让，各守规则。倘彼此有不合之举动，应知会彼此长官查办。

附（二）《滇越铁路警察章程》①

按照光绪二十九年九月初九日，即西历一千九百三年十月二十八日，中法会订滇越铁路章程第十五款所载，准该公司招募本地土民巡查厂工，于路成后为修补道路之用，其保护铁路乃系地方官专责，特于河口至云南铁路通行一带，分段设立警察，以示实力保护，爰订立章程如左：

第一条　滇越铁路警察为保护本国境内之滇越铁路、维持地方治安而设，一切权贵除本章程特别规定外，悉照本国关于警察之法律章程行之，滇越铁路公司及中国人均应一体遵守。

第二条　河口至云南省城分为三段：由省城至禄丰村曰上段；禄丰村以下至波渡箐曰中段；波渡箐以下至河口曰下段。于省城、阿迷州、河口各设正局一所，其余停车卖票之站均设分局，分隶于三正局而统辖于巡警道。各分局视地方之繁简以定官员之等级、巡警人数之多寡。

第三条　各站设立正分局须在车站附近或对面适宜之地，庶保护、弹压较易得力。其商务繁要处所，并须贴近车站添设巡警派出所，以资守望。所有局舍勘地、建筑，除造路章程第十段所订公司应交还地段毋庸再行声明外，所勘之地如在车站划沟以内而于公司不致妨碍者，仍应由正局商明该公司后建筑之。如或商而未妥，即电禀交涉司照会领事商酌办理。

第四条　巡警责任以维持治安、查究不法为主，凡在车内搭客暨车站工役人等，无论内外国人均得随时稽查。当车到时须拦阻闲人，照料上下客货及防止运送丁夫喧嚷、争闹。至各车站之厂房等处如有时警员须入内调查者，得随时知会站员入内调查之。

第五条　轨路上遇有山崩、地震、水淹、石塌以至桥折、路倾，或工程未尽完善，致生意外危险，一经巡警发见，应速知会该公司赶紧修理。

第六条　各车站有失窃情事，该公司得请警局于勘明后代为查缉，查获失物即交该公司验明领回。缉获窃贼如系本国人或未与本国立约通

---

① 王铁崖编：《中外旧约汇编》第二册，生活·读书·新知三联书店，1959 年版，第 653—656 页。

商之外国人，即交地方官按律审办，如系有约之国人，即照第十条办理。

　　第七条　中国人民如有妨害轨道、电线者，巡警应随时查禁。查有妨害之确实证据，即知会地方官及防营查拿其人，按律究办，不认赔偿，并一面将损坏之处，速先报知该车站执事人。

　　第八条　公司各车站洋员应由领事官按照会订滇越铁路章程第十七条，将其姓名译出华文，开列清单，达知省城交涉司或蒙自关道，移送巡警道，转行各警局查照保护。所有雇用中国司事及各项工役姓名，即由各该车站逐行开单知照该处警局存记。其车站职司人等标记、服饰亦应一并绘具图式送交，俾警员得以识别。

　　第九条　火车客位及货物运送价值，暨开车、停车时间以及车上应守规则，均应由公司缮译华文，详细列表，送交警局，并悬牌于售票处。搭客或有争端，巡警得据以排解。

　　第十条　警局所执行之违警律应先刷印多张，交由各车站主管之员，通告站上各项人等一律遵守。法国人，或法国保护人民，或未与本国立约通商之外国人如有违犯，其情节轻者即由警官知会车站主管之员分别处理。倘处理不公或所犯情事重大，警局应飞报巡警道查核，并报交涉司或关道照会领事，按约办理。其车站雇用之中国人，如犯寻常违警之罪，即由警官自行究罚，若犯人命词讼之案应照造路章程第十四款，交由地方官按律办理。又，中国人在火车及车场或铁路上有违犯规则及不正之行为而警官未及觉察者，应由站员、车长告知警官或送交查办，该公司人等不能私行殴罚。

　　第十一条　凡法国人，或法国保护人，或他国人如有扰害治安所犯情事重大者，亦准所在警官按照条约拘送交涉司或关道，送交就近领事讯办，并一面告知该处车站主管之人。若中国罪犯乘搭火车或逃匿车站房屋内，一经警局知会公司车站，该公司车站应即照章程将其交出，不得庇护阻挠。

　　第十二条　查造路章程第一十四款载明，该公司火车不准载运陕盐及西国兵丁所用军火、粮饷，并不得装运中国例禁之物，沿途巡警自应照章稽查。至入境之外国人曾否请有护照，亦得随时查验。又，火车上如外国人有携带卫身手枪者，须呈明关道允准，领有护照，方准放行，否则警官亦得暂行扣留。其余外国人等，除中国员弁确有公差者不计外，均不准携带枪械、药弹，查出扣留究办。

第十三条　公司车站职司人等如对搭客有非礼举动者，应由警官就近告知公司车站主管之人，分别惩戒。如果情节重大并应禀报巡警道查核，暨报交涉司或关道照会领事，按约办理。

第十四条　日行上下火车，由正局局长派稽查一员带同翻译附乘该车，随车往来，检查沿途巡警是否尽职及客位上有无匪类，并先送给免费券若干以为证据。如免费券日久有损坏、遗失，查明补发。各正局局长亦应由该公司送给免费券若干，以便随时附车调查一切事件，不论何站何时利便登车，不论何等车位，均听往来，该公司不得阻止。

第十五条　车上搭客无论内外国人，或有急病危殆及酒醉不服制止虑其滋事者，应由随车警官商明车长，酌定处所，监护下车安顿。

第十六条　凡火车将到时，于一定时刻，巡警须禁止轨道行人。该公司管车司机人于危险处所，亦须频频放汽，见有危险情状应即停机缓行，以重生命。万一在山洞、桥梁等处无意相遭，致成残废或毙命者，应由公司优给抚恤。

第十七条　凡公司诸人与警局官警尤宜互相敬让，倘巡警对于公司有不合之处。应知会局长查办，不得遽向警察为无礼之举动。又，公司洋员有往铁路以外地方，应仍自执护照，知会地方官、防营保护，警局概不担任护送等事。

第十八条　各站巡警非设电报、电话不能互通声气，应由交涉司照会领事，于该公司原有电杆上附设之。其工料价值彼此估计办理，但从前置办电料等费，不认分摊，至如何认费似须另案照会办理，不必规定于本章程之内。

第十九条　本章程于详定后即先行试办，仍由交涉司照会法领事转饬公司查照，一面由院咨明外务部、邮传部、民政部核明立案。以后如有增修删改之处，仍照此办理。

尽管《滇越铁路巡警章程》和《滇越铁路警察章程》有治外法权的制约，但滇越铁路滇段沿线的治安管理属于云南组成的巡警和警察，为逐步争取滇越铁路滇段的权利创造了条件。

《滇越铁路巡警章程》和《滇越铁路警察章程》治外法权的制约到1936年中法《云南铁路草约》中得到修正，其中第九条做了修订，因云南省政府实需维持铁路秩序，兹议定，一九一〇年五月十五日警察章程增修如下：

甲、第二款所载："公司准警官及巡官二人于车到时在站内稽察。"今后改为："公司准警局警官及数目足够之巡警若干人在站内稽察。"

乙、第十一条所载："若探明车内有例禁之物，警察须通知站长，并得会同站长进行必要之搜查。"今后改为："若探明车内有例禁之物，警察须通知站长或车上警员，并得会同该员进行必要之搜查。若因车离站不能搜查，警官得于通知车上警员后，派巡警一员附乘该车；该巡警仅得监视乘客、行李或包裹，至前站停车时，按照本条前项规定进行搜查。"

丙、新增第十四条如下："第十四条　若铁路地区有人因偶然事件而遭伤害，受害者应送交警局；伤重者应由警局迅即移交最近医院。"

丁、新增第十五条如下："第十五条　遇有情形需要，省当局得派遣若干人之护卫队附乘客车。

护卫队之任务限于：

一、维持车内良好秩序。经车上人员请求时，护卫队应予协助；倘乘客拒交车票，或拒付其本人及行李之车费，护卫队应于行车中予以监视并于前站停车时令其下车，送交该站警局。

二、保护火车不受车内匪徒袭击。倘省内发生骚乱，护卫队得按情形予以增强。"①

第九条修正条款扩大了铁路警察权力，增强铁路警察势力。

（三）滇越铁路滇段警察机制

1. 警察机制的变革

1910年3月15日，中法签订《滇越铁路巡警章程》，成立滇越铁路路警

---

① 王铁崖编：《中外旧约汇编》第三册，生活·读书·新知三联书店1962年版，第1045—1046页。

督办署，隶属滇省警署，驻云南蒙自，警官警员共计 562 人，另有铁路守护军队一个营，由督办署指挥，分驻铁路各要隘。1912 年 4 月增设滇越铁道兵警总局，隶属督办署，驻蒙自，1913 年迁开远。1913 年 5 月撤销兵警总局，督办署改为滇越铁道警察总局，直属巡按使，驻开远，下设 34 个分局，警员 400 人。后来由于匪患，于 1922 年 5 月 22 日将滇越铁道警察总局改为滇越铁道军警总局，隶属蒙自卫戌司令部，驻开远，总揽全路段军警事务兼铁路沿线剿匪指挥部，直属省长公署。1925 年增设铁道守备教导队，1928 年改为护路宪兵队；1932 年 6 月滇越铁道军警总局改为滇越铁道警察总局，警官警员 787 人，隶属云南省民政厅；1935 年护路宪兵队改为巡辑队；1945 年 9 月，总局、分局和巡辑队计有警官 161 人，警士 719 人，兵夫 114 人；1946 年 5 月 31 日总局、分局撤销，除巡辑第五、第六区队由云南省警务处接收外，其余官警全部由川滇、滇越两路警务处接收。

2. 现代警察机制

滇越铁路滇段警察是滇越铁路通车后于宣统元年组建，由总局、分局构成，直辖于总督，由河口至昆明共设 36 个站，每站设一个分局，由总局统率，负维护铁路一切治安及稽查出入人事，对法、越办理沿线有关外交，缉捕盗匪等责任。滇越铁道沿线两旁 15 华里范围以内，为路警区域，但仅维护地方治安之责，对于地方之一切行政事宜仍属诸各该县政府。

滇越铁路滇段警察统属于云南省政府，是独立于地方的特殊警察队伍，其机构完备，制度健全，是一个现代化的警察机构。由总局、分局、区队组成，总局设总局长一名，秘书一名，督警长二名，科长三名，一等科员三名，二等科员六名，执法官一名，译员三名，书记长一名，司事一名，录事八名，谍查员十二名，杂项士、兵、伕十六名。设置三十六个分局，日本占领越南后拆除了河口至碧色寨铁轨，滇越铁路分局裁撤为二十四个分局；六个巡缉区队。

滇越铁路滇段警察有官佐一百六十余员，警兵七百一十二名，武器现有比造七九步枪五百六十支，七九子弹六万余发。各分局系负各驻站限度范围内静的任务。如巡缉区队则随环境需要，临时调动、负动的任务。平时则控制于全线适宜地点集中训练，或负担临时指定之特殊任务。[①] 上述组织是中国人组成的西式铁路警察队伍。每个巡缉区队有 63 名队警，5 名官长，60 条步枪，6327 发子弹。六个巡缉区队的管辖地段和职责是：

巡缉第一区队分驻小龙潭、巡检司、灯笼山各地，保护桥梁及路工；巡缉第二区队驻扎盘溪，护路和协助分局维持治安；巡缉第三区队分驻禄丰村、糯租，护路及防守铁桥；巡缉第四区队分驻狗街、宜良、江头村、呈贡各地，护路及防守铁桥并担负呈贡疏散站警戒；巡缉第五区队分驻开远、玉林山两地，担负押负上下列车任务及防守玉林山铁桥；巡缉第六区队分驻开远、碧色寨两地，集中开远整训。整个巡缉区队相互配合，是一个现代巡警机构。

警察训练有素，滇越铁路总局长陈盛恩出身于保定军官学校第六期步兵科，其他各级官佐分别来自训练班、警士学堂、路警教练队、铁道巡警教练所、云南陆军讲武学堂、中央军校战干警官大队、云南高等警察学校、越南法文学校、云南中法学校、警官学校、陆军志愿队以及各中学和师范学校，均是高素质人才。为了培养后继人才，专门设置路警人员训练班，每年两班，每班 80 至 100 名受训人员，"计兹三十余年，已训练四十班有奇，合计三千余名。"[②]

滇越铁路滇段警察是云南的特殊警察，他们肩负着滇越铁路滇段 465 公里线路辐射区安全，不仅责任重大，且在国际交通线上的地位与国防相关，故不仅组织严密，且武装和待遇也较优厚。滇越铁路滇段警察组建之初，由于情况特殊，各方面条件较差，警所安置在寺庙和民房。云贵总督沈秉堃督办路警后，加强了滇越铁路滇段警所建设，建筑房屋，但工程简陋，问题不断。民国十八年（1929），龙云拨巨款加强滇越铁路滇段警察基础设施建设，不仅在三十六个分局建筑房舍，对居住环境进行改造，与国防建设相匹配，对大门、围墙、炮台等作改造，且强化路警武装。民国十九年（1930），路警步枪一律换为比造七九步枪，照实有警额以八成计发五百六十支，子弹八万

---

① 云南省志编纂委员会办公室编：《续云南通志长编》第三十七卷《民政二》，云南省志编纂委员会办公室 1986 年，第 60 页。

② 云南省志编纂委员会办公室编：《续云南通志长编》第三十七卷《民政二》，云南省志编纂委员会办公室 1986 年，第 48 页。

余发。① 抗战爆发后，鉴于物价高涨之局势，进一步改善警察待遇。民国三十四年三月份起，荐任月支二万元，委任月支一万五千元，雇员月支一万一千五百元，工役月支一千六百元，警长月支四千三百元，警士月支二千八百元，又配发之食粮，每官、佐、长、警，均照规定之年龄分配，由六公斗起递加至一公石，杂项兵、伕、役，则概亦照发六公斗，自三十四年一月份起，均配发实物，至每月经费，共计月领一十五万六千零三十一元。② 滇越铁路滇段警察是一支责任重大、待遇优厚的现代化警察队伍。

（四）中国的铁路警察

滇越铁路滇段警察为清末至民国云南五种特殊警察之一。滇越铁路是法国修筑的铁路，按照惯例，其全部的管理权应该全部掌控在法国人手中，但是滇越铁路贯穿越南和中国云南境内，滇段长达 465 公里，治安管理虽然法国可以聘用巡捕，但是只靠各个点设置的巡捕不能有效管理和维护滇越铁路的治安，法国最终把滇越铁路滇段的治安管理交给中国，这既可以有效地管理和维护滇越铁路治安，又可以用治外法权掌控滇越铁路。

1910 年 3 月 15 日，中法签订《滇越铁路巡警章程》和《滇越铁路警察章程》。章程虽然对滇越铁路滇段警察权力有所限制，但滇越铁路滇段警察从管理、人员、经费、武装等都是云南政府负责，警员绝大部分是本土人士。滇越铁道警察总局官佐简明履历表中，总局长陈盛恩是云南平彝人，秘书于守云是广西榴江人，督警长郭鑫是昆明人，王元吉是曲溪人，第一科科长邵近仁是姚安人，第二科科长熊其麟是昆明人，第三科科长向建谋是文山人，一等科员张汝埕是通海人，一等科员郜光祐是鹤庆人，一等科员汪奇功是平彝人，二等科员梁启贵是牟定人，二等科员冯贻书是昆明人，二等科员舒肇煊是镇雄人，二等科员徐正鑫是广通人，二等科员洪蔚泉是沾益人，二等科员唐绍商是平彝人，执法官熊瑞山是昆明人，译员苏东访是广东合浦人，译员郭荣斋是昆明人，译

---

① 云南省志编纂委员会办公室编：《续云南通志长编》第三十七卷《民政二》，云南省志编纂委员会办公室 1986 年，第 48 页。

② 云南省志编纂委员会办公室编：《续云南通志长编》第三十七卷《民政二》，云南省志编纂委员会办公室 1986 年，第 48 页。

员陈汝□是澄江人，书记长黄凤诏是姚安人。碧色寨至河口拆除后，昆明至碧色寨滇越铁道警察各分局、巡缉区队官佐简明履历表中，昆明分局一等分局局长是昆明人许宝书，呈贡分局二等分局局长是宣威人吴应铨，水塘分局二等分局局长是昆明人杨永源，可保村分局二等分局局长是大姚人郭一初，宜良分局二等分局局长是昆明人王印源，羊街分局三等分局局长是通海人羊步瀛，狗街分局二等分局局长是江川人邹兴灿，滴水分局三等分局局长是宣威人包其鑫，徐家渡分局三等分局局长是昆明人刘永昌，禄丰村分局三等分局局长是玉溪人朱本志，糯租分局三等分局局长是姚安人杨德生，西洱分局三等分局局长是昆明人窦尔昌，小河口分局三等分局局长是开远人杨清源，婆兮分局二等分局局长是开远人孙飞鹏，热水塘分局三等分局局长是大理人杨树荣，西扯邑分局三等分局局长是昆明人吴永德，拉里黑分局三等分局局长是马龙人金宝昌，巡检司分局二等分局局长是鹤庆人赵永和，小龙潭分局三等分局局长是邓川人饶为梁，十里村分局三等分局局长是开远人张传忍，开远分局一等分局局长是大姚人金城，大塔分局三等分局局长是永北人赵传璧，大庄分局三等分局局长是宣威人王祥章，碧色寨分局二等分局局长是昆明人李世铭。[①] 碧色寨至昆明 24 个分局的局长都是云南人。滇越铁道警察人员从上到下都是中国人，且直接受制于云南省政府，这是滇越铁路滇段中国人有限的管理权。

（五）滇越铁路滇段警察的地位和作用

　　滇越铁路滇段警察是中国人，直接隶属于云南省政府，但处境尴尬，因为他们维护的是滇越铁路滇段的安全事项，滇越铁路滇段是法国修建和管理的铁路，民众把滇越铁路滇段警察视为法国的看家狗。同时滇越铁路滇段警察执法还受《滇越铁路巡警章程》和《滇越铁路警察章程》的约束，滇越铁路滇段警察的地位和作用不是人人可以认识和理解的。

　　《滇越铁路章程》没有对滇越铁路线路安全问题有明文规定，在修筑滇越铁路滇段期间，法国人"自河口至云南省城，法人沿所勘定之铁路线，或三

---

① 云南省志编纂委员会办公室编：《续云南通志长编》第三十七卷《民政二》，云南省志编纂委员会办公室 1986 年，第 53—54 页。

里，或五里，遇有阨塞之处，必建一碉楼……其碉楼之高阔，可望十数里，布置周密，已成连营千里之势……且彼所用铁路工头，皆带兵武官，一旦时势可乘……只化工为兵，已足直捣省城"①。法国人维护滇越铁路安全的行为已经成为威胁中国西南国防的军事行动，且法国人还以"路工未竣，法人已屡有中国保护不力，须自派兵来华之说"为借口增兵。滇越铁路线路安全问题不是简单的法国人维护线路安全的问题，涉及国防安全。经过多方交涉，清政府于一九一〇年三月十五日与法国签订了《滇越铁路巡警章程》，中国人获得滇越铁路滇段线路警察主权，其意义重大。滇越铁路滇段警察管理权掌控在中国人手里，有效地挫败了法国人借维护线路安全派兵的阴谋，维护了国家主权。《滇越铁路警察章程》第一条规定"滇越铁路警察为保护本国境内之滇越铁路、维持地方治安而设，一切权贵除本章程特别规定外，悉照本国关于警察之法律章程行之，滇越铁路公司及中国人均应一体遵守"，赋予了滇越铁路警察权力。此外，还规定"凡在车内搭客，暨车站工役人等，无论内外国人，均得随时稽查"，"中国人在火车及车场或铁路上有违犯规则及不正之行为，而警官未及觉察者，应由站员、车长告知警官，或送交查办，该公司人等不能私行殴罚"。由于该路严禁运送军火，路警还有权检查货物是否夹带违禁品。路警分局局长有权"随时附车调查一切事件，不论何时何站，利便登车，不论何等车位，均听往来，该公司不得阻止"。

"滇越路警，原系用以保我土地主权而设，非为保卫彼外人之特别权利者。路警同人在此线上服务，因明了本身之责任，无不以收回路权为愿望，即教育警生，亦莫不亦此为目的。"② 鉴于该路"有关内政外交及国防军事之重要"。民国后，路警机构虽然名称有所变化，但就建制而言，滇方一直使路警直隶于省府之下。皆因路警在中外合办的铁路中，不仅有维持治安的功能，且有收回路权的决心。王丕承在《路警之性质》一文中表明路警的决心，"路警乃见汉家旌旗，是亦国权之收回者也。"③ "既受法人种种无理之要挟，恒

① 中国社会科学院近代史研究所《近代史资料》编译室主编：《云南杂志选辑》，知识产权出版社 2013 年版，第 382 页。

② 云南省志编纂委员会办公室编：《续云南通志长编》第三十七卷《民政二》，云南省志编纂委员会办公室 1986 年，第 49 页。

③ 《路警周刊》，1926 年第 2 期，第 2 页。

以个人精神痛苦之事小，国家主权维护之事大，上下一心，咸隐忍持重，以待时机之来临，而将铁路收复"。① 这就是滇越铁路警察的作用。

1940 年，日本进占越南后，为阻止日本借滇越铁路进攻中国西南，民国政府拆毁了滇越铁路河口至碧色寨路段铁轨，滇越铁路滇段的实际掌控权已经在国人手中。为此撤销了河口至碧色寨 12 个路警分局，滇越铁路路警角色开始转型。"所有撤退各分局长警奉行营、省府电令，编为巡缉第五、六两个区队，前后共六个区队，加强北段护路力量，一至四区队，自昆明起至碧色寨止，扼要分驻，担任防护北段沿线各重要铁道及维护军运，以防汉奸敌人之破坏。至各分局长警，仍负责维护各站治安秩序，及联合各乡、镇、保、甲清查户口，防止奸宄混迹及盗匪潜滋之责。又第五区队，现专负押护上、下行车之任务；第六区队，专负开远卫戍及临时调遣之责。此即各局、队之布署情形。"② 此时滇越铁路滇段警察的驻勤和职责都做了调整，以滇越铁路滇段北段的驻勤和治安管理为核心，并参与到地方治安事务中来。

角色的转变，促使滇越铁路滇段路警从一支旨在"维护主权"的特种警察，转变为一般的警察，不再承担"维护国权"的重任。1943 年 8 月 1 日，国民政府宣布与维希政府断交，同时宣布接收滇越铁路。负责接收的交通部路政司长杨承训抵达昆明后，首先便要求第五军军长长杜聿明派宪兵约百人，"开赴滇越铁路各主要站点，俾于接收该路时监视法越籍人员行动，守护铁路材料。"③ 随着局势的变化，滇越铁路滇段抗日防线的地位不断提升，国民政府以宪兵替代路警以行护路之责，滇越铁路滇段国防责任被宪兵取代，滇越铁路滇段警察成为维护社会治安警力。

第四节　滇越铁路的运输

滇越铁路滇段边修筑边运营。1908 年 6 月 15 日，河口至腊哈地开始运

① 云南省志编纂委员会办公室编：《续云南通志长编》第三十七卷《民政二》，云南省志编纂委员会办公室 1986 年，第 49 页。
② 云南省志编纂委员会办公室编：《续云南通志长篇》第三十七卷《民政二》，云南省志编纂委员会办公室 1986 年，第 49 页。
③ 《中华民国史档案资料汇编》第 5 辑第 2 编《财政经济 10》，江苏古籍出版社 1997 年版，第 325 页。

营，1910 年 4 月 1 日全线运营。滇越铁路运输主要是货运，兼营客运，由法国人经营管理。滇越铁路上的物流是国际贸易，通过越南海防联通世界市场，出口货物以大锡为主，其次是生丝、皮革、猪鬃及其锑、钨等；进口货物主要是西方的工业成品棉纱、棉布为主，以及药材、纸张、火柴、洋伞、纸烟、肥皂、糖、奶制品等日用生活品，其次是工业建设的材料钢铁、水泥、石油、电机电料、交通器材、机器、零件等。

一、运营

滇越铁路边修筑边运营，河口至腊哈地、腊哈地至碧色寨，分别于 1908 年 6 月 15 日、1909 年 4 月 15 日通行；碧色寨至阿迷、阿迷（开远）至小龙潭、小龙潭至盘溪，分别于 1909 年 5 月 1 日、6 月 1 日、7 月 17 日运行营业；盘溪至宜良、宜良至昆明，分别于 1910 年 1 月 10 日、4 月 1 日运行营业。滇越铁路运输以进出口货物为主，火车车厢共 508 辆，其中货车车厢 446 辆，进出口货物运输车是特快列车。客车车厢只有 62 辆，客车分头、二、三、四个等级。由于沿途自然环境复杂，客运只是白天运营，阿迷（开远）是客运留宿站。昆明与阿迷（开远）间、阿迷（开远）与河口间，每日对开列车一列，每列车挂头、二、三等车各一辆，其余为四等车，但阿迷（开远）至碧色寨段客车只有四等车，四等车有客货兼运之功能，车厢内设施简陋，两边各有长凳一条，旅客就坐于两边长凳上，中间空出的走廊就用来堆旅客随身携带物品。

法国经营滇越铁路滇段时期，开行的旅客列车有：老街至阿迷（开远）间、阿迷（开远）至云南府（昆明）间每日对开一列，编挂头、二、三等客车一辆，其余为四等客车，正常全列车为六辆，长大坡道区段为五辆。1937 年 11 月开行昆明至越南河内、海防特别快车，由"米西林"内燃动车组载客（40 个座位），时速每小时 45—100 公里，抗日战争后期停开。客运从越南海防到昆明需要 4 个日程，第一日从海防至河内，需 3 小时，经过海防、嘉林、河内三个车站；第二日从河内到老街，早晨七时发车，下午五时到老街，经过河内、富梅、老街车站；第三日自河口至阿迷（开远），早晨六时从河口发车，下午七时到阿迷（开远），途径河口、蚂蝗堡、南溪、马街、老范寨、大树塘、腊哈地、地白寨、湾塘、波渡箐、倮姑寨、戈姑、落水洞、芷村、黑龙潭、碧色寨、大庄、大塔、阿迷等 18 站；第四日早晨六时从阿迷（开远）发车，下午五时到昆明，途径小龙潭、巡检司、大龙潭、拉里黑、西扯邑、热水塘、婆兮（盘溪）、小河口、西洱、糯租、禄丰村、徐家渡、滴水、狗街、羊街、宜良、可保村、前所、水塘、七甸、呈贡、獭米珠、西庄、九门里、索珠营、云南府等大小 26 个车站。

二、价格

滇越铁路滇段客运价格按照滇币计算，时价不一，仅按照安南银币（安南币译名披沙，约合美金四角六分九）计算，通票分等，价目如下：计头等通票售安南币四十六元五角六分，七年前之换算，约合华币八十二元八角八分；二等通票售安南币三十二元零八分，约合华币五十七元一角；三等通票售安南币一十七元八角六分。[①]

滇越铁路运输主要是货运，货运价分三区段计算，由昆明至碧色寨，计二百八十七公里，为第一区段；由碧色寨至老街，计一百七十八公里，为第二区段；由老街至海防。计三百八十九公里，为第三区段。第一区段运价中平，每吨公里越币一角四分；第二区段最贵，每吨公里越币二角五分；第三区段最廉，每吨公里八分；全程八百五十四公里，每吨运费计合越币一百一十五元八角。但照公司规定，凡每次运量在五吨以上，可装一兜者（每兜载重五吨至二十吨），得享优惠待遇，即可不依里程计算，由昆明至老街每吨合收越币五十一元，由老街至海防，合收二十四元五角五分，共计七十五元五角五分，较之按里程计算者，可省四十元二角五分，约合百分之三十五，每年运量，若超过一千吨者，则自一千吨至二千吨可打八折，二千吨至三千吨可打七折，三千吨至四千吨以上可得五折之优待。至第一等货物（危险品）运输价，则第一区段每吨公里越币三角三分，第二区段四角，第三区段一角二分，全程每吨运费，计合二百零九元七角二分。[②]

---

① 云南省志编纂委员会办公室编：《续云南通志长编》中册，第五十五卷《交通二》，云南省志编纂委员会办公室 1986 年，第 1000 页。

② 云南省志编纂委员会办公室编：《续云南通志长编》中册，第五十五卷《交通二》，云南省志编纂委员会办公室 1986 年，第 1012 页。

但是滇越铁路的运价在不断上调，1913—1920 年间曾经 5 次提高运价。1920 年以滇币贬值为由，于当年 10 月 1 日起，海防至昆明货物运费每吨由 27.2 元越币增至 65.8 元，增加运费达 142%；海防至碧色寨的头等客票增加 376%。其运输收入 1919 年为 1670 万法郎，1921 年为 2430 万法郎，平均年增 380 万法郎。特别是抗日战争前期，大量物资和人员通过滇越铁路运输，1939 年海防至昆明的货运量高达 52.4 万吨，售客票 454.2 万张，收入银圆 1174.7 万元。[①]

三、运能

1909 年滇越铁路通车碧色寨后，云南境内的进出口货物就被火车运输取代。在进出口贸易上，1912 年，总货运量为 64308 吨，其中：进口货运量为 16238 万吨，出口货运量为 10458 吨，云南境内货运量为 37612 吨，总货运量为 64308 吨，进出口、境内货运分别占货运总量的 25.3%、16.2%、58.5%；1923 年，总货运量为 149375 吨，其中：进口货运量为 25884 吨，出口货运量为 10618 吨，云南境内货运量为 112873 吨，总货运量为 149375 吨，分别占货运总量的 17%、7%、76%；1923 年以后云南省境内的货运量大幅度增长，货运量由 11 年前的 37612 吨增至 112873 吨，增长了两倍。1929 年，总货运量为 170709 吨，比 1923 年增长了 14%，其中：进口货运量为 33909 吨，出口为 11153 吨，云南境内货运量为 125647 吨，总货运量为 170709 吨，比 1923 年增长了 14%；分别占总货运量的 20%、6%、74%。1938 年总货运量为 219309 吨，比 1929 年增长了 28%，其中：进口货运量为 61372 吨，出口为 18054 吨，云南境内货运量为 139883 吨，分别占货运总量的 28%、8%、64%。1929—1938 年，1929 年年均货运量为 18.49 万吨，1938 年却高达 21.93 吨。[②] 滇越铁路运行以来，其输出的主要是个旧大锡及其锑、钨等贵重金属，西南的生丝、皮革、猪鬃为主的原料。20 世纪 30 年代一组出口数字可以看出其贸易特点：1927 年，大锡占出口的 70%，生丝占 17.3%，皮革占

①　云南省地方志编纂委员会编：《云南省志·铁道志》，云南人民出版社 1994 年版，第 43 页。
②　红河哈尼族彝族自治州志编纂委员会编：《红河哈尼族彝族自治州志》（三），生活·读书·新知三联书店 1997 年版，第 373 页。

6.5%，猪鬃占 1.1%、贵金属占 0.8%；1928 年，大锡占 77.1%，皮革占
11.4%，生丝占 5.4%，贵金属占 1.0%，猪鬃占 0.9%；1929 年，大锡占
84.2%，皮革占 7.5%，生丝占 1.6%，贵金属占 1.6%，猪鬃占 1.1%；1930
年，大锡占 70.0%，生丝占 14.4%，皮革占 8.6%，猪鬃占 2.0%，贵金属占
1.7%。① 出口的是以大锡为主的工业原料，进口的主要是西方的工业成品棉
纱、棉布，以及药材、纸张、火柴、洋伞、纸烟、肥皂、糖、奶制品等日用
生活品。再者就是钢铁、水泥、石油、电机电料、交通器材、机器、零件等
原料、设施、机械等云南工业建设的材料。

表 4-2 的运输能力、表 4-3 海关外贸可以看出滇越铁路的运输规模。

表 4-2　民国十四年至民国二十年滇越铁路运能力表②

单位：公吨

货运别及年份	民国十四年	民国十五年	民国十六年	民国十七年	民国十八年	民国十九年	民国二十年
云南境内	136591	123768	126363	126768	125657	128947	130916
由云南到海防码头（过境）	11856	6747 8848	8737	10275	10149	9424	9721
由海防码头到云南（过境）	24227	22400 27271	27990	30846	24142	29329	23367
云南到安南	952	3875 1774	1571	1502	1004	953	1009
安南到云南	93622	19047 14175	3541	5479	9767	1846	291
海防码头到安南						22995	19529
安南到海防码头	111107	93616	127980	140242	139338	4505	4727
安南境内						49917	47919
总计	324355	269435	296162	315112	310047	472916	238079

① 云南省地方志编纂委员会编：《云南省志·对外经济贸易志》，云南人民出版社 1998 年版，第 221 页。
② 数字来源：《续云南通志长编》第五十五卷《交通二》，云南省志编纂委员会办公室 1986 年，第 1013 页。

表4-3　蒙自海关外贸数值表①

年份(民国)　数值　交易地	吨数			价值(法郎)		
	十七年	十八年	十九年	十七年	十八年	十九年
香港至云南	19068	22324	22324	208096908	233436236	272256311
云南至香港	9310	9808	8982	28993118	163005802	128539877
云南至法国	606	229	267	8179910	2904238	3061791
美国至云南	4863	2817	1	9804161	5307301	8255
荷属东印度至云南	3856	2377	1	8223391	5358940	21347
中国至云南①	1453	1061	1061	53475033	44426531	64241239
云南至中国②	171	296	317	1596479	3316934	3219084
日本至云南	8	39	13	49572	148156	119748
云南以外之中国至香港	83	125	91	1560992	2442551	1655133
法国至云南	60	373	143	692886	1425402	593890
其他欧洲诸国至云南	164	252	75	1865842	2442551	1655133
中国至法国以外诸国	65	289	137	1175572	1641690	2770540
法国以外至中国	147	270	208	1504067	991924	2678146
云南至欧洲诸国	66	34	23	786311	295260	328250
合计	40220	34367	34081	505924151	469028000	480346451

备注：①②指内地货物经越南海防转入云南境内。

民国十四年（1925）仅云南境内运输就达136591吨，由云南到海防码头（过境）是11856吨，合计148447吨。这些货物不仅来源于越南、暹罗等东

① 数字来源:《续云南通志长编》第七十四卷《商业》,云南省志编纂委员会办公室1986年,第587页。

南亚国家，还有欧美日等发达的工业国。滇越铁路运输的货物由越南海防通过货轮运到国际港口香港，由香港运往法国、德国、美国、日本、挪威、瑞士、美属太平洋各地、英属北婆罗洲、朝鲜、印度、泰国、新加坡、缅甸。通过滇越铁路进口到中国西南的货物来自法国、德国、英国、美国、荷兰、希腊、捷克、丹麦、爱尔兰、芬兰、比利时、拉脱维亚、波兰、巴西、加拿大、澳大利亚、阿根廷、智利、古巴、英属中美洲、阿尔及尔、埃及、锡兰、印度、日本、朝鲜、越南、缅甸、中国香港、中国澳门、菲律宾、北婆罗洲等国家和地区。滇越铁路承载的是国际物流运输，滇越铁路的运能是现代化的运输能量。这种现代化的运输能力是原始的马帮无法比拟的，从云南约开商埠的蒙自、思茅、腾越三关进出口贸易总额量可以看出（见表4-4）。

表4-4　蒙自、思茅、腾越三关出入总额统计表①

单位：海关两

项目 年份	全省出入口 贸易总额		蒙自关出入口 贸易总额		思茅出入口 贸易总额		腾越出入口 贸易总额	
	货值	百分比	货值	百分比	货值	百分比	货值	百分比
民国元年	23339539	100	19569689	87	262801	2	2506905	11
民国二年	23035241	100	19678916	85	224250	1	3123075	14
民国三年	18987910	100	16153775	85	261635	1	2572500	14
民国四年	18338143	100	15191358	83	207351	1	2939434	16
民国五年	17497526	100	14973575	86	184175	1	2340046	13
民国六年	22035767	100	18773849	85	265008	2	2996910	13
民国七年	25066113	100	20873943	83	240187	1	3952883	16
民国八年	24715831	100	18958822	76	222334	1	5534675	23
民国九年	28220963	100	22226143	78	346970	2	5647850	20
民国十年	23569352	100	18321246	78	301322	2	4946784	20

---

① 数字来源：沈云龙主编《近代中国史料丛刊续编》第九十三辑《中国公路史》（1957年），第576页。

续表

项目 年份	全省出入口 贸易总额		蒙自关出入口 贸易总额		思茅出入口 贸易总额		腾越出入口 贸易总额	
	货值	百分比	货值	百分比	货值	百分比	货值	百分比
民国十一年	26980048	100	22222855	82	265644	1	4491549	17
民国十二年	27441989	100	23313759	85	226922	1	3901308	14
民国十三年	30098069	100	25384788	84	194198	2	4519083	14
民国十四年	36595615	100	30878903	84	260255	2	5456457	14
民国十五年	34136106	100	29760848	87	350184	1	4025074	12
民国十六年	32084439	100	26036779	81	403233	1	5644427	18
民国十七年	31814499	100	27789669	89	172136	0.6	3852694	10.4
民国十八年	29366004	100	25146031	85	129158	0.4	4090803	14.6
民国十九年	33134599	100	29153530	88	126658	0.3	3854411	11.7
民国二十年	29597834	100	26402306	89	232899	0.9	2962629	10.1

　　蒙自是滇越铁路线上的重要口岸，约开商埠后由于红河航运的繁荣而兴盛，一直居三关之首，对外贸易额一直在82.1%以上。蒙自在云南对外贸易的中心地位到滇越铁路通车后进一步提升，1931年对外贸易额占到89%。

　　滇越铁路的运输能力在中国西南是独一无二的，特别是抗日战争时期，其运输能力达到巅峰。1939年，滇越铁路拥有运输机车97辆、客车207辆、货车1049辆，货运量与1925年和1931年的运输相比约增加了四分之一。1925年至1931年的年平均货运量为31万吨，1939年为40余万吨。[①] 1939年至1940年上半年，共运输约30万吨物资。[②] 1939年客运454万余人，货运猛增到524329吨。[③]

---

① 云南省志编纂委员会编：《续云南通志长编》第五十五卷《交通二》，云南省志编纂委员会办公室1985年，第1000—1001页。

② 陈修和：《抗日战争中的中越国际交通运输线》，中国人民政治协商会议全国委员会文史资料研究委员会编：《文史资料选辑》第七辑，中华书局1960年版，第9页。

③ 中国人民政治协商会议西南地区文史资料协作会议编：《抗战时期西南的交通》，云南人民出版社1992年版，第384页。

四、利润

1909 年滇越铁路通车运行，繁荣的运输业不仅使法国投入得到回报，且盈利丰厚。

民国十八、十九年的一项收入细则为：一、二、三等客票二十三万六千元，四等客票一百二十九万三千元，行李费二十八万一千元，特快运货一十六万五千元，慢车运输二百六十八万六千元，杂收二万一千元。总计全年收入四百六十八万二千元。民国十九年收入一、二、三等客票二十四万元，四等客票一百一十八万七千元，行李费二十五万七千元，特快运货二十万一千元，慢车运输二百七十八万六千元，杂收二万二千元。总计全年收入四百六十八万三千元。平均每公里收入五千四百五十元越币。[1]

表 4-5   1916—1930 年滇越铁路营业收支表[2]

单位：法郎

年度	收入	支出	盈利
1916 年	294947	1977808	972139
1917 年	2716294	1680348	1035946
1918 年	2794721	1595646	1199075
1919 年	303353	2286199	746654
1920 年	2626034	1942887	683147
1921 年	24306492	18918242	5388259
1922 年	28241625	21210785	7030840
1923 年	35033717	26478265	8615452
1926 年	72272050	62399773	9872277
1927 年	56579975	52474318	4105657
1930 年	48629265	43779991	4849274

---

① 云南省志编纂委员会编：《续云南通志长编》第五十五卷《交通二》，云南省志编纂委员会办公室 1985 年，第 1012—1013 页。

② 资料来源：于陈晖《中国铁路问题》，上海新知书店 1936 年版，第 63 页。

　　这份 1916—1930 年（缺 1928、1929 年）滇越铁路年的营业收支表可以看出法国所获得的利润。

　　据滇越铁路公司报告，法国铁路公司修筑滇越铁路滇段的总投资为 1.6 亿法郎。每年运输收入为 6720 余万法郎，年利润达 1000 余万法郎，以 30 年记，法国公司的利润相当于总投资的 2 倍。①

---

①　陈晖：《中国铁路问题》，上海新知书店 1936 年版，第 63 页。

第五章　抗战时期的滇越铁路

抗日战争全面爆发后，由于中国沿海区域被日本占领和控制，中国海外通道被切断，滇越铁路成了外援物资运入中国的大通道。国民政府为了有效利用滇越铁路国际通道，与法国政府磋商，在越南设立办事机构，主管调节运输。外援物资、内迁工厂和人员大部分从海外和内地运输到香港，再运往越南海防，依靠滇越铁路运输到昆明，滇越铁路成了中国抗战前期的生命线。日本为了切断滇越铁路的国际运输，疯狂轰炸滇越铁路滇段的桥隧、车站。1940年9月，日本占领越南。为了阻止日本利用滇越铁路侵入中国西南地区，国民政府拆除滇越铁路河口至碧色寨段铁轨，炸毁碧河段桥梁和隧道，破坏部分桥涵路基，滇越铁路运输中断。

第一节　中国抗战前期的运输大动脉

抗日战争全面爆发后，由于中国沿海区域被日本占领和控制，中国海外通道被切断，苏美和海外华侨的援华物资通道受阻，滇越铁路成了外援物资运入中国的大通道，大批外援物资只有通过滇越铁路才能运往抗日前线。国民政府有效利用滇越铁路国际通道，从1937年到1940年6月止，外援物资、内迁工厂和人员大部分从海外和内地运输到香港，再运往越南海防，依靠滇越铁路运输到昆明，滇越铁路成了中国抗战前期的生命线。

一、国民政府战时运输管理

二战是工业化战争，中国是一个积贫积弱的农业国，工业滞后，抗日战争前夕，中国的重工业自给率：石油自给仅为 0.2%、钢铁自给仅为 5.0%、机械自给仅为 23.5%、车船自给仅为 16.5%。[①] 抗日战争时期，大量的军用物资只有依靠外援。1937 年 7 月，抗战全面爆发后，西南成了抗日大后方。为了加强物资运输管理，国民政府设立西南各省公路联运委员会，10 月在广州设立西南进出口物资运输总经理处，主办国际运输，"掌理西南各省进出口物资事宜"并"为谋运便利起见，对于运输经由地段之铁路、公路、水路、电讯以及一切交通工具，无论为国有省有民有得随时向有关方面接洽利用之。"[②] 12 月，西南各省公路联运委员会改组为西南公路运输总管理处，设立公路运输、航运、工程、总务四科。1938 年 2 月，任命宋子良任主任，同时将西南公路运输总管理处改组为西南公路运输管理局。3 月国民政府《抗战建国纲领》提出"整理交通系统，举办水陆空联运，增筑铁路公路，加辟航线"的方针，重组交通部，统一全国交通规划。为了有效利用滇越铁路，国民政府不断与法国政府协商。

二、国民政府与法国政府的协商

为了充分利用滇越铁路解决战争中的外援物资、内地工厂变迁和人员流动等物流人流问题，国民政府积极与法国政府协商。

中法两国政府 1930 年 5 月 16 日签署的《规定越南及中国边省关系专约》第六条规定："凡自中国任何口岸出口之中国货物，取道东京直接运往云南、广西、广东三省或持有直接提货单者，应享受优惠待遇，普通税则内之通过税，不适用之……凡各种矿产、锡块、生皮以及本专约甲种附表内现在或将来载明之各种货物，皆应享有完全免税之权利。其他各种货物，均照值百抽一纳税。凡中国政府所装运之一切军用物品以及军械、军火，通过东京境内

---

① 杜恂诚：《民族资本主义与旧中国政府（1840—1937）》，上海社会科学院出版社 1991 年，第 251 页。
② 《修正军委会西南运输处组织大纲》，云南省档案馆未刊原件，全宗 54，目 31，卷 1247，第 47 页。

时，均应免纳任何捐税。"① 中国根据该专约第六条与法国协商。1937 年 7 月
30 日，中国驻法大使顾维钧就通过印度支那海岸进口武器和战争物资问题与
前印度支那总督瓦伦纳做了试探性的交涉。瓦伦纳认为这是一个棘手问题，
法国在印度支那海岸没有设防，也不想与日本开战。8 月 2 日，顾维钧会见法
国外交部长德尔博斯，询问中国通过印度支那港口和滇越铁路运输战时物资
问题，德尔博斯回避该问题。

1937 年 8 月，中苏签订《不侵犯条约》后，苏联大批援华军火要借道越
南海防和滇越铁路，蒋介石急电孔祥熙和顾维钧与法国政府紧急交涉。为此，
法国政府 10 月的内阁会议就中国借道海防港和滇越铁路运输战时物资一事做
了规定，印度支那半岛及滇越铁路只限于军用品运输，飞机和航空材料无论
是中央或地方都予限制。同时，顾维钧大使向法国政府陈述了为中国军用物
资提供过境便利的利害关系，这关系中国的生死存亡。在中国政府的请求下，
10 月 30 日，法国政府说明：实际上，法国政府已决定允许全部已订购的供应
物资通过印度支那不受阻碍。至于武器弹药及其他军用物资，都将作为供应
国内消耗的订货部分而允许通过印度支那，并声称，对中国最重要的是实际
效果，而不是理论原则。② "法国政府之正式立场始终禁止中国军火通过越
南"，"实际如何另是一回事。"③ 法国政府允许中国以秘密的方式经过越南运
输军火。

随着战事的深入，顾维钧不断与法国交涉，法国政府没有从官方层面给
予答复，但默许中国各种物资经印度支那半岛口岸及滇越铁路运输。1938 年
8 月 25 日，法国外交部长德尔博斯称：中国政府订货的私人公司，拥有完全
的贸易和运输自由。④ 广州、武汉两个重要港口沦陷后，滇越铁路的交通更为
重要。为此，中国驻法大使顾维钧于 1938 年 10 月 17 日向法国外交部长博内
提议，要法国政府向中国保证，在香港、广州之间的交通恢复前，给予中国

---

① 王铁崖编：《中外旧约章汇编》第三册，生活·读书·新知三联书店 1962 年版，第 807 页。
② 中国社会科学院近代史研究所译：《顾维钧回忆录》第二分册，中华书局 1985 年版，第
564—565 页。
③ 《初编战时外交》（二），第 745 页，转引自石源华《中华民国外交史》，上海人民出版社 1994
年版，第 537 页。
④ 中国社会科学院近代史研究所译：《顾维钧回忆录》第二分册，中华书局 1985 年版，第 535 页。

经过印度支那运入全部军需物资的便利，① 但法国政府不予答复，直到 11 月
10 日，法国政府以难更改 1937 年内阁会议决议为由，继续禁止中国购自法国
以外的军用物资过境越南。经过多方交涉，法国允许每月过境 100 辆卡车，
而需要从越南过境的卡车近 1400 辆。1939 年 2 月，国民政府一方面授命驻法
大使顾维钧向法国政府递送中国政府关于过境问题第二个备忘录，强烈谴责
法国在中国过境越南运输问题上的政策；另一方面寻求美国支持，由美国向
法国施加压力。美英政府就越南通道问题对法国施加压力，让中国能充分利
用滇越铁路，从 1937 年 2 月 7 日中国外交部给驻法大使馆的电文可知其事。
电文称美英等国"认真而诚恳地表明愿意代表我国与法国当局进行交涉，例
如，据来自华盛顿的最新报告说，美国政府已经命令驻巴黎大使向法国政府
交涉，以便能在印支向中国提供充分的过境便利。报告并说，法国实际上以
某种借口为理由，不向中国提供充分的过境便利，美国政府对此十分不满，
关于法国要求在美国购买更多的机车车辆和汽车供法国军队使用一事，美国
政府坚持以法国向中国提供过境便利作为批准法国在美国购买这些物资的条
件。"② 在美英压力下，法国根据 1925 年《日内瓦公约》第一章关于控制武
器、弹药和军用物资的国际贸易协定所包含的武器和弹药清单为依据，重新
调整中国过境越南的运输政策。依此，"允许汽车和卡车通过印度支那，而且
关于过境车辆数目的限制已全部取消。"③ 自此至 1940 年日本占领越南止，滇
越铁路成了中国获取外援的主要通道。

三、国民政府在越南设立办事处

滇越铁路通过越南海防交通世界。海防港有 7 座码头，总长度达 1042
米，可停靠万吨巨轮，有 11 座储藏仓库，港口起重设备完善；怡和、太古公
司的轮船往返于上海、香港、海防，航线贯通新加坡、菲律宾、法国等地，
沟通欧亚大陆，是一个世界级港口。日本封锁中国东南沿海后，滇越铁路南
端的越南海防成了中国联通世界的重要港口。抗日战争全面爆发后，中国把

① 中国社会科学院近代史研究所译：《顾维钧回忆录》第三分册，中华书局 1985 年版，第 227 页。
② 中国社会科学院近代史研究所译：《顾维钧回忆录》第三分册，中华书局 1985 年版，第 348 页。
③ 中国社会科学院近代史研究所译：《顾维钧回忆录》第三分册，中华书局 1985 年版，第 367 页。

海防港和滇越铁路作为重要的战略物资通道，充分利用海防港和滇越铁路运输战略物资。

抗战全面爆发前，中国在越南的机构只有河内总领事馆、海防领事馆、西贡领事馆。全面抗战爆发后，国民政府成立西南各省公路联运委员会。为了有效地管理经过越南境内运输的战时物资，国民政府寻求在越南设立运输管理办事处，法国驻越南殖总督同意中方请求后，中国政府于1937年11月1日在越南河内设立"西南进出口物资运输总经理处河内办事处"，由黄强担任主任，负责中越之间的物资运输，这是国民政府在越南设立的第一个国际运输机构，标志着中越战时国际运输线开通。为了防御日本人，"西南进出口物资运输总经理处河内办事处"活动的原则是"准越督面约，以不露形迹为原则。"① 即秘密运行。与此同时，西南运输处还在越南设立军政部兵工署驻海防办事处、交通部驻河内和海防代表办公处、航空委员会驻海防办事处、资源委员会驻海防办事处；中央信托局、航空公司、中国银行、交通银行等在河内和海防设立营业机构，纷沓而至的还有工厂、学校、私人企业代表、商人进驻河内和海防。1938年2月，宋子良任西南公路运输总管理处主任后，把河内"西南进出口物资运输总经理处河内办事处"改为分处，增加副处长一职，明确"西南进出口物资运输总经理处河内办事分处"的职责，其职责是"秉承总处之命，掌理越南境内进出口物资运输之管理事宜。"② 其对物资管理的流程为提卸、报关、免税、车辆、路线、仓储等，最后安排运进中国。

为了调节运输，1938年4月行政院下令"中国政府各机关在越运输机关运输物品统归西南运输公司与越南政府接洽转运，如需用车辆，亦归该公司向路局索取并统筹分配"。5月22日起，"以总运输量的4/9拨交海防分处转拨各机关装运政府物资，其他5/9则由（滇越铁路）公司直接拨予三油公司（德士古、美孚、亚细亚）、洋灰公司及中法商人。"③ 海防分处又按比例分配

---

① 《海防分处工作报告（1940年11月）》，未刊原件，云南省档案馆，全宗54，目1，卷44，第2页。

② 《河内分处组织简章（1938年3月）》，未刊原件，云南省档案馆，全宗54，目3，卷1，第21页。

③ 《海防分处工作报告（1940年11月）》，未刊原件，云南省档案馆，全宗54，目31，卷1493，第8页。

给各机关，西南运输处占60%，其中包括该处物资14%，兵工署28%，军需署6%，交通司3%，航委会6%，其他3%；其余40%，交通部占25%，经济部占11%，其他占4%。[①] 1938年10月广州沦陷后，港粤国际运输中断，中越通道成为外援物资进入中国的主要通道。为加强中越通道的运输，最大化地发挥滇越铁路的运输功能，中国又在海防设立"海防驻办所"，管理海防港运输业务。1939年4月，宋子文先后从昆明抽调数十名监查、稽查人员到越南办事处，5月将河内分处移设海防，6月改河内分处为海防分处。上述驻越南机构运行到1940年9月日军在攻占越北和海防止。驻越南河内、海防办事分处发挥了积极的作用，有效地发挥了越南国际通道的作用，为中国抗日战争前期外援物资的运输做出了贡献。

四、滇越铁路战时运输

根据《滇越铁路章程》第二十四条"万一中国与他国失和，遇有战事，该铁路不守局外之例，悉听中国调度"之条款，中国政府可以在战时利用滇越铁路。抗日战争前期，国民政府依据该条款充分利用滇越铁路。国民政府任命原北宁铁路局局长沈昌为少将司令，负责滇越铁路的军运工作，所有待运物资实行统一支配，军需物资、兵工机器、五金材料优先起运，国外支援中国的战车、战防炮、弹药等军械物资通过滇越铁路直运昆明，滇越铁路成为抗日战争前期运输大动脉。

1937年以前，尽管中日战争推进，中国人民艰难抗战，但法国为了自保，避免与日冲突，外援物资取道中越国际运输受阻。滇越铁路公司不愿增加运输量，滇越铁路的运输状况是："不能按时取货；装运工具不敷分配，不能速卸，特运之货，亦车开不能送到；昆明市政府对装运货物之塌车，限制通行时间；昆明中国海关，星期及休假日均不办公，致不能缩短车辆留滇时间。"[②]由于上述原因，滇越铁路每日的运输总量只有三百余吨，其中有三分之一是英美烟草公司的货物，致使援华物资囤积海防港。为了增强滇越铁路的运输

---

① 《海防分处工作报告（1940年11月）》，未刊原件，云南省档案馆，全宗54，目31，卷1493，第35页。

② 《云南民国日报》，1939年7月16日第四版。

能力，国民政府与法国政府交涉磋商，以提高运输能力。经过交涉，滇越铁路公司同意增加运量。随着战局恶化，国民政府一方面不断与法国交涉，另一方面对交通管理进行整顿，有效发挥滇越铁路的国际运输能力，滇越铁路的运输能力得到充分发挥。1937 年月运输量为 3300 余吨，1938 年达 5000 余吨。[1] 1939 年，滇越铁路拥有运输机车 97 辆、客车 207 辆、货车 1049 辆，货运量与 1925 年和 1931 年的运输相比约增加了四分之一，1925 年至 1931 年的年平均货运量为 31 万吨，1939 年为 40 余万吨，其中政府货物占总数的十分之四，商货十分之二，汽车十分之二，其他十分之一，货运大部分是军需物资以及换取外汇的出口物资，"大半均属我国公用物资、军械之入口，或换取外汇物资之出口过境运输"[2]。南撤人员亦纷纷选择沿滇越铁路入滇再转贵阳、重庆，1938 年和 1939 年的客运量（含越境）分别达到 420 万、454 万人，与1929 至 1930 年的客运量相比增加了 3 倍多。[3] 1937 年 7 月至 1938 年底，大约经越南运输了 10 万吨物资，1939 年至 1940 年上半年，共运输约 30 万吨物资。[4] 1938 年 5 月，西南运输处河内分处迁至海防抢运物资时，滇越铁路每月可运 3000 吨，1937 年货运 33000 多吨；1938 年客运 420 万人，货运 387000吨；1939 年客运 454 万余人，货运猛增到 524329 吨。[5]

滇越铁路还承载着抗战军需贷款偿付物资运输。为了支持中国抗战，美国实行有条件的军需贷款，即用钨砂、锡锭、桐油等物资做抵押贷款。1938年 12 月 15 日，美国批准了第一笔对华的"桐油贷款"（2500 万美元），这笔贷款全部用于在美国购买汽油、材料、军用车辆设备配件等中国抗战急需军用物资。1938 年 12 月 30 日，中美签订《购售桐油合同》，第三条规定了美国在中国采购桐油"总数二十二万吨（每吨为二千磅）"，第四条是交货"桐油

① 陈修和：《抗日战争中的中越国际交通运输线》，中国人民政治协商会议全国委员会文史资料研究委员会编：《文史资料选辑》第七辑，中华书局 1960 年版，第 6 页。

② 《续云南通志长编》第五十五卷《交通二》，云南省志编纂委员会办公室 1985 年，第 1000—1001 页。

③ 云南省地方志编纂委员会编：《云南省志·铁道志》，云南人民出版社 1994 年版，第 155 页。

④ 陈修和：《抗日战争中的中越国际交通运输线》，中国人民政治协商会议全国委员会文史资料研究委员会编：《文史资料选辑》第七辑，中华书局 1960 年版，第 9 页。

⑤ 中国人民政治协商会议西南地区文史资料协作会议编：《抗战时期西南的交通》，云南人民出版社 1992 年版，第 384 页。

之装运地点为香港、海防或其他最便利于售主之港口或铁道终点，此项地点完全由售主自由决定。"① 1940 年 3 月 15 日，中国又与美国签署了 2000 万美元的贷款合同、5000 万美元的金属借款、2500 万美元的钨砂借款和 5000 万美元的平衡资金借款等援助款项的合同，锡之品质为"本合同所指之锡，应为头等华锡，且须保证百分之九十九之净度。"数量为"本合同应交华锡总额为四万吨（每吨三千磅）"，交货地点"华锡之装运地点为海防、仰光、香港或其他中国境内境外之海口或铁路终点"②。这些借款规定中国必须以滇锡、桐油、钨砂等战略物资作为交换。这些物资大部分产自在云南，特别是大锡。在日本占领越南之前，这些货物皆由滇越铁路运输。滇越铁路成为抗日战争前期中国战略物资运输的大通道。

第二节　滇越铁路滇段运输中断

滇越铁路是中国抗日大交通，各种外援物资、军事物资通过滇越铁路运往中国。为了切断滇越铁路的国际运输，日本开始对滇越铁路的桥隧、车站狂轰滥炸。1940 年 9 月，日本占领越南。为了打乱日寇北进企图，有效阻止日本的进攻，拒敌于境外，国民政府于 1940 年 9 月至 1941 年 2 月炸毁南溪河上的中越铁路大桥和河口隧道，拆除河口至碧色寨段约 177 公里铁轨，同时炸毁隧道，破坏部分桥涵路基，拆除部分桥梁，滇越铁路运输中断。

一、日本轰炸滇越铁路滇段

滇越铁路是中国抗日外援物资大通道，各种外援物资、军事物资都是通过滇越铁路运往西南地区。为了切断滇越铁路国际运输，1939 年 12 月日本开始对滇越铁路滇段的桥隧、车站狂轰滥炸，至 1940 年 8 月，在不到一年的时间里，日军就先后派出飞机 625 架次，炸毁沿线站房、水塔、宿舍、钢轨。

为了保护滇越铁路重要桥梁和隧道，云南省政府主席龙云命令高射炮兵

---

① 王铁崖编：《中外旧约章汇编》第三册，生活·读书·新知三联书店 1962 年版，第 1122 页。
② 王铁崖编：《中外旧约章汇编》第三册，生活·读书·新知三联书店 1962 年版，第 1151—1152 页。

大队开赴滇越铁路滇段沿线防守。为了保护人字桥，守桥部队的高射机枪也由7.9厘米全部更换为性能更好的13.2厘米高射机枪，全部配置在人字桥两端的高山顶上。由于防守严密，火力集中，加之人字桥的设计没有桥墩，两边桥头与隧道相连，是悬崖峭壁，炸弹无法投到桥上，桥下又是百米深的峡谷，桥下的炸弹爆炸伤不到桥体，日机投下700多枚炸弹都未伤及人字桥。白寨大桥在1940年2月1日14时50分发生惨案，当36架庞大密集编队的日机向白寨大桥扑来时，由河口开往昆明的旅客列车正好行进到大桥上，火车司机开足马力想冲过白寨大桥，守桥部队向日机猛烈开火，但没有避开日机轰炸。日机散开队形分别对火车和防空阵地进行轰炸，火车冲入隧道时，日机炸弹落在机车上，死伤200多人。其中法国和越南旅客30多人，防空官兵3死3重伤。白寨大桥损伤不大，经过抢修，当夜恢复通车。为了保护白寨大桥，中国军队加强了防空力量，专派一个机枪连防守，他们7次打退日机220架次的突袭轰炸，确保了白寨大桥的安全。同年2月3日，27架日机分批轰炸小龙潭大桥，投弹60余枚，昆明端钢梁炸毁坠入河中。中国西南联运公司与滇越铁路法国公司联合抢修，铁路工人和附近民众投入加紧施工，经过10多个日夜奋战，修筑临时便线1.5公里，架设10孔10米钢板梁及2孔6米工字梁便桥1座，使抗战物资得以顺利运输，正桥于当年秋修复。1940年12月，日机对蒙自、芷村、开远车站多番轰炸，炸毁机车2台、车辆5辆，房屋数百间，炸死479人，伤171人。[①]

二、拆除河口至碧色寨段铁轨

1940年6月法国战败投降。20日，在日本压力下，法越殖民当局宣布停止中国一切过境运输，中越交通被完全切断。中越交通中断时，中国有十余万吨货物滞留越南海防，经洽谈转入美商信诚洋行。日本加快侵入越南的步伐，1940年7月日本御前会议通过了《中国事变处理纲领》，一方面继续武力进攻中国，另一方面与法国维希政府交涉。日本松岗外相与法国维希政府任命的法国驻日大使安利交涉，希望在越南北部允许日军一定兵力假道通过、

---

① 云南省地方志编纂委员会编：《云南省志·铁道志》，云南人民出版社1994年版，第35页。

驻屯及提供其他便利，日本尊重法国之主权及领土。9月22日，日法签订协定，法国允许日军在海防登陆，日军可以利用北越的富寿、老街、嘉林三处机场。9月23日，日本迅速占领越北，中国滞留在越南的外援物资"全入法人之手，任敌军予取予求。"①

1940年9月23日，日军在海防登陆，向河内推进，企图北上进入云南，进攻昆明，兵临重庆。为了打乱日寇北进企图，有效阻止日本的进攻，拒敌于境外，国民政府于1940年9月10日炸毁南溪河上的中越铁路大桥和河口隧道，把红河作为抗战的天然屏障。为防止日军利用滇越铁路进犯云南，于1940年9月14日始拆除河口至碧色寨段铁轨，至1941年2月，拆除河口至碧色寨段约177公里铁轨，同时炸毁隧道，破坏部分桥涵路基，拆除上承钢梁高架桥8座53孔424米，人字桥保留，破坏石拱桥1座2孔20米、石拱桥1座1孔10米，钢筋混凝土桥梁14座57米，拆除钢板梁桥16座41.7米。②置第一集团军重兵把守各交通隘口，滇六十军在滇南步步扎营，对铁路和公路层层设防。国民政府用4个师团对抗在越南的日军，其中2个师团分别布置在铁路沿线两旁，形成掎角之势，注意敌人动向，伺机进攻回击。这打乱了日军沿滇越铁路北进的计划，但日军对滇南的威胁没有停止。日军不断在越南北部增兵，在中越边境蠢蠢欲动。为了抵制日寇，第一集团军司令部驻扎蒙自，所制定的"防守滇南作战计划"以交通为要，切断所有的中越交通要道，在险要之地构筑防御工事，时刻准备迎击来犯日寇。

第三节　滇越铁路滇段主权的回归

20世纪20年代末30年代初，中国国力上升，在复杂的国际格局中，国民政府利用一切有利机会，改变中国半殖民身份，争取废除一系列不平等条约。第二次世界大战法国受挫，中国在法国建立维希政权之时，收回了滇越

---

① 陈修和：《抗日战争中的中越国际交通运输线》，中国人民政治协商会议全国委员会文史资料研究委员会编：《文史资料选辑》第七辑，中华书局1960年版，第11页。
② 开远铁路分局志编纂委员会编：《开远铁路分局志》上册，中国铁道出版社1997年版，第362页。

铁路滇段经营管理权。第二次世界大战结束后，中国废除与法国签订的一系列不平等条约，通过《关于中越关系之协定》，中国收回滇越铁路滇段主权。

一、中法关系走向平等

清末，中国成为西方列强瓜分的对象，法国从第二次鸦片战争到 1885 年的中法战争，长期联合西方各国在中国获取利益。1858 年的《天津条约》《和约章程补遗》《通商章程善后条约：海关税则》，1860 年的《续增条约》，1861 年的《天京紫竹林法国租地条款》，1865 年的《更定法国商船完纳船钞章程》等条约都致力于获得商业利益。1885 年中法战争，法国初步实现了其以越南为基地，向中国西南渗透的愿望，通过 1885 年的《越南条约》、1886 年的《中法陆路通商章程》、1887 年的《续议商务专约》、1888 年的《滇越边界连接电线章程》、1895 年的《续议商务专条附章》、1896 年的《龙州至镇南关铁路合同》，1899 年的《四川矿务章程》《龙州至镇南关续立铁路合同》《广州湾租界条约》，1902 年的《云南隆兴公司承办七府矿务章程》《巴万油矿章程》《福建建邵汀府矿务章程》《汉口拓展法租界条款》，1903 年的《滇越铁路章程》、1910 年的《滇越铁路巡警章程》、1914 年的《上海法租界推广条款》等一系列不平等条约，在中国获取商业利益、矿山开采权，获取在上海、天津、汉口及广州建租界，在广西、云南约开商埠，获取滇越铁路修筑权，把中国西南划为法国势力范围。辛亥革命后，尽管结束了清朝腐败的统治，但没有改变中国半殖民的地位，军阀混战为西方列强操控中国提供了便利。20 世纪 20 年代末 30 年代初，中国国力上升，在复杂的国际格局中，国民政府利用一切有利机会，改变中国半殖民地身份，争取废除一系列不平等条约。

二、中法修改部分不平等条约

随着中国国力上升，国民政府尽力与西方列强周旋，废除不平等条约，改变中国半殖民地身份。经过不懈的努力，20 世纪 20 年代末 30 年代初，中国开始走出半殖民地的阴影，与西方列强修改部分不平等条约。1930 年 5 月 16 日，中华民国政府派出外交部长王正廷与法兰西共和国政府特派驻华全权公使玛德订立新约，即《规定越南及中国边省关系专约》①，议定条款 11 条：

第一条　光绪十二年三月二十二日（西历一八八六年四月二十五日）在天津订立之中法陆路通商章程、光绪十三年五月六日（西历一八八七年六月二十六日）在北京订立之续议商务专条、光绪十三年五月三日（西历一八八七年六月二十三日）在北京互换之关于续议商务专条之换文及光绪二十一年五月二十八日（西历一八九五年六月二十日）在北京订立之商务专条附章，一律废止，终止其效力。

光绪十一年四月二十七日（西历一八八五年六月九日）在天津订立之中法新的内第四条、第五条及第六条内所载之各规定，亦一概废止。

第二条　广西省之龙州城，云南省之思茅城、河口城、蒙自城，继续作为中国及越南陆路边境通商之地。

第三条　中国政府得在越南之河内或海防及西贡派驻领事，法国政府得继续在前条所载各地点派驻领事。

领事馆、副领事馆之领袖及代理馆务人员与其他服务领事馆人员，应由委派国之本国人民充任之，并不得经营工商业事务。

第四条　中国人民前往越南境内及越南之法国人民前往中国境内，须持有各本国主管官厅发给之护照；该项护照应由到达国领事署或到达国指派签证护照之其他官员，予以签证。

关于：（一）护照；（二）内地通行证及出境证签证制度；（三）中国人民进出越南及越南之法国人民进出云南、广西、广东三省之一切应备手续，包含证明身份之手续在内；两缔约国约定，依照各本国法律、章程互相给予最惠国之待遇。

对于两国边境居民，因工作或事物关系，须在彼此邻边境内暂时居留或时常往来者，发给临时通行证或永久通行证之制度，无所变更。

第五条　在越南之中国人民及在上载中国各地点之法国人民，应享有居住、游历及经营工商业之权利。凡依照越南或中国之现行章程、法

---

① 王铁崖编：《中外旧约汇编》第三册，生活·读书·新知三联书店 1962 年版，第 806—809 页。

律所给予各该人民行使此种权利之待遇，不得较逊于任何他国人民所享受之待遇。

在越南之中国人民及在上载中国各地点之法国人民，其所纳之税捐或其他税项不得异于或高于最惠国人民所完纳者。

第六条　凡自中国任何口岸出口之中国货物，取道东京直接运往云南、广西、广东三省或持有直接提货单者，应享受优越待遇，普通税则内之通过税，不适用之。

上述货物仅照值百抽一纳税。

其自云南、广西、广东三省出口之中国货物，取道东京运往任何指明地点时，亦应享受优越待遇，普通税则内之通过税，不适用之。

凡各种矿产、锡块、生皮以及本专约甲种附表内现在或将来载明之各种货物，皆应享有完全免税之权利。其他各种货物，均照值百抽一纳税。

凡中国政府所装运之一切军用物品以及军械、军火，通过东京境内时，均应免纳任何税捐。

越南船只，除军舰及装运军队、军械及军火各船只外，得取道联络谅山与龙州及高平之松吉江及高平河，在谅山及高平之间来往航驶。

该项船只及其所载货物通过中国国境者，于入境时，得免纳任何税捐。

第七条　两缔约国政府互相约定，在越南及云南、广西、广东三省不得设立同时不适用于其他各国之进出口及通过之禁令及限制。

但关于国防、民食、保护美术上及科学上之出产品、预防人类及动物传染病、保护收获、国家专利以及维持善良风俗等事，两国政府对于彼此输入或输出之货物，得设立进出口或通过之禁令或限制，但以须有绝对之必要，并对于在同样情形下之各国一律适用者为限。

第八条　中国政府在云南、广西、广东三省，法国政府在越南境内，不得以任何借口对于法国或中国人民彼此输入、输出之货物，征收较高或异于本国人民或任何他国人民所应纳之消费税或内地税。

第九条　凡在中国犯重罪或轻罪，或经告发犯重罪或轻罪而逃入越南境内之中国人民，及在越南犯重罪或轻罪，或经告发犯重罪或轻罪而逃入中国领土内之法国人民，经有关系长官证明罪状，向对方官厅要求时，应予查缉、逮捕、引渡，但依国际惯例不引渡者，不在此限。

第十条　本专约以五年为期。期满前六个月，两缔约国之任何一方，得通知对方将本专约修改或废止之。如在上载期间内，双方未经通知修改或废止，则本专约继续有效。但上述五年期满后，两缔约国之任何一方，得随时通知修改或废止，自通知之日起一年后，本专约即行失效。

本专约及其附属文件应及早批准。批准文件在巴黎互换。

本专约及其附属文件应在越南公布，自互换批准文件之日起两个月后，即在越南及云南、广西、广东三省同时发生效力。

第十一条　本专约用中、法文缮写，该两种约文详经校阅。

为此，两全权代表将本专约两份签字、盖章，以昭信守。

王正廷

玛德

大中华民国十九年五月十六日

西历一九三〇年五月十六日

订于南京

《规定越南及中国边省关系专约》废除了 1858 年以来中法条约中不平等的部分条约，中法关系开始走向平等，在《规定越南及中国边省关系专约》中的称谓是中国人民。为了实现中法完全平等，中国政府尽力通过外交途径废除中法所有不平等条约，关于 1903 年的《滇越铁路章程》，1910 年的《滇越铁路巡警章程》，1914 年、1915 年、1925 年所订的《补充巡警章程之军事运输章程》，王正廷部长专门照会法国公使玛德："大中华民国国民政府外交部长王　为照会事：查一九〇三年十月二十九日所订之中法滇越铁路合同，一九一〇年三月十五日所订之巡警章程及一九一四年九月七日、一九一五年四月七日、一九二五年六月十八日所订补充巡警章程之军事运输章程，兹本部长特向贵公使提议，将各该项章程、合同内之某某各项规定，经有关系方面同意后，予以适宜之修正。此为便利各该项章程、合同之实施起见，其关于各该项章程、合同之效力，不作为讨论之问题。

本部长爰提议，由贵我两国政府各派代表一人，在中法规定越南及中国边省关系专约实行后三个月内，开始关于本问题之会商。双方代表所议协定草案，在实行有效以前，应呈由贵我两国政府予以核准。相应照请贵公使查照为荷。① 法国公使玛德没有直接回复中华民国政府外交部长王正廷提出的有关修改滇越铁路相关条约的问题，滇越铁路相关问题到1936年才有所进展。

三、云南铁路草约

1936年，根据1930年中华民国政府外交部长王正廷提出的修正"一九〇三年十月二十九日所订之中法滇越铁路合同，一九一〇年三月十五日所订之巡警章程及一九一四年九月七日、一九一五年四月七日、一九二五年六月十八日所订补充巡警章程之军事运输章程内之某项规定"，南京交通部参事张维稷和法国驻昆明副领事甘当进行交换，对中华民国政府外交部长王正廷1930年提出的上述条款及合同进行了修正。修正条款共十二条：

第一条　查一九〇三年十月二十九日合同第二款最后两项及第三款最后第二段作废，以下述甲、乙两项代替之。

这一条款规定成立滇越铁路滇段土地征用委员会，成员由铁路公司和云南省政府各占一半，勘察铁路及铁路各行业所用土地，取代《滇越铁路章程》第二款最后两项及第三款最后第二段中的土地征用办法，由云南省政府作主，解决土地征用问题，且滇越铁路所用土地属于租用，铁路公司每年要付云南省政府租金一千金佛郎，这样滇越铁路的土地权属于中国，法国只是租用。

第二至第五条款是统一运费为金佛郎；第六条款改变铁路公司用人制度，"兹因中国政府希望铁路公司尽量聘用中国国籍人员，议定铁路公司或在出资方面，或于云南所设学校内设立专门课程，应予合作。铁路公司应决定学习课程是否符合铁路人员所需知识，及学生毕业后能否聘用为铁路人员。"② 铁路公司每年拨出专款作为中国职工教育经费，培养合格的中国籍铁路员工。第八条款是中国政府委派一名高级官员为云南铁路专员，协调铁路公司与地

---

① 王铁崖编：《中外旧约汇编》第三册，生活·读书·新知三联书店1962年版，第813页。
② 王铁崖编：《中外旧约汇编》第三册，生活·读书·新知三联书店1962年版，第1045页。

方的经济纠纷。第七条是"一九〇三年十月二十九日中法合同第二十九条作废，代以下述规定：铁路公司可按经营铁路之需要，安设有线、无线之电报、电话。但若公司安设无线电，其播电台应由铁路公司向中华民国国民政府交通部，或特准之地方官署申请登记，申请中应说明各台情况（性质、电力、波长、地点、呼号等等）。各项情况之选择应与该管中国官署，依据国际规章之技术规定，共同商定，以便中国政府无线电台通讯不受扰乱。新电台开始经办或现有电台各项有所变更时，新电台之各项情况，或现有电台之新情况，应由该中国官署与铁路公司代表分别查明。此项有线、无线之电报、电话专为铁路之用，不准铁路公司收发普通电报。但铁路公司与中国电报局应就中国电报局利用铁路电报装备一事取得谅解。"① 中国获得滇越铁路通讯管理权。第八条规定："中国政府应在云南委派高级官员一名，衔为云南铁路专员，就云南省政府与铁路公司间可以解决而不必由外交当局或法国领事官员干预之关系，从中调处；该专员亦得调处铁路公司与公家间之一切经济问题。"② 由此，中国获得滇越铁路滇段部分司法权。第九条款是增修 1910 年 3 月 15 日所订之巡警章程，允许警官和巡警于车到站时在站内稽查，增强铁路巡警权。第十条废除 1914 年 9 月 7 日、1915 年 4 月 7 日、1925 年 6 月 18 日各项办法，提升云南省政府、中方管理人员和巡警在滇越铁路滇段的权力。第十一、十二款强调中法两国的合作关系。这是中国与法国解决滇越铁路滇段问题的开端。另外，双方还修改了《滇越铁路章程》《滇越铁路巡警章程》中一部分不平等的条约，但中法两国不平等条约全部废除，滇越铁路主权的回归直到第二次世界大战结束之后才得以解决。

四、废除中法不平等条约

第二次世界大战改变了中法两国的国际地位。法国战败投降，中国人民在国共两党领导下，进行艰苦卓绝的反法西斯战争。中国反法西斯战争得到了国际社会的承认和肯定，中国国际地位上升。日本宣布投降后，中国进入

---

① 王铁崖编：《中外旧约汇编》第三册，生活·读书·新知三联书店 1962 年版，第 1045 页。
② 王铁崖编：《中外旧约汇编》第三册，生活·读书·新知三联书店 1962 年版，第 1045 页。

越南接受日本投降。与此同时，法国重返越南，与中国军队对峙，经过 1946 年 3 月的海防战役，法国终于认识到中国军队的军威和炮火已是今非昔比，1946 年的中国不再是 1885 年的"东亚病夫"。在中华民国的国力军威面前，法国不得不平等对待中国，废除强加于中国的一切不平等条约。1946 年 4 月签署了《关于法国放弃在华治外法权及其有关特权条约》，协定声明：凡授权法国政府或其代表实行管辖在中华民国领土内法国公司或人民之一切条款，兹特撤销作废。法国公司及人民在中国，应依照国际公法之原则，受中华民国国民政府之管辖；法国废除与中国签订的一系列不平等条约；法国放弃对于上海法租界、天津法租界、汉口及广州法租界之权利，并同意将上述租界完全置于中华民国国民政府权力之下；法国在中国的任何权力或契约不得移转于任何第三国政府人民或公司；中法两国在平等互惠中交往；法国放弃口岸特权，放弃租界内的司法特权；法国军舰按国际惯例在中国海域航行。[①] 有关收回滇越铁路滇段问题，在《关于中越关系之协定》第四部分的三条款中签署了归还滇越铁路滇段主权的协议。

五、滇越铁路滇段主权回归

云南人民一直没有停止争取滇越铁路路权的斗争，他们采取各种方式要求收回铁路主权。辛亥革命后的北京政府遵从民意，多次与法国政府协商，直到 1930 年 5 月 16 日，经过中华民国政府的努力，中法双方正式签订了《规定越南及中国边省关系专约》：废止光绪年间中法所订部分条约，这为《滇越铁路章程》的废除铺平了道路。1943 年 2 月，德国在法国扶持的维希政府将中国北部湾"转让"给日本，中国政府于 8 月 1 日宣布与法国维希政府断绝外交关系。同日，正式宣布接管滇越铁路滇段，派交通部路政司司长杨承训主持接管工作。成立滇越铁路滇段管理处，任川滇铁路公司总经理萨福均兼任滇段管理处处长，万国宾、陇体要二人任副处长。

《滇越铁路章程》规定的 80 年后由中国政府赎回的主权由于战争而改变，

---

① 王铁崖编：《中外旧约汇编》第三册，生活·读书·新知三联书店 1962 年版，第 1362—1367 页。

滇越铁路滇段管理权提前回到中国人手中，但中法正式签订和约确认滇越铁路滇段主权回归中国是日本投降后。1946年2月28日，中法两国在重庆会谈，国民政府外交部长王世杰与法国驻华大使梅里霭签订《关于中越关系之协定》，这是一个平等条约，中国人在越南获得与法国人平等的身份和地位，使滇越铁路成为通畅的国际通道，中国收回滇越铁路滇段主权。《关于中越关系之协定》第四部分是滇越铁路滇段主权回归中国问题，由三条款组成，第一条规定："一九〇三年十月二十九日所订中法关于滇越铁路之协定，自本协定签字之日起废止之"；第二条规定："滇越铁路在中国境内昆明至河口一段之所有权及其材料暨设备，照其现状移交于中国政府，由其提前赎回"；第三条规定："中国政府因提前赎回应补偿之款额，由法国政府予以垫付，其款额由中法混合委员会决定之"。法国政府只能就中国政府因1940年6月由于日本之干涉而致滇越铁路停运、海防港封锁，中国政府及商民所受物资损失之赔偿要求，向日本取得之赔偿可能支付数额内，获得此项款额之偿还。[①] 滇越铁路滇段路权正式收归中国，即昆明—河口一段，所有权完全移交中国政府。

六、国民政府对滇越铁路滇段的管理

（一）车辆留存量

1940年9月滇越铁路运输中断时，留在滇段的车辆计有客车57辆，货车495辆。1943年国民政府接管时仅存客车46辆、货车403辆，1946年仅存客车39辆，货车188辆。[②] 机车61台，其中美国制造的AM51 2—2—0 七台，英国制造的XK51 0—3—0 四台、GD51 2—4—1＋1—4—2 六台，法国制造的TH51 2—3—0 四台、JF51 1—4—1 二十九台；德国制造的LS51 0—4—1 四台、DK51 1—5—0 一台、JF52 1—4—1 一台，瑞士制造的KD52 1—4—0 五台。此外，还有两辆法国制造的胶轮载客"米西林"轨道汽车，于1932年始

① 王铁崖编：《中外旧约汇编》第三册，生活·读书·新知三联书店1962年版，第1368—1369页。
② 云南省地方志编纂委员会编：《云南省志·铁道志》，云南人民出版社1994年版，第203页。

行驶在昆明至海防间，但因缺乏配件修理而停止使用。①

（二）管理和改造

1940 年 9 月，滇越铁路运输中断，碧河段拆除后，滇段车站减至 15 站，运营里程由 465 公里减为 287 公里。同时，国民政府对滇越铁路滇段实行军管，仍由法国经营，但国民政府对滇越铁路滇段机构进行调整。1940 年将开远车房改为开远机务段，1943 年将宜良车房改为机务段，成立开远车辆检修所，1945 年 5 月新建灯笼山、阳宗海会让站。

滇越铁路滇段在法国公司管理期间，仅在车房所在地芷村、开远、宜良、昆明等处为修理机车设有锅驼机发电。1943 至 1948 年，国民政府滇段管理处在开远、宜良、江头村、昆明南站和北站以及小石坝机厂接用地方电源供电。

1943 年 8 月 1 日中国宣布接管滇越铁路滇段后，成立滇越铁路滇段管理处，设车务组，下设运输课，再下设车务第一、第二、第三段分管各站；法国管理滇越铁路滇段时期不设调度，国民政府接管后实行集中调度，架设调度专用电话线，但无调度专用电话机，设昆明、盘溪、开远三室，分管昆明至宜良、宜良至开远、开远至碧色寨，但开远至碧色寨无调度电话线，仍用旧制，仅收受各站报告。1945 年 7 月，昆明调度室改调度所，撤销盘溪调度室，设置盘溪、宜良联络室。设置工务组，基层设宜良、开远工务段，段下设支段，内设电务科，沿线设监工 4 个。1944 年增设昆明电务支段，1948 年设昆碧电务段。设昆碧长途音频实线话路一条，在昆碧段的昆明、宜良、开远设公务电报，昆碧段设有 4 个长途和地区合一的磁石式人工电话交换机电话所。1947 年安装瑞典依力克伸脉冲选号式列车调度电话，1949 年末昆明、开远设置扳道电话。

在接发列车方面，法国公司经营时，实行时间间隔行车制，发车站对例行列车到点发出，不须向前方站办理期间闭塞手续。如有续行车辆，前行列

—————————
① 云南省地方志编纂委员会编：《云南省志·铁道志》，云南人民出版社 1994 年版，第 188—189 页。

车开后 15 分钟即可开行；对加开列车，则须由发站向前方站以电报办妥闭塞方能开出。司机看手信号进出车站，所经进路没有加锁装置。民国政府接管后，于 1943 年 8 月改为区截行车制，前行列车不到前方站，续行列车不得发车，发车前必须办妥闭塞手续。1944 年站间安装电话后，车站改用电话联络，辅以用法文字母编成的密码确认；1945 年 7 月作为列车占用区间许可凭证钢质路签配备就绪后进入运营体系。

1941 年，昆明、开远设无线电台并组网联络。由于碧河段线路中断，机车、车辆不能送往越南嘉林机厂大修，只有将腊哈地、芷村机车库的设备拆迁江头村站设立临时修理厂，负责机车、车辆大中修，开远、宜良、昆明等车房增添车、刨、钻等机床 19 台加强机车、车辆的维修保养。1948 年秋，江头村临时修理厂拆迁并归小石坝机车修理工厂。为了保障水塘至凤鸣村的行车安全，1948 年 5 月，滇段管理处对水塘至凤鸣村站间 K426 附近多次发生列车脱线、颠覆的陡坡地段拟定改线计划，改线自三家村站经松子园、上马印达前所停车处，线路增长 6 公里，最大坡度可降至 15‰以下。完成勘测工作，但未施工。

1948 年 7 月 1 日，国民政府成立昆明区铁路管理局统管云南米轨铁路。管理局设运输处，下设运转课，昆明、宜良、开远三个车务段，管理昆碧线行车，昆明车务段管至呈贡，宜良车务段管三家村至盘溪，开远车务段管热水塘至碧色寨。

（三）运营

滇越铁路碧河段拆毁后，滇越铁路滇段运营里程由 465 公里减为 287 公里，进出口运输中断，只有云南省内的货物运输和客运。

1943 年国民政府管理昆碧段后，改变客运规则，客车分段行使，昆明至开远旅客列车隔日开行直达列车一对，编挂行包车一辆、军用三等客车一辆、普通三等客车两辆、军商合坐头、二等车一辆、大守车一辆，全列六辆；昆明呈贡间开行市郊客车，每日开行区间旅客列车两对，编挂三等客车五辆、三等客守车一辆；昆明至宜良间、宜良至开远间、开远至碧色寨间每日各开行区间混合列车一对，均编挂行包车一辆，军用三等客车一辆，普通三等客车二辆，小守车一辆，全列六辆。

对于行旅包裹运输，国民政府于 1947 年 7 月取消法国公司按客票等级和重量计费制，实行运价基数制和递远递减制，旅客不属行李的物品均按包裹交运，还规定货车运送的按慢运包裹办理，旅客列车和混合列车运送的按快运包裹办理。

票价法国公司管理时期据《滇越铁路章程》规定，由法国公司自定。法国公司自定的票价较高，四等客票高于当时国内铁路三等票价，各种票价以越币计算，以价折算滇币购票，票价昂贵。1943 年国民政府接管滇越铁路滇段后，于 11 月取消法国公司客票 4 等制，采用国民政府交通部定的客票 3 等制，取消金单位计费，改用法币计费，运价适当降低。三等客票每人每公里1.80 元，较接管前的三等 6.80 元降低 73.5%；行李 1—100 公里每 10 公斤每公里 0.392 元，较接管前 40 公斤以下者每 10 公斤每公里 1.08 元、40 公斤以上者 0.84 元分别降低 63.7% 和 53.3%。以后又不断变化，至 1949 年改为以大米价格为运价计算单位，如三等客票每人每公里为大米 1 公两，8 月 10 日起铁路票价又以半开计价，三等客票每人公里 3 分，二等 6 分，头等 9 分。[①]国民政府管理期间，由于货币不断贬值，运价频繁调整，1944 年 3 月 12 日至1948 年 12 月 7 日调整运价 16 次，仅 1948 年一年就调整了 8 次。[②]

货物运输废除法国公司原分区段、上下行按越币或金单位计费的运价及杂费，改为 10 等制，一等至十等各递减 15%，十等每吨公里运价法币 12.60 元，零担比照加收 30%。以后价格随物价不断变化，1949 年 4 月运费改收半开。

昆碧段虽然只有云南省内的货物运输和客运，但运量较法国经营时有较大增长。1943 至 1949 年省内货运量年均 20.3 万吨，较法国经营时期省内年均货运量 10.7 万吨增长近一倍，所运物资矿产品约占 70%，农产品占 12%，木材及工艺品各占 8%，牲畜占 2%。[③]

以下列表是民国三十二至三十四年的营业进款报表和 1943 至 1949 年货运量表。

① 云南省地方志编纂委员会编：《云南省志·铁道志》，云南人民出版社 1994 年版，第 158 页。
② 昆明铁路局志编纂委员会编：《昆明铁道局志》，中国铁道出版社 2005 年版，第 292 页。
③ 开远铁路分局志编纂委员会编：《开远铁路分局志》上册，中国铁道出版社 1997 年版，第179 页。

表 5-1　滇越铁路滇段营业进款概况①

单位：元

时间	客运业务			货运业务			总计
	寻常旅客进款	行李进款	包裹进款	商货进款	政府军品进款	杂项	
民国三十二年八月至十二月	30276355	341203	2138796	75005944	5527736	193566	113483600
每月平均进款	6055271	68240	427759	15001,188	1105547	38731	22696720
民国三十三年全年度	161912112	118056	89532319	354799329	59406362	8285245	674053423
每月平均进款	13492676	9838	7461026	29566610	4950530	690437	56171118
民国三十四年全年度	1048489553	690849	563368593	157837194	604437387	21873415	3817231291

① 资料来源于云南省志编纂委员会办公室编《续云南通志长编》第五十五卷《交通二》，云南省志编纂委员会办公室1985年，第1003页。

续表

时间	客运业务			货运业务			总计
	寻常旅客进款	行李进款	包裹进款	商货进款	政府军品进款	杂项	
每月平均进款	87374129	57570	46947328	131530957	50327782	1819784	318102670

表5－2　国民政府接管滇越铁路滇段后货物运输量①

单位：吨

项目 年度	1943	1944	1945	1946	1947	1948	1949
货运量	235597	182248	207992	270000	196439	234172	161887

昆碧段运输货物运输增长情况，可以从1938至1942年间和1945至1949年间的换装量比较中反映出来。1938至1942年间，米轨换寸轨年均5.2万吨，寸轨换米轨年均0.3万吨；1945至1949年间增加为米轨换寸轨年均7.2万吨，寸轨换米轨年均1.6万吨。② 客运量自碧河段拆除后减少，云南境内的客运除军人外，多是铁路附近居民及商人，每月客运量15万人左右，平均行程约40公里，1947年每月客运量上升到16.5万人；③ 行李包裹运输，1948年运送包裹72633吨，1949年1月至10月共运送包裹22465吨。④

（四）碧河段修复计划

日本投降后，国民政府于1945年9月开始筹备滇越铁路滇段碧河段铁路的修复工作，进行勘测设计，计划投资法币85亿作为修复款。1946年1月成

---

① 远铁路分局志编纂委员会编：《开远铁道分局志》上册，中国铁道出版社1997年版，第179页。

② 云南省地方志编纂委员会编：《云南省志·铁道志》，云南人民出版社1994年版，第173页。

③ 开远铁路分局志编纂委员会编：《开远铁道分局志》上册，中国铁道出版社1997年版，第161页。

④ 开远铁路分局志编纂委员会编：《开远铁道分局志》上册，中国铁道出版社1997年版，第172页。

立修复工程抢险总队，2月开工修复南溪河中越铁路大桥桥墩座；8月成立碧河段修复工程委员会，林风岐任主任，陈琯、翁筱舫、黄缪、马崇周、张家瑞等任委员，下设两个总段，汇集川滇、滇越铁路工程的人力物力修复碧河段铁路，快速完成了路基、石方等基础建设，并修复了部分涵隧和小桥，工程用款为国币 27.6 亿元。[①] 由于钢梁钢轨匮乏、对外依赖、内战等原因使修复工作夭折，1947 年 5 月修复工作停止。

---

① 开远铁路分局志编纂委员会编：《开远铁道分局志》上册，中国铁道出版社 1997 年版，第 58 页。

第六章 中华人民共和国成立后滇越铁路滇段的新生与发展

云南和平解放后，滇越铁路公司收归国有，交由昆明铁路管理局管理。1950 年修复了国内战争时被损坏的狗街大桥、糯租大桥，1956 至 1957 年修复了抗日战争时期拆毁的碧色寨至河口段 177.6 公里铁路线路，中断 17 年的滇越铁路滇段即昆明—河口段南北贯通，滇越铁路滇段即昆明—河口段命名为昆河铁路。中越铁路联运协定签订后，滇越铁路国际运输功能再次得到发挥。20 世纪六七十年代，滇南草官线修建、寸轨铁路蒙宝线提升改轨为米轨，昆河铁路在滇南与草官、蒙宝米轨连接，与鸡个线寸轨对接，形成完备的米轨寸轨联运铁路网。与此同时，昆河铁路与贵昆、成昆铁路联运，成为云南贯通中国西南的铁路交通干线。

第一节 滇越铁路滇段的修复及命名为昆河铁路

滇越铁路滇段在抗日战争期间遭到严重损坏，在国内战争时部分被毁坏。中华人民共和国成立后，中央政府于 1950 年对被损坏的狗街大桥、糯租大桥进行修复，1956 年 8 月开始修复抗日战争时期被拆毁的碧色寨至河口段 177.6 公里铁路线路，1958 年 7 月 1 日交付运营，中断 17 年的滇越铁路滇段即昆明—河口段南北贯通，同时滇越铁路滇段即昆明—河口段命名为昆河铁路。

一、修复昆碧段被损坏桥梁

滇越铁路碧河段拆除后，碧色寨以上路段只有昆碧段运行，国内战争导致昆碧段受损。1949 年 12 月 25 日，国民政府第 26 军南逃时炸断了 K83＋630 处狗街大桥，大桥钢架梁 7 节坠入河中，3 节被炸碎；同时炸损 K137＋644 处糯租大桥开远端钢架梁复杆 2 根及纵梁 1 根，横梁被炸穿一个洞。

1950 年 2 月 8 日，昆明区铁路管理局组织人员抢修狗街大桥，中共云南省委和昆明市委号召全市各公私工程部门捐献材料，支援狗街大桥的修复。公路工程局、新华水泥厂、中央机械厂、滇缅铁路保管处献出大批钢材、水泥、钢轨、起重机械，并派技工参加抢修。修复工程分两步进行，首先将毁坏的钢梁用枕木垛垫平，在钢梁顶面铺设轨束梁及轨道，桥梁两端分别用机车顶送列车过桥，维持行车；再复旧工程系列，用落水洞大桥同型钢梁拆运架设，狗街大桥于 1950 年 4 月 24 日下午 7 时修复试车，25 日正式通车。同时，利用狗街大桥换下的桥梁杆件抽换糯租大桥损伤杆件，狗街大桥和糯租大桥修复后，昆碧段通车。

二、碧河段的修复及滇越铁路滇段命名为昆河铁路

滇越铁路碧河段于 1940 年 9 月至 1941 年 2 月拆毁。抗日战争胜利后，国民政府曾经筹划修复，但由于材料、技术、经济、内战等原因搁置。直到 1955 年铁道部部长吕正操视察滇越铁路碧色寨至河口段后，由铁道部上报国务院批准修复碧色寨至河口段的铁路；同年 9 月，铁道部下达文件要求 1956 年修复碧河段。10 月 26 日，铁道部指示，按原线修复的原则进行调查，拟定修复方案及概算，同时铁道部指示西南铁路设计分局对碧河段修复进行联合调查。12 月 10 日，铁道部西南铁路设计分局完成调查，调查报告经铁道部鉴定获批准。1956 年 4 月，中国人民解放军铁道兵第一师接受修复碧河段勘测设计、施工任务。

碧河段 177.6 公里，原有桥涵大桥 6 座、中桥 21 座、小桥 52 座，其中钢梁桥 85 孔，涵渠 1171 座。1940 年被毁坏大桥 4 座、中桥 16 座、小桥 32 座，

其中钢梁桥 85 孔、涵渠 115 座。[①] 1956 年 4 月铁一师开始勘测设计，5 月 12 日完成。铁道兵第一勘测队根据西南分局的调查报告及铁道部碧河段调查报告审查意见与技术设计原则，尽量利用原有路基、桥、随建筑物，以减少工程量，采取边勘测、边设计、边施工的方法进行修复。8 月，铁一师和民工进入倮姑至河口段，以新建 8 座钢梁桥及河口大桥为修复工程重点开展施工。为缩短料具的汽车运输，在铁路局提供可用旧轨的条件下，铁一师成立北段铺轨队，由碧色寨站向南铺轨，10 月 20 日铺轨达芒村站，1957 年 4 月 24 日铺轨达倮姑站，日铺轨进度最高达 1.9 公里。南段河口大桥以旧桥加固通车后，于 1957 年 3 月 11 日组成铺轨队，自河口大桥往北铺轨，于 12 月 18 日在倮姑接轨通车。碧色寨至河口段修复通车后，滇越铁路滇段命名为昆河铁路，线路起点为昆明南站，终点为河口大桥中墩中心。

碧河段技术标准在原修建的基础上，结合碧河段曲线多、桥梁、隧道密的特点，做了修改。即：

限制坡度（不包含曲线折减率）仍为 25‰，最短坡长为列车长度之半，即 100 米，变坡点位置不受限制。

最小曲线半径 100 米（个别困难区段可小于 100 米）；半径小于或等于 450 米曲线，两端加 20 米缓和曲线；同向曲线间在困难地段可用复曲线连接，异向曲线间缓和曲线可直接连接；竖曲线用半径 2000 米的圆曲线，特殊困难地段可用 1000 米。

站内正线可设于 2 个以上同向或异向曲线上，曲线可不设缓和曲线，也不加超高；股道有效长度 220—240 米。

道岔、正线、到发线用 8 号或旧滇越 8.3 号。

路基一般 4.4 米，新修地段 4 米，不做路拱，曲线地段不加宽。

钢轨 24 公斤/米。

轨枕钢、木混铺。

桥梁荷载上部结构中－12 级级，下部结构中－14 级。

---

①　开远铁路分局志编纂委员会编：《开远铁道分局志》上册，中国铁道出版社 1997 年版，第 362 页。

隧道漏水严重的灌浆，衬砌变形损坏严重的拆修。

车站做局部调整，河口站往昆明端延迁新建，原南溪站取消，马街站改为远期预留站，新建山腰、南溪站。

通信，四对半线路，其中，铜线一对，铁线三对半。

信号，采用电气路签闭塞。

新建山腰折返段，修复芷村机务段，成立芷村、山腰列检所。

修复工程由铁一师一个加强团承担，中共云南省委和省政府动员民工4600多人参加，1956年8月动工，1957年12月25日修复通车，完成路基土方16.1万立方米；平均每公里900立方米；修复大桥4座，中桥16座，小桥32座，完成浆砌圬工13806立方米，干砌片石2629立方米，修铆及架设钢梁85孔；修复隧道23座，完成圬工2140立方米；修复涵管115座，完成圬工1810立方米，干砌片石115立方米；清理淤塞土方7450立方米；修复圬土墙93座，完成圬工8083立方米，干砌片石2844立方米；新建及修复房屋31392立方米，给水站11处；正线铺轨177.54公里，站线铺轨9.87公里，铺道岔83组；新架设4.0毫米通信铁线972.5条公里，3.15毫米铜线312.5条公里，调整旧有4.0毫米铁线156.2条公里，2.6毫米铜线312.5条公里，新建信号闭塞设备15站。

修复工程实际投资1946.3万元，平均每公里造价为10.96万元，[1] 共用113.7万工日，[2] 至1958年毁坏轨道和桥涵全部修复。

在1957年12月25日接轨典礼上，时任云南省副省长张冲概述了碧河段修复的意义：这条铁路通车以后，不仅使云南边疆少数民族聚居的山区同祖国的联系更加密切，而且恢复了一条我国西南地区对外贸易的通道，对云南省经济的发展也将起很大作用。同时将进一步密切和发展中越两国人民传统友谊。越南民主共和国驻昆明领事黎松山在典礼仪式上讲道：滇越铁路以前是法国殖民者剥削、掠夺越南和云南人民的工具，但在中国获得解放和越南独立以后，这条铁路成了两国人民的财产。滇越铁路的通车，对于正在建设

① 开远铁路分局志编纂委员会编：《开远铁道分局志》上册，中国铁道出版社1997年版，第61页。
② 云南省地方志编纂委员会编：《云南省志·铁道志》，云南人民出版社1994年版，第37页。

社会主义的越南和中国来说，都有其积极作用，并有助于两国经济和文化的交流。同时，越南人民和中国人民的友谊将更加发展、巩固和亲密。因此，这也是我们两国人民的胜利。① 1958 年 3 月 1 日各项修复工程基本完成，5 月完工后经中越两国代表检查验收，签订共管协议。5 月 28 日至 6 月 15 日经由云南省政府主持，昆明局、铁道兵参加检查验收，工程质量总评优良。6 月 30 日开办中、越两国铁路货物联运，7 月 1 日交付运营。

三、昆河铁路线路变更

1958 年 4 月昆明巫家坝机场扩建，与昆河铁路西庄站发生干扰，昆明至呈贡间的铁路做了绕行改线，改线自环城线 K3 + 372 处出岔，经黑土凹，穿过贵昆铁路达牛街庄、小喜村后，跨宝象河至呈贡站外 K14 + 020 处接轨。正线延长 1 公里，并利用环城线末端 3.9 公里线路进入南站。新建黑土凹、小喜村车站，废弃西庄站，拆除环城线与昆沾线间联络的东庄直达线 0.5 公里，工程于 1960 年 7 月竣工，费用 260 万元。②

四、主要桥梁的修复

（一）中越大桥的修复和建设

中越大桥位于南溪河与红河交汇处北端，跨越南溪河连接河口与越南老街，是修建滇越铁路时建造的主要桥梁，1903 年修建，1904 年竣工，是滇越铁路线路上连接中国与越南的跨国桥梁。1940 年 9 月 10 日，中国政府为防日军由越南侵入而将中越大桥炸断；1945 年在炸断处连接铁索人行便桥，1946 年由蒙河公路工程队修复水泥墩支撑公路和铁路桥，1947 年 7 月 6 日被洪水冲垮。1950 年下半年，中国人民解放军工兵团四兵团在抢修碧河公路的同时，将中越大桥修复为钢架支撑的木板桥，可通行载重汽车，用于援越抗法战争。1957 年修复滇越铁路碧河段时，改建为钢轨支撑与水泥墩相结合的铁路桥。

① 《中越人民的大喜事滇越铁路接轨》，《人民日报》1957 年 12 月 26 日，第一版。
② 云南省地方志编纂委员会编：《云南省志·铁道志》，云南人民出版社 1994 年版，第 39 页。

改建后的中越大桥铁路桥长 76 米，中越大桥以国界分为两段，桥中心线为分界，南段为越方所管，北段为中方管辖。

随着中越联运的发展，中越大桥的地位不断提升。为了更有利于中越两国人民的交往，拓展人流物流空间，1963 年 3 月 9 日，河口县委遵照省委指示，邀请越南代表到河口，就有关越方提议改造加宽河口—老街大桥的具体问题进行会晤磋商，双方达成一致意向，拓宽中越大桥，于 3 月 11 日正式施工。此后，按中越两国政府代表 1964 年 9 月在广西南宁签订的协议，加宽工程由越方施工，桥面拓宽为 4 米，两旁人行道各宽 0.6 米，共宽 5.2 米。属中方产权桥面的全部木枕，由越方以"四铁"木（东京木）更换，桥面铺一层厚 12 厘米、宽 20 厘米的木板，改造工程竣工后，可通行火车、60 吨履带车和 H10、H113 + 吨大卡车，每天早 7 时至晚 7 时开放行人通行。

图 6 - 1　中越铁路大桥（王玉芝摄）

（二）白寨大桥的修复

白寨大桥位于河口至碧色寨段 K83 + 700 米处，是滇越铁路滇段上最大最长的铁路桥，于 1907 年 9 月 15 日开工建设，1908 年 3 月完工，有 8 座钢塔架桥墩，最高的3、5、6、7号墩有34米，桥梁为17段8米上承箱式钢板梁，桥面长136米，其中有84.3米的长度处在半径100米的曲线上，桥面和桥墩总重374吨。白寨大桥在拆毁碧河段铁路时被拆除。

　　1957年在修复碧河段时重建白寨大桥，重建的白寨大桥采用五座片石砌成的桥墩，6段上承箱式钢板梁，经久耐用，至今还牢固地承载着穿梭的列车。

图6-2　白寨大桥（王玉芝摄）

第二节　昆河铁路的管理

1950 年 3 月，中国人民解放军昆明市军事管制委员会接管昆明区铁路管理局，10 月改名为昆明铁路管理局。1951 年 6 月，滇越铁路滇段军管结束，昆明铁路管理局机关进行机构整编。1953 年 1 月，西南铁路工程局撤销，昆明铁路管理局改由铁道部直接领导。1957 年，云南铁路由多种经营管理体制转变为国家统一管理体制。1967 年 3 月 6 日，云南省军区奉国务院、中央军委的命令对铁路局实行军管。1970 年 8 月 1 日成立昆明、开远铁路分局，铁路局形成局、分局、站段三级管理的完备体系。昆河铁路的管理与全国铁路管理规范和云南铁路建设并举，其管理机构与时俱进。1982 年至 1985 年，昆河铁路构建并实施党委领导下的厂长负责制；1987 年 9 月，实行分局长负责制；1997 年 4 月 1 日，经国务院批准，撤销昆明、开远铁路分局，重组昆明铁路局，由铁道部直接领导，实行路局直接领导站段的两级管理体制，领导体制仍实行局长、站段长（总经理）负责制；2005 年至 2006 年又进一步调整，昆河铁路管理机构不断完备。

一、昆河铁路管理机构的变革

（一）行政机构的调整

1950 年 3 月 7 日，中国人民解放军昆明市军事管制委员会接管昆明区铁路管理局，实行军管，受西南军政委员会交通部和昆明市军事管制委员会双重领导。10 月，昆明区铁路管理局改名为昆明铁路管理局，原设的人事室改为人事处，同时相继增设行车安全监察、政治、公安、厂务等处室。1951 年 6 月，对滇越铁路滇段军管结束，昆明铁路管理局机关进行机构整编，下设运输、机务、工务、厂务、电务、人事、计划、材料、财务、总务 10 科，各业务科室对基层站段实行垂直领导；设置行车安全监察室、秘书室、公安处、铁路医院。各处科室分工明确，运输科管理沿线各车站，机务科领导各机务段，厂务科领导机车、车辆修理工厂，工务科领导各工务段，电务科管理通信、电力设备，人事科管理人事、劳动工资以及奖罚教育，计划科管理运输经济计划、工程计划及统计。1952 年，昆明铁路管理局按铁道部分局组织条例组建，实行管理局、站段两级管理体制。1953 年，根据铁道部指示，学苏联、学中长，推行"一长制"领导体制，后又根据中央指示，将"一长制"改行厂长负责制。

1953 年 1 月，西南铁路工程局撤销，昆明铁路管理局改由铁道部直接领导。同年 4 月，昆明铁路管理局更名为昆明铁路局。1956 年，中央将企业厂长负责制改为党委领导下的分工负责制。同年 4 月，按照铁道部命令，昆明铁路局改称昆明铁路管理局，8 月铁路局政治处改为政治部。1957 年，云南铁路由多种经营管理体制转变为国家统一管理体制，并对铁路局组织机构加以调整，从运输、机务、工务、人事、计划科中将商务、车辆、基建、劳资、统计、教育等划出，分别单独设立为科室，同时增加卫生科、军事动员科、人民监察室、局长技术助手机构工程师室。同年 11 月 1 日，根据铁道部指示，撤销了政治部。

1958 年，铁路实行"工管合一"体制，工程建设与运营管理合一体制整编，昆明铁路管理局更名为昆明铁路局。此时碧色寨—河口铁路修复通车，昆河铁路与越南联通，铁路运营增长，运输任务繁重，昆明铁路局组织机构做了相应调整，成立基建工程处。1959 年扩编各科室为处级机构，设置办公、行车安全监察、总工程师 3 室，设置运输、机务、车辆、工务、电务、经济计划、人事教育、材料供应、勘测设计、工程、公安等 11 处，后又增设地方铁路工作处、基本建设处、生活管理处、科学研究所，人事教育处分设为人事、教育两处，经济计划处分设为计划统计、财务会计两处。昆明铁路局分别设立芷村办事处和鸡街办事处两个派出机构，同时撤销个旧办事处。芷村办事处管辖黑龙潭—河口段；鸡街办事处管辖碧色寨—个旧—石屏段。1960 年，增设了货运、卫生、军事动员等 3 个处，昆河铁路芷村办事处迁开远，成立开远办事处；1961 年，将办事处改制为一级行政机构，实行局、办事处、站段三级管理体制。1963 年，为加强铁路运输中对外工作的统一领导，铁路局机构增设国际联运处。同时，随着贵昆铁路建设的推进，裁减办事处，办事处由 5 个减为 2 个，即昆明、开远两处，昆河铁路的开远、鸡街办事处合并。1964 年开远办事处撤销，恢复路局、站段二级管理体制。

1966 年贵昆铁路通车后，云南铁路与全国铁路联网，绕道越南的国际联运物资大量减少，铁路局调整运输管理，运输、国际联运、货运 3 处合并为运输处。同时对其他机构进行调整裁减，干部人事工作改由政治部管理，撤销运输、机务、车辆、工务、电务、劳资、计划、财务、材料等部门的人事处，其人事工作分别交有关业务处统一管理。同年 9 月，组建工程总队，工程总队由原基建处、新建工程处以及新调入的职工组成，工程总队统一担负新旧线的施工任务。

1967 年 3 月 6 日，云南省军区奉国务院、中央军委的命令对铁路局实行军管，组成临时生产委员会接替铁路局职能机构的工作。随着"文化大革命"的推进，1968 年 2 月 26 日，临时生产委员会改为生产指挥部，取代铁路局指挥运输、生产，同年 5 月 29 日成立革命委员会，由革命委员会实行"一元化"领导。1970 年成昆铁路通车，经国务院交通部同意，云南省革命委员会批准，1970 年 8 月 1 日成立昆明、开远铁路分局，铁路局形成局、分局、站段三级管理的完备体系。开远铁路分局设革命委员会，下设政工组，生产组、行政组、办事组、人保组，管辖范围为王家营车站以南米、寸轨铁路，昆河铁路由开远铁路分局管理。1972 年，开远铁路分局废除 4 大组，改设办公、综合技术、安全监察 3 室，运输、机辆、工电、人事、工业、计划统计、物资管理、公安 8 处，实行上下对口管理。各站区改为中心站，中心站不是一级行政组织，只是分别领导几个车站的运输活动。1973 年 11 月 19 日，铁路局结束军事管制。

1975 年，分局各专业系统基层组织机构按站、段、厂一级体制全面调整，撤销各中心站，开远、山腰站改为分局直属站，其余站由新组建的宜良、雨过铺车务段统一管理。1978 年 4 月，据铁道部"全路各企业、事业单位一律不再设立革命委员会"的通知，取消了分局及以下各级革委会，按照三级管理体制对分局管理体制与组织机构做重大调整，一方面为加强分局技术工作的统一领导，设立分局总工程师；另一方面根据铁路专业管理需求进一步完备管理机构，分局设立办公、总工程师、安全监察、清仓节约 4 室，运输、工务、电务、计划统计、人事、职工教育、财务等室，机务与车辆合并为机辆科，设人民武装部、公安分处以及收入检查、教育办公、科学研究、"五·七"办公4室为分局附属独立工作机构，物资管理处管理基层单位的工业工厂，卫生处管理铁路医院，教育处管理铁路中学。1979年增设货运、劳动保护监察科，撤销科学研究室，教育办公室与职工教育科合并为教育科，统一管理职工教育与普通教育。1980年，调整昆明分局与开远分局的管理职能，开远分局管理米轨和寸轨，撤销"五·七"办公，开远分局的机辆科分为机务科和车辆科。随中越关系变化，1981年，山腰直属站改由芷村车务段管理，后并入雨过铺车务段管理，同时由于内燃机车代替蒸汽机车，鸡街机务段由开远机务段领导。同年，米轨铁路全部划归开远分局管理。

1982年至1985年，昆河铁路构建起党委领导下的厂长负责制。分别设昆明、王家营、开远直属站，宜良、雨过铺车务段，开远客运段，宜良、开远机务段，昆明东、开远车辆段，宜良、芷村、鸡街工务段，宜良、开远电务段，开远水电段，开远房建段、生活段，王家营大修队，下有工业、文教、卫生、公检法等机构。其中，工业有雨过铺水泥厂和蒙自配件厂，学校有开远职工学校、宜良、开远、个旧、芷村中学，开远小学，开远医院，开远公安分处、开远运输法院、开远运输检察院。

1986年1月1日，路局撤销，开远分局划归成都铁路局管理，开远分局除铁路工公安分处改称分局外，其余机构不变。1987年9月1日，昆明分局实行分局长负责制，37个站段于1988年9月全部实行站段长负责制；开远分局于1987年9月22日实行分局长负责制，22个站段于1988年9月全部实行站段长负责制。1990年，开远分局多种经营办公室升格为分处；1994年11月1日，开远分局机构设6室、1部、18分处，辖33个基层单位；1997年4月1日，经国务院批准，撤销昆明、开远铁路分局，重组昆明铁路局，由铁道部直接领导，实行路局直接领导站段的两级管理体制，领导体制仍实行局长、站段长（总经理）负责制。

昆明铁路局在昆河铁路北起大沙田车站，南到河口车站间设大小车站32个，其中开远站和山腰站是昆明铁路局直管单位，其余属开远站管辖；在开远设开远地区办事处作为路局的派出机构，不再行使原分局职能，协助昆明铁路局管理铁路运输、安全生产等工作。1998年开始，在经济体制改革的背景下，作为铁道部实施资产经营责任制改革试点单位，昆明铁路局对所属单位进行减员增效等改革，昆河铁路的铁路站段、局直属单位等，或撤或并，或者调整经营范围；装卸部门与运输主业分离，按照市场原则与主业形成经济核算单位，企业分设、财务分设、人员分开，分离后的总公司，按照现代企业管理制度要求，开展面向市场的经营活动。

2005 年 3 月，昆明铁路局对生产力布局再次进行大型调整，撤销昆明北车务段、开远车务段、蒙自车务段、开远地区办事处，组建成立昆明北站、昆河铁路公司（住址开远）。2006 年 3 月，撤销昆明北站，米轨全部行车组织由昆河铁路公司统一管理。撤销宜良工务段、芷村工务段，组建成立开远工务段，米轨铁路设备的养护、维修统一由开远工务段负责。

（二）军代处

法国公司经营滇越铁路时，没有专管军事运输的机构。1940 年 9 月，国民政府成立滇越铁路滇段线区司令部，专办军运。1941 年 1 月在鸡街站设立车站司令办公室，执行个碧石铁路军运实施事宜。以后滇越铁路滇段线区司令部改组为川滇、滇越两路线区司令部，受交通部铁道运输司令部及军事委员会昆明行营双重领导，下设曲靖站、开远站两个分区司令部，各军事机关部队有军运业务都找线区司令部治办，再转两路执行。机构系军事性质，经办人员均有军衔。抗日战争胜利后，机构缩小改为军运室。

中华人民共和国成立后，为加强军事运输计划管理，军委直属各大单位业务归口部门、军区机关各业务归口部门、总部及军区下属单位设专职机构和人员驻铁路部门，成立铁路管理局军事代表办事处，简称军代处。

中国人民解放军西南军区于 1952 年 10 月成立驻昆明铁路管理局军事代表办事处。1954 年以后，相继成立驻开远铁路地区、昆明南站和沾益站军代处。1955 年 7 月西南军区撤销，昆明军区驻昆明铁路局军代处扩编。1959 年 1 月起，驻铁路各级军交机构和军运代表实行在业务上和党政工作上受军区和铁路部门的双重领导，编制、人员配备以及生活供应等属军队管辖，其主要领导参加铁路部门的同级党委。1962 年 11 月，驻昆明铁路局军代处改称驻昆明铁路局军事运输处，下辖某某车站军事代表办事处，对外挂牌"中国人民解放军昆明军区"。驻开远军代处之下增设驻山腰站（1962 年）、驻雨过铺站（1964 年）军代处。1970 年 8 月，驻开远军代处改为开远分局军代处。

1978 年 12 月，昆明军区根据国务院、中央军委命令重新确定驻云南铁路军代表机构的编制，驻铁路局军代处为师职单位，下辖驻分局军代处为团职单位，驻车站军代处为营职单位。1979 年驻山腰站军代处迁腊哈地车站，1980 年又迁芷村。铁路局两分局调整管区，驻王家营站军代处改由驻开远分局军代处领导。1979 年 12 月，昆明军区根据军事代表条例和工作需要，任命昆明铁路局和两分局党委书记分别担任驻局、驻分局军代处第一政治委员。

20 世纪 50 年代初至 70 年代末，驻铁路管理局军事代表办事处只负责军运计划的组织实施，军代处定期到部队了解人员调动和物资计划情况，宣传军运规章，编制计划，协调铁路和部队共同组织运输。1983 年，制定《关于军事运输计划分级管理暂行办法》，计划审批权扩大到三级，驻铁路局军代处有权审批部分重点和一般物资运输计划。随着军事交通运输的系统化和规范化，为了更好地协调军运，1984 年 4 月成立铁路局、分局以及站段军运领导小组，由主管运输的副局长任组长，驻铁路局军代处主任任副组长，铁路局运输、工务、机务、公安、车辆、电务、卫生、调度等处（科）长和驻铁路局军代处运输、技术科长为组员。铁路局在各级调度机构中设置特运调度员负责军运工作，在编组站和常办军运的车站设置专职或兼职军运员，在军运备品保管站设专职或兼职军运备品保管员。军运工作主要是平时部队训练、演习、施工、调防、搬迁以及作战运输。此外，还有抢险救灾运输，特种运输和新老兵运输。

1986 年，驻开远分局军代处直接划归驻成铁军代处建制，成都军区颁发的编制中撤销分局军代处政委职名，由开远分局局长兼任驻开远分局军代处第一主任。1994 年 11 月，驻芷村军代处迁山腰，且升格为副团级；1995 年上半年，昆明分局、开远分局和驻两分局军代处先后成立分局军交运输工作委员会，组织军运工作；1997 年 4 月重组昆明铁路局，1998 年 10 月 18 日驻昆明铁路局军代处成立，撤销驻昆明分局军代处，开远分局军代处整编为驻开远铁路军代处，级别为正师级。

（三）公检法机构

1. 公安机关

滇越铁路滇段修建期间，为了维护线路治安，云贵总督将 3 个巡防营改为铁路守备营，分驻宜良、开远、蒙自，担负滇越铁路滇段沿线的巡防，通过 1910 年 3 月 15 日中法签订的《滇越铁路巡警章程》发展为中国云南铁路警察。1950 年 4 月 4 日，昆明市军管会公安部派军事代表接管滇越铁路滇段警务处，5 月 29 日成立昆明区铁路公安处。铁路公安处由处机关、公安段、公安中队组成，处机关设秘书科、治安科、侦询科、总务科、直属警卫班、检查工作训练组，4 个公安段，3 个公安中队，公安业务受昆明市军管会公安部领导。1951 年 5 月，公安段和公安中队合编，设公安排、班驻守铁路沿线站、厂、桥隧、仓库等要地。之后，昆明铁路公安不断在变革中完善发展。1953 年至 1967 年，其名称不断在昆明铁路公安处和昆明铁路管理局公安处间交替变更。昆河铁路有开远、鸡街 2 个公安段。1973 年 3 月 4 日，成立昆明、开远铁路分局革命委员会昆明、开远铁路公安分处；1978 年 4 月恢复昆明铁路局公安处建制；1985 年 12 月 12 日，昆明铁路局公安处纳入云南省公安厅，编入省厅系列第十二处，机关设 1 室 9 科，直管 1 队、3 所、1 校。

1986 年 1 月 1 日，昆明铁路局公安处划归成都铁路公安局领导，改名昆明铁路公安分局，开远铁路公安分处划归成都铁路公安局领导，改名开远铁路公安分局；1990 年 10 月，昆明铁路公安分局和开远铁路公安分局两局改名公安处；1998 年 7 月 30 日，成立昆明铁路公安局，昆河铁路开远铁路公安分处归昆明铁路公安局领导。

开远铁路公安担负着昆河铁路沿线各类治安，包括早期镇压反革命，日常的缉私禁毒、打击流窜犯、刑事犯罪、追逃、防范货物盗窃、保障社会治安的严打以及车站治安管理、客运治安管理、货运治安管理、沿线治安管理、爆炸物品管理、护路联防、生产要害保卫、防范打击破坏事故和盗割通信线路、内部治安保卫、群众治安保卫、特运警卫；负责消防监督，包括列车防火、防火宣传、防火检查、建筑设计防火审核；出入境管理等各种任务。

2. 检察机关

昆河铁路检察机关开远铁路运输检察院隶属于全国铁路运输检察院昆明分院，源于 1955 年 7 月 5 日成立的昆明铁路运输检察院。昆明铁路运输检察院属于最高人民检察院铁路、水上运输检察院下属机构，隶属于云南省人民检察院和昆明铁路局党委领导，办理路局辖区内的刑事、经济案件。1957 年 9 月 30 日，昆明铁路运输检察院根据最高人民检察院决定，撤销各级铁路运输检察院。直到 1980 年 4 月 1 日，全国铁路运输检察院昆明分院成立，下属的昆明、开远铁路运输检察院才相继成立，1982 年正式办案。昆河铁路开远铁路运输检查分院设立刑事检察科、经济检察科、法纪监所控申检察科、办公室，两级三院党组分别受路局（分局）党委领导，分院检察委员会委员由全国铁路运输检察院任免，科员、检察委员会委员由分院任免。1984 年，分院业务科改名，刑事检察科改称一科，经济检察科改称二科，法纪监所控申检察科改为三科（监所）、四科（控申）、五科（法纪）、办公室。之后，开远分院随全国铁路发展而不断变革。1986 年 1 月 1 日隶属成都铁路检察分院和开远铁路分局党委领导，3 月内部机构改革，分别设刑事检察科、经济检察科、监所检察科、法纪控申检察科、办公室；1987 年 5 月 31 日全国铁路运输检察院撤销，设铁路检察厅，成都分院归四川人民检察院领导，开远检察院隶属于成都分院领导。随社会反贪需要，1990 年 4 月开远检察院经济检察科改名贪污贿赂检察科，1996 年 8 月再次改名为反贪贿赂局。

随着改革的深入，1998 年 9 月 8 日铁路分院成为云南省人民检察院派出机构，同时接受铁路检察厅的业务指导，行使地（市）级人民检察院的职权。原由四川省人民检察院成都铁路运输检察院分院领导的开远铁路运输检察院改由昆明铁路运输分院领导，设立批捕监所处、起诉处、法纪控申处、政治处、法律政策研究室、办公室、反贪局。

开远铁路运输检察院担负着昆河铁路沿线的审查批捕、审查起诉、贪污行贿检察、纪律检察、监所检察、控申检察等任务。

3. 法院

云南铁路法院源于 1956 年 1 月成立的昆明铁路运输法院，但 1957 年 10 月撤销，直到 1982 年 5 月 1 日才再次成立昆明铁路运输中级法院、昆明铁路运输法院、开远铁路运输法院。开远铁路运输法院负责昆河铁路沿线刑事一审、严打时期案件审判、涉毒案件审判、盗窃案件审判等事务。

二、昆河铁路运行管理

（一）车辆管理

在法国公司和国民政府管理时期，滇越铁路滇段车辆工作无专业管理机构，隶属机务系统。中华人民共和国成立后，成立两个专门管理滇越铁路滇段车辆的管理机构。1953年1月，利用滇越铁路滇段，南车房成立昆明车辆段，作为管理车辆的专业机构，隶属于机务处。1956年9月成立管理车辆的独立机构车辆科，1959年改为车辆处，管理车辆的运行和检修。1958年碧河段修复后，曲靖车辆修理厂迁往开远，改名为开远车辆段，为米轨客货混合段。1960年在昆明东郊牛街庄新建厂房，1962年竣工，昆明车辆处由南车房迁往牛街庄新厂房，1970年9月更名为昆明东车辆段，承担米轨货车的运营和检修工作。1976年开远车辆段按货车段进行技术改造，扩建厂修库、办公室和开远列检所等房屋。1980年，开远分局单独设立车辆科，管理米轨铁路车辆配置、运用和维修，下辖昆明车辆段、开远车辆段，分别承担米轨客货车辆厂、段修任务。发展到1985年，全段职工787人，下设9个业务股室，修车、配件、设备维修3个车间，开远、开远北、芷村、南溪、鸡街5个列检所。① 1989年，开远车辆段承担分局管内全部米轨货车厂、段修及部分客车运用工作，管辖区段469.1公里。1997年，昆明铁路局重组成立，设车辆处，归口管理全局车辆运用。

（二）行车管理

滇越铁路法国公司设有车务总段管辖滇段全部车站。中国接管后，在滇段管理处设车务第一、第二、第三段分管各站。1948年，昆明区铁路管理局下设昆明、宜良、开远车务段，管理行车。中华人民共和国成立后，人民政府接管滇越铁路滇段，撤销段、局直辖站，指定大站为中心站，兼管几个

---

① 云南省地方志编纂委员会编：《云南省志·铁道志》，云南人民出版社1994年版，第202页。

小站。

1958 年 6 月正式下令建立 8 个中心站，分管全局各站。60 年代初，除昆明南、昆明北、开远、山腰站由局直接管理外，成立昆明、宜良、开远、鸡街车务段，分管其他车站。1965 年，除山腰站外，局管站划归车务段。"文化大革命"期间，撤去车务段，改设站区分管车站，又于列车段之外增设两个客运段。1975 年以后恢复段一级机构，昆河铁路开远分局有宜良、雨过铺车务段，昆明北、王家营、开远直属站（山腰站在对越自卫还击战后关闭）和开远客运段。80 年代初，开远分局碧色寨至河口各站自雨过铺段划出，成立芷村车务段。1985 年 3 月昆明分局撤销后，芷村车务段并入雨过铺车务段（80 年代后期迁入蒙自）。

调整后的昆河铁路运输系统由昆明北、王家营、开远、山腰四个直属站以及宜良和蒙自两个车务段管理，昆明北站管辖石咀、麻园、黑土凹、牛街庄；王家营站管辖小喜村、呈贡；开远站管辖小龙潭、打兔寨、十里村；山腰站管辖老范寨、南溪、蚂蝗堡、河口。宜良车务段管辖三家村、水塘、阳宗海、凤鸣村、可保村、水晶坡、江头村、宜良、羊街、狗街子、滴水、徐家渡、禄丰村、糯租、大沙田、西洱、小河口、盘溪、热水塘、西扯邑、拉里黑、巡检司、灯笼山；蒙自车务段管辖玉林山、大塔、驻马哨、大庄、草坝、碧色寨、黑龙潭、芷村、落水洞、戈姑、倮姑、波渡箐、湾塘、白寨、腊哈地、大树塘、蒙自、雨过铺、江水地、鸡街等站。

（三）调度指挥

法国公司管理时期，滇越铁路滇段无调度机构。国民政府接管后，先设昆明、盘溪、开远调度室分段管理。1945 年，昆明调度室改调度所，开远改分所，撤销盘溪调度室，又在宜良、盘溪各设联络室。滇越铁路滇段与昆沾线机构合并后成立调度总所，下设昆沾、昆碧调度分所分管两线。

1950 年以来，铁道部、铁路局十分重视运输调度组织建设和维护集中统一指挥的工作原则。在分局成立前，按局、站两级管理，分局成立后按局、分局、站三级管理。局调度科、分局调度室、编组（区段）站调度员分别代表铁路局、分局、车站掌管日常运输组织工作，指挥实现日班计划。班分设列车、客运、货运（分局另设商务）、特运、机务等调度员，在班负责人统一管理下，各司其职。调度在执行日常计划中遵循局部服从全局、下级服从上级的原则，严格按编组计划编本、按运行图行车，坚持一卸二排三装和先重点后一般、先中央后地方、先计划内后计划外的运输原则。在列车运行调整中贯彻先客后货、先快车后慢车的原则。滇越铁路滇段的管理不断革新，1952 年，采用苏联德尼果夫综合调度法和孙孝菊调度法，建立交接班、分工负责、联系和检查等制度，为以后调度制的健全打下了基础。以后调度制度不断完善，由铁路局调度科管理，下设昆明、宜良、开远调度所。

1954 年在查定主要车站设备能力的基础上，为科学管理列车的接发、调车作业、岔道等，编制和贯彻《车站技术管理细则》，以后逐步完善成为《车站行车工作细则》，是车站技术管理的主要依据。提出车站值班员要按照"三关"（闭塞、进路、信号）、"六亲自"（办理闭塞、布置进路、开闭信号、交接凭证、接发列车、指示发车）运作；扳道员必须遵循"一看、二扳、三确认、四显示"的程序，这些细则被纳入具有法定意义的《铁路技术管理规程》。

1957 年以来，铁路局开始按月试编运输方案，这是在日常运输工作中协调各部门行动的综合部署，1959 年颁发规则，将运输方案作为法定的制度固定下来。昆河铁路虽然归属铁路局指挥，但在当时未通内地，方案重点是保证省内工农业生产和人民生活必需品的运输。除运输指标外，还有保煤、保钢、支援农业的成组装车和直达列车计划。1960 年，昆明、禄丰、宜良、开远、鸡街地区成立的办事处调度所也设有机车调度。办事处撤销后，开远保留调度所，仍设有机车调度。1970 年铁路局成立分局，设有局和分局两级机车调度机构，其任务是分别代表铁路局长（机务处长）、分局长进行监督、检查、指挥、处理管内有关机车调度事业。

1978 年以后，以昆河铁路为主的米轨铁路运输方案从编制到执行逐渐走向正轨。每月上旬铁路局派员到部接受下月任务指标和分界口列车、空车交接计划，并与邻局交换分界站开行车次、车辆交换和直达列车对数；中旬铁路局编制方案，内容有各分局、站段装卸计划、技术指标、分界口列车对数、车辆交接、直达列车及成组装车计划、机车使用台数、施工封锁、设备检修计划和重点要求事项等。各分局根据局要求编制分局方案，月底前下达各站、段执行，各项指标不断提高。1985 年计划内装车兑现率米轨为 95.3%，计划外装车占总装车数米轨为 11.1%；日计划兑现率米轨为 95.7%，夜间作业比重米轨为 40%，直达列车比重米轨为 23.3%，均到达或超过部定要求。[①]

机务段的调度指挥，从 1950 年前至 1985 年一直由机务段运用车间运转值班室负责，其任务是根据机车周转图，计划安排机车运用、乘务员配备及机车检修等日常工作。1986 年 1 月 1 日，昆明局并入成都局，调度科缩编为调度所，开远调度所调度业务受成都调度科指挥。1997 年 4 月 1 日，成立昆明铁路局，同时成立受路局运输处领导的调度中心，开远调度所受昆明铁路局调度中心领导。

（四）机车乘务制

1950 年后按铁道部规定实行包乘制，即一台机车由一个乘务组（三班制，每班有司机、副司机、司炉各一人）包乘，人车固定，每台机车设司机长一名，除领导包乘组完成运输生产任务外，还要搞好机车保养、节约燃料油脂、安全行车等工作。包乘制的优点是乘务员熟悉所包机车性能，便于驾驶，对加强机车日常保养有好处。缺点是每台机车要固定配包乘组，造成人员编制多，车停用时人就休息，影响劳动生产率的提高。机车轮乘制既能省车省人提高劳动生产率，又能使乘务员劳逸均衡，机车调度灵活，不受人车固定的限制，1984 年昆明、广通机务段开始推行轮乘制。

（五）线路管理

线路由轨道、路基、桥涵、隧道等建筑物组成，由工务部门负责管理。其主要任务是对这些设备进行经常性的维修检测和周期性的大、中修，雨季防洪及路基绿化，用地管理，使线路处于经常良好状态，保证列车按规定的速度，平稳、安全和不间断地运行。

滇越铁路滇段长 464.6 公里，滇越铁路法国公司滇局设工务处，下设开远总段、河口至腊哈地分段，昆明独立段进行管理。

1951 年工务处改为工务科，沿线设小新街、宜良、开远工务段，撤销轨

---

① 云南省地方志编纂委员会编：《云南省志·铁道志》，云南人民出版社 1994 年版，第 148 页。

道工程司、监工，成立领工区。线路工人主要是铁路专业工人与沿线民工组成，1957 年底滇越铁路碧河段修复通车后，部分铁道兵转为铁路养护工人。

1959 年铁路局工务科恢复为工务处，昆河铁路沿线除有宜良、鸡街工务段外，开远工务段迁芷村站，改为芷村工务段。1985 年铁路局设有工务处，开远铁路分局设有工务科，昆河铁路沿线有宜良、芷村、鸡街工务段。2003 年撤销鸡街工务段，并芷村工务段，2005 年撤销芷村工务段、宜良工务段，组建开远工务段，管理昆河铁路线路。

第三节　昆河铁路线路网改造更新

碧河段修复和中越铁路国际联运使滇越铁路恢复生机。随着经济的发展，昆河铁路线路网建设提上日程，米轨和寸轨铁路联运线路、车站、换装站、设备、车辆、技术等必须改造更新。同时，滇南工矿业和经济的发展为昆河铁路线路网建设创造了条件，经过草官铁路线建设、蒙宝铁路改轨，在滇南构建起米轨和寸轨联运网。贵昆铁路和成昆铁路修建后，昆河铁路米轨和准轨车站、换装站建设推进。随着设备完善、车辆更新、技术提升，昆河铁路的运输功能得到充分发挥。昆明铁路局根据"云南省第五、六两个五年计划的安排，米、寸轨铁路吸引区内的有色金属、原煤、发电、水泥、化肥、钢铁等工业的发展规模，预测 1985 年货物发送量达 1000 万吨，其中昆河干线达 768 万吨，占米、寸轨货物发送量的 77%"① 的既定目标，编制了《米轨铁路整治、补强、改造规划》，对技术改造规划进行了初步设计，1977 年上报铁道部，经 1978 年现场审核后得到批复。此后，昆河铁路的改造更新有序推进，至 1985 年，改造更新基本建设工程大部分完工。

一、昆河铁路线路网改造建设

（一）草官支线建设

昆河铁路线路网建设始于草坝至官家山支线建设，这条线路是基于矿山

---

① 云南省地方志编纂委员会：《云南省志·铁道志》，云南人民出版社 1994 年版，第 40 页。

工业发展需求修建的铁路支线。个旧锡矿业20世纪50年代再次勃兴，云锡集团公司下属的大屯选矿厂位于大屯官家山。为了大屯与外界的直接联系，云锡公司委托铁路局修建铁路。铁路局测出草坝经雨过铺至白沙冲、碧色寨经蒙自至白沙冲两个线路方案，1955年铁路局经过实地勘测比较，于6月编制出初步设计文件，送呈铁道部和苏联专家审查，经审查确认草坝经雨过铺至白沙冲线路，认为该线路具有地势平坦、工程简易、工程量小、造价低、运营里程短等优点。1957年9月，冶金部委托相关单位复作初测，在上述两个方案的基础上，提出从羊街出发，经雨过铺至白沙冲的第三方案。经比较后推荐草坝出岔方案，并编制扩大初步设计，经云南省人民委员会专门会议研究决定，同意从草坝出岔方案。1958年1月，由建设单位（冶金部）组织施工、设计，运营单位在成都审定，一致同意草坝经雨过铺至白沙冲方案，确定草官支线线路。

设计技术标准参照"标准轨距专用铁路设计规范"Ⅲ级专用线和铁路局原有的米轨标准设计，采用12‰的限度坡度，最小曲线半径200米，牵引动力KD51型蒸汽机车，牵引定数354吨，正线路基宽度土质为4.4米，石质为4米，车站到发线有效长300米，正站线路钢轨类型为每米24公斤，桥梁载重等级钢梁为中-12级，涵洞中-14级，行车闭塞方式采用电气路签，在雨过铺车站设置上煤、上水、清灰检查、机车转向（三角线）、货物换装等设施，机车交路以开远为基本段，至雨过铺折返，客车为开远至白沙冲折返。

1958年初开始修建草官线，征土地680.2亩，支出建设投资410.5万元，草官线由铁道兵第一师二支队负责修建，但草官线的修筑由于行政区划和形势的变化，推进缓慢，不断变化。铁一师二支队负责修建草白段小桥涵渠共32座，正线路基工程23.1公里及站场3处，计土石方53万立方米，但当铺轨工程行将抵达雨过铺之时，铁道兵因另有任务撤出，剩下工程交由铁道局继续完成。铁路局从芷村、鸡街等工务段抽调技术力量，组成草雨段工地指挥部，组织施工。在云锡公司和当地民工的积极配合下，于1959年铺轨至雨过铺车站，全程11.3公里。当年，因国民经济遭遇困难，云锡公司白沙冲采选厂停建，雨白段铺轨工程暂停。

1965年由于战备需要再次扩修雨过铺货场，新增3个货场，将正线铺轨往前延伸 1.3 公里。同时，大屯磷化厂专用线与草白段接轨，草白段延长正轨线 0.56 公里到达关圣庄，草白段正线铺轨累计达到 13.66 公里。

1966 年初再修草官线，铁路局设计所根据云南省有色局和铁道部的要求，进行关圣庄（仁和村附近）至白沙冲 9.4 公里及雨过铺换装站的修改补充设计，同时进行白沙冲至官家山 8.8 公里的新线路设计，以及由白沙冲出岔道的中矿路线岔线 2.4 公里的补充设计。当年 4 月，铁路局设计所完成定测，8 月提交施工设计。此次白官段新建铁路设计主要技术条件与草白段相同，唯困难地段的最小曲线半径缩减为 115 米，机车类型改为 KD55 型，牵引定数 480 吨，钢轨类型提高为 30 公斤/米型。

1966 年底，云锡公司根据铁路局所提供的关圣庄至白沙冲 9.4 公里补充设计和白沙冲至官家山 8.8 公里新线路设计文件，自筹资金与劳力进行施工，投入资金 735.36 万元，新征土地 265.5 亩，继续修建草官线。完成正线铺轨 20.6 公里（含中矿岔线 2.4 公里），站线铺轨 6.7 公里，土石方 22.2 万立方米（含中矿岔线 2.2 万立方米），小桥 1 座、涵管 48 座，建成生产生活房屋 6461 平方米。[①] 1969 年 8 月铺轨至官家山，1970 年 12 月 26 日完工，草官线成为昆河铁路支线，全长 31.898 公里，轨距 1000 毫米，每日开行客车 1 对，货车 2 对，实现了大屯选矿厂与外界的直接联系。

（二）蒙宝铁路扩改建

20 世纪 60 年代，随着云南米轨铁路建设推进，滇南地区寸轨的局限性凸显出来。米轨和寸轨两种轨距的运输设备、运输组织、机车运用等方面的工作复杂，直接影响运输效率；寸轨的简陋、老化降低了运能。为充分发挥铁路运输潜能，必须对滇南地区寸轨进行扩改建，以适应云南铁路联运需求。

蒙宝铁路是个碧石铁路重要线路，修建时采用的 1000 毫米路基，600 毫米轨道，为日后改建为米轨奠定了基础。1967 年开始了蒙宝铁路寸轨改建为米轨的工作，铁路局勘测设计所组成改轨设计队，对蒙宝线沿线线路、桥涵、站场等进行勘测设计，1968 年初因"文化大革命"而停工，直到 1969 年 7 月

---

① 云南省地方志编纂委员会编：《云南省志·铁道志》，云南人民出版社 1994 年版，第 96 页。

才重新恢复勘测设计工作，同年 9 月完成勘测设计。改建工程技术为：纵坡按现状不变，最小曲线半径为 100 米，车站到发线有效长 250 米（个别困难站不小于 220 米）；土质路基宽度 4.4 米，石质路基宽度 4 米，钢轨重量 38 公斤/米，道岔采用 8—9 号，正线道床厚度 0.25 米，站线道床厚度 0.2 米，铺设二类防腐枕木；牵引动力为 KD55 型蒸汽机车。改建工程材料轨料是昆河线盘溪至碧色寨间大修工程换下的旧轨约 60 公里，昆明至平浪线拆除的旧轨一百余公里。枕木由铁路局开远制材厂生产供应。轨道零配件除铁路局工程总队筹集原材料组织生产外，红河州还拨出部分钢材给予支援，生活物资也得到沿线地方部门的特殊供应。

建设工程按地段进行，分三段：第一段由蒙自站至大田山站，第二段由大田山站至乡会桥站，第三段由乡会桥站至宝秀站。工程分三阶段推进，第一阶段为路基土石方、桥梁、涵洞、挡墙等工程，第二阶段是轨距的拓宽和轨道整理，第三阶段是配套收尾、通信和信号等工程。

1970 年 1 月，昆明铁路局开始蒙宝线扩轨改建工程。介于以前的路基和轨道，扩改建工程采取特殊技术，在 600 毫米轨道用枕中穿设 1000 毫米轨道用枕，预钉 1000 毫米轨距用钢轨，站场道岔预先铺设成组，更改轨距工作采用分段封锁区间方式进行，解决了列车运行和扩轨工程的冲突。工程于同年 10 月完成通车，整个工程完成正线改轨 142 公里，站线铺 1000 毫米轨距轨道 22.729 公里、600 毫米轨距轨道 4.654 公里，新建建水客运站。通车后的整理配套工作于 1972 年 12 月 3 日全部完成，共耗资 1500 万元，正线每公里平均耗资 10.5 万元。[①]

蒙宝铁路寸轨扩改建为米轨，缓和了 600 毫米轨距机车车辆不足、老化和线路不匹配的矛盾，改变了运能小、事故多的局面。通过更新改造，在滇南构建了北起昆明，南至河口，西达宝秀的米轨路网，简化了复杂的运输组织工作，客货运输一票直通，不需再换乘、换装，方便了旅客，减少了货物的运输损失及运费。列车技术速度平均提高 6.2 公里/小时，货车牵引总重提

---

① 云南省地方志编纂委员会编：《云南省志·铁道志》，云南人民出版社 1994 年版，第 53 页。

高到 50—180 吨，货车万吨公里耗煤量由 726 公斤下降到 575 公斤。[①] 以后随着米轨铁路牵引动力向内燃化过渡，陈旧而简陋的原寸轨蒙宝铁路运输设备得到更新改造，车辆改为东方红型内燃机车、新型全钢客车及载重为 25 吨以上的货车所组成的列车。从改轨的 1971 年起，蒙自、建水、石屏等主要站的运输量都出现明显的增长趋势。

扩改建工程虽然基本完工，但由于时间紧、材料奇缺，工程存在隐患。所铺设枕木 70% 未进行防腐处理，鱼尾螺栓多数只安装了 50% 钩头道钉与原寸轨螺纹道钉混用，钢轨类型复杂，异型接头达数千处，使通车后的养护工作异常繁重。

（三）昆石线

昆石线是昆河铁路支线，昆明至石咀间 12.4 公里，是滇缅铁路残存段。滇缅铁路原线路设计起自昆明，西经安宁、禄丰、广通、楚雄、姚安、清华洞、弥渡、南涧、公郎、云县、孟定达中缅边界的苏达，过境经滚弄至腊戍与缅甸铁路接轨。滇缅铁路铁路轨距 1000 毫米，最小曲线半径：区间 100 米、站内 300 米，线路最大坡度（不含曲线折减）：东段（昆明至清华洞）25‰、西段（清华洞至昆明）30‰。滇缅铁路 1938 年 12 月 25 日开工，至 1941 年 2 月 12 日昆明石咀段交付运营，同年 10 月东段轨铺至安宁站，长 35.2 公里。1942 年 3 月日军侵占缅甸仰光，4 月进抵云南龙陵、腾冲，滇缅铁路全线停工。

1958 年 4 月，铁道部重修石咀至平浪铁路线，线路全长 125.1 公里，1959 年 3 月 6 日竣工，7 月 1 日昆明铁路局接管运营。1970 年成昆铁路建成之后，拆除平浪至草铺 88 公里长的线路，1980 年又拆除草铺至麒麟站 9 公里长、安宁至石咀 12.4 公里长的线路，同时将安宁至麒麟站间 7.3 公里长的线路无偿交给昆明钢铁公司。至 1985 年底只剩 12.4 公里的线路，改称昆石线，成为昆河铁路支线。

---

① 云南省地方志编纂委员会编：《云南省志·铁道志》，云南人民出版社 1994 年版，第 53 页。

（四）昆小线

昆小线是昆河铁路支线，昆明北站 13#，道岔尖轨尖后 360 米处出岔至小石坝，全长 13.6 公里，叙昆铁路残留段。1938 年边设计边施工，线路自四川宜宾，经水富、盐津、大湾子、彝良、威宁、宣威、曲靖到昆明。叙昆铁路轨距：1000 毫米；限制坡度（含曲线折减）：一般地段 20‰，山岭崎岖地段 25‰；站内最大坡度：较正线减少 10‰，在曲线上另行折减，最大不得超过 10‰；曲线最大曲度：一般地段 7 度（最大半径 164 米），山岭崎岖地段 10 度（最小半径 115 米）；车站到发线：有效长度 350 米；桥涵载重等级：中 - 16 级。叙昆铁路由于日本占领越南，切断了修建铁路的材料而停工，后来利用滇越铁路碧河段拆来的铁轨铺通昆明至曲靖 162 公里的路段。1944 年利用滇缅铁路安宁至石咀段拆除材料修建了曲靖至沾益段，这样叙昆铁路云南境内线路铺成 173.4 公里。1945 年 5 月增建了 482 米的东庄直达线作为环城联络线。

1959 年至 1960 年昆河铁路昆明南站至呈贡改线途经黑土凹站，将黑土凹站扩为昆沾、昆河两线共用车站，拆除东庄直达线。1961 年贵昆线昆沾段米轨扩改为 1.435 米轨距，开始拆除米轨线，1970 年拆至小石坝，仅留存昆明至小石坝 13.6 公里线路，改称昆小线，成为昆河铁路支线。

（五）鸡个线改建方案

鸡个线是个碧铁路段的陡峻区段，除鸡街、乍甸、鄢棚三处位于盆地边缘，地形平缓稳固，其余地段都是熔岩地貌的山坡。个碧铁路修建时由于技术材料等限制，鸡个段质量较差。每遇暴雨或久雨就出现地基下沉和山体滑坡，导致行车中断。1957 年 1 月 1 日，国务院将个碧石铁路纳入铁道部统一管理，对鸡个段重点防护、整治，以维护行车。

1970 年蒙宝线扩轨后，云南省政府要求改善个旧地区铁路运输条件，曾几度启动鸡（街）个（旧）支线（寸轨）的扩轨改造工程。昆明铁路局 1974 年开始调研，经过调研，提出由白沙冲展筑新线至个旧和鸡个线扩轨改造的方案，向云南省计划委员会汇报，经红河州、个旧市、云锡公司等部门议定，决定改造原鸡个线。1975 年 4 季度，昆明局勘测设计事务所进行了初测工作；1976 年 7 月 21 日，铁道部以（76）铁计字 763 号文附发鸡个支线改造设计任务书，任务书提出将现有的寸轨线路改为米轨，采用内燃机车牵引，提高牵引定数，更换钢轨和枕木，改造后的输送能力要求达到 200 万吨左右；1977 年 5 月，铁路局勘测设计事务所编制了初步设计，经铁路局审查报省。

1978 年 4 月，云南省计划委员会以云计〔78〕204 号文上报国家计委、铁道部和冶金工业部；5 月 9 日，国家计委以国计字〔1978〕284 号文批复同意改轨。1979 年勘测设计事务所编制了修改初步设计方案，总概算为 3380.05 万元。5 月份编制好第一批重点工程施工资料，后因投资问题，计划变更，工程未能进行。1986 年 10 月以来，鸡个段山体变化加剧，陷落和滑动越来越严重，鸡个段的改造建设再次提上日程。1989 年，鸡个线改造问题再度提出。经过现场核实修改和压缩部分投资较大的项目，提出了总投资概算约 3500 万元的可行性计划，[①] 然而由于各种原因，鸡个支线最终没有能完成扩轨改造计划。1990 年夏季，成都铁路局决定鸡个支线于年末停止办理货运业务，个旧地区之后不再有铁路运输业务。

二、昆河铁路干线及桥梁改造更新

（一）铁路干线改造更新

20 世纪 70 年代至 80 年代，车辆更新对穿越在崇山峻岭中的线路提出新要求。滇越铁路修建时铺设 25 公斤/米法国制钢轨，以后又在陡坡地段换入部分 30 公斤/米钢轨，1958 年碧河段修复时铺设 25—32 公斤/米轻杂旧轨。1973 年开始改造，1978 年推进，以后进一步增加基础建设投资，1978 年初定为 5762 万元，1984 年 3 月修正为 6708 万元。[②] 改造工程投资除线路换轨大修，轨枕换为钢筋混泥土轨枕，桥隧、路基重点损害整治工程列入大修计划外，其余各项工程均为基础建设投资。

---

① 开远铁路分局志编纂委员会编：《开远铁道分局志》上册，中国铁道出版社 1997 年版，第 91 页。
② 云南省地方志编纂委员会编：《云南省志·铁道志》，云南人民出版社 1994 年版，第 41 页。

昆明至芷村间正线铺设钢轨均换铺为38公斤/米以上新旧配套钢轨；昆明南站于1979年1月起封闭停运，昆明北站同时作为昆河铁路的营业起点站，原环城线K3+372处仍为昆河铁路线路起点，昆明南站及通往北站、黑土凹站线路在1979年1月拆除。限制坡度及最小曲线半径保持原状；牵引机型由蒸汽改为内燃（东方红21型）机车；到发线有效长昆明至小龙潭及开远至草坝各站为300米，困难地段不小于250米，小龙潭至开远为400米；其余区段各站保持现状；现存轻杂钢轨通过大修更换为38公斤/米及以上钢轨，部分钢木枕换为钢筋混凝土枕；桥隧、路基重点病害分期进行整治，K136+300和K146+865严重坍方、落石处所已增建或延长明洞，状态不良的小龙潭大桥已改建为5孔16米钢筋混凝土梁及1孔64米栓焊梁新桥，17座隧道限界不足，已有13座进行拱圈边墙凿出及线路拨移，保证行车安全。1980年至1985年，焊补钢枕12.3万根。[1] 至1985年，昆河铁路正线段换入38公斤/米、43公斤/米钢轨345公里，占正线总长的74%，32公斤/米以下轻轨尚存120公里，分布在落水洞至河口段。至1990年，芷村至河口段全换成38公斤/米钢轨。

（二）改建小龙潭大桥

小龙潭大桥是滇越铁路滇段重要桥梁，跨越南盘江。1909年修建滇越铁路时由法国人修建，全长110.4米，高21.4米，为穿式桁架钢梁桥。1940年，南端桥头被日本飞机炸塌，后经抢修，恢复通车，但是经过1956—1973年的观测，小龙潭大桥活载挠度由24增至30毫米，恒载挠度由46增至53毫米。因恒、活载挠度不断增大，不能确保行车安全。铁路局于1979年投资338万元，[2] 对小龙潭大桥进行改线修建新桥，线路缩短217米；新桥设计荷载为中22级，桥梁为5孔16米钢筋混凝土梁及一孔64米栓焊钢梁，全长157.9米。新建小龙潭大桥由铁路第三设计院设计，宝鸡钢梁厂制造，设计荷载为中-22级，1984年竣工，之后取消了列车长期慢行的规定。

---

① 云南省地方志编纂委员会编：《云南省志·铁道志》，云南人民出版社1994年版，第229页。

② 云南省地方志编纂委员会编：《云南省志·铁道志》，云南人民出版社1994年版，第237页。

三、昆河铁路站场建设

随着发展的需求，昆河铁路站场不断更新建设。在碧河段修复中，搬迁和新建河口站、南溪站、山腰国境站。1958 年碧河段修复通车后，昆河铁路货运量逐年增加。为了缓解运能与运量的矛盾，在通过能力紧张的站间增建了阳宗海、大沙田、灯笼山、打土寨、十里村、玉林山、驻马哨、亭塘、冲庄等 9 个横列式会让站，其中 5 个站设在 17‰—24‰陡坡上。在米轨铁路、寸轨铁路、准轨铁路不同轨距的交汇点，建设车站和货物换装站。1978 年至 1984 年，投资 6708 万元对昆河铁路进行改造，扩建和改造昆明北站、开远站等 10 个车站站房，3 个车站站场以及开远、昆东 2 个车辆检修基地，新建、扩建开远等编组站。站场部分：为适应动力改造，增建开远北编组站及大营村、水晶坡、土竹街、葫芦糖等 4 个中间站，扩建昆明北、宜良区段站及开远南客运站和 26 个中间站；米轨昆明南站于 1979 年 1 月封闭，昆明北站改为昆河铁路营业起点，原环城线 K3＋372 为昆河铁路起点里程。1989 年将开远至宜良段中间站到发线延长至 310 米以上，列车换长由 19.2 辆增加到 28.2 辆，实行重车双轨牵引，使昆河铁路年运输能力增长 65%。同年，云南省扩能基金会投资 159 万元，改造西洱、西扯邑、滴水三站，历时 4 年完成。同年由于小龙潭煤矿扩大开采面，小龙潭车站北移 421 米，新建车站 1995 年投入使用，老站拆除。

（一）山腰国际联运站

1958 年 3 月 1 日正式与越南开展国际铁路联运，在山腰建立了国际联运站。云南省与内地省市的货物进出在广西凭祥或山腰交接，通过国际联运经滇越铁路运输。昆河铁路运量大增，当年达 21.86 万吨。1960 年为联运高峰，达 58.87 万吨。[①] 为了提高运力，先后增建了 9 个陡坡会让站，扩建了一些车站，并从外局调入大量的改轨机车以解决机车的严重不足。1978 年越南当局

① 河口瑶族自治县志编纂委员会：《河口瑶族自治县志》，生活·读书·新知三联书店 1994 年版，第 257 页。

在边境进行武装挑衅，昆河客运终点站改在蚂蝗堡，乘客用汽车转到河口。

1991年10月，开远铁路分局组织昆明工务大修队、房建段等各路人员进入山腰施工现场，昆河铁路国际联运修复工程全面展开。山腰站区的线路、房建、通信信号、工务、水电、机务、生活设施的修复在年底基本完成，"铺设了7股线路、18组岔道3279米，修建房屋3567平方米，安装了120门小型程控电话机。完成了河口大桥中方一侧的修复工程，站区通了水和电。"①1992年2月1日，山腰站恢复建站，为中越国际铁路联运的恢复奠定了基础。1996年2月14日，恢复中越国际联运。5月24日，首列满载货物的火车经过河口中越大桥通往越南，中断17年多的中越国际铁路货运联运正式复通，山腰国境站成为云南进入东南亚各国唯一的国家级铁路口岸站。

（二）碧色寨车站的兴衰

碧色寨车站曾经是滇越铁路滇段特级站，承载着滇越铁路物流中转，特别是个碧石铁路建成后，成为滇越米轨铁路和个碧石寸轨铁路的中转站。各种外贸公司、电讯和税务机构、货站、酒店等云集此站附近，碧色寨车站兴盛繁荣。1940—1941年滇越铁路碧河段拆除后衰落。1957年12月18日，碧色寨至河口段铁路修复，1958年3月中越铁路联运启动后，碧色寨车站又迎来短暂的复兴。1959年草官线草坝至雨过铺段新建后，1960年昆河铁路米轨和个碧石寸轨货物换装及旅客换乘业务由碧色寨火车站移到雨过铺火车站办理，碧色寨车站再度衰落。

（三）雨过铺车站

1959年末米轨草坝至雨过铺段建成通车，雨过铺站建设为米轨铁路和寸轨铁路货物和旅客换装站。雨过铺车站设换装线4条，货物仓库1幢，面积589.9平方米，其中零担货物仓库251.1平方米，换装站台1座。一次可换装寸轨货车34辆；多数货物为落地再装车，对车换装约占25%。1960年起，

---

① 贵阳铁路分局史志办公室编：《开远铁路分局年鉴》，中国铁道出版社出版1992年版，第458页。

米轨铁路和寸轨铁路货物换装改在雨过铺站办理。1963 年又增设 3 吨固定门吊、汽车吊各 1 台，车辆调配、制票、收费由车站统一办理。整车货物由驻站货主在站重新办理货物承运手续后装车运送，零担货物办理米寸轨一票直通运输。1960—1970 年年均米轨换装到寸轨的货物 31.4 万吨，寸轨换装到米轨的货物 7.1 万吨。1970 年 10 月起米寸轨货物换装移往鸡街车站。

（四）鸡街车站

蒙宝铁路寸轨扩为米轨后，雨过铺车站失去换装、换乘作用。换装站改按区段站设计，预留米轨蒸汽机务段位置。昆河铁路米轨、寸轨的换装、换乘工作迁移到鸡街站。为此，对鸡街站进行改建。1970 年 1 月，由铁路局、红河州、个旧、开远、蒙自、建水、石屏等局、州、市、县领导干部 13 人组成指挥部，由铁路局革命委员会、省革命委员会以及部队指派干部领导建设工作。施工技术由铁路局工程总队第四工程队承担，铁路局工程总队第二、第六队、机械化部队、鸡街工务段、派出人员参加施工，人数达千余人。此外，蒙自、建水、石屏、个旧还组织 7300 多名民工参加鸡街车站建设。

鸡街站设换装线 7 条，其中米轨 3 条，寸轨 4 条；机械设备笨重货物换装线米轨、寸轨各 1 条，换装线全长 1090 米，装卸有效长 750 米。货物仓库 2 座，面积 551 平方米；站台 1 座，面积 987 平方米；简易门吊和汽吊各 1 台，起重能力分别为 8 吨和 5 吨。换装方式除少量零担货物及锡落地装外，90% 货物以车对车直接换装。零担货物仍办理米轨、寸轨一票直通；整车货物由货主在站重新办理手续后运送。

1970 年 10 月起，米轨、寸轨货物换装由雨过铺站移至鸡街站。

（五）开远车站

开远站是滇越铁路二等车站，1909 年随滇越铁路的修建建站。初建站时，有法式公寓 1 栋，20 平方米的客运售票房，售票房同时兼办客货运输业务；设有 3 股站线，站场有效长度 600 米。以后随着滇越铁路运能的增长，站线增设为 7 股，有效线延长到 1400 米，增建 54 平方米的货仓 1 座和 24 平方米的站台。1959 年开远站建成了 309 平方米的简易候车室，在车站北端新建货场。1982 年建成北编组场，1985 年新建南场客运站，客运大楼总面积 1115 平方米，候车室可容纳 1600 人。3 场纵向排列，有 62 股道，设非机械化自动驼峰 6502 电气中连锁及无线电平面调车设备。开远站担负着昆明、河口、雨过铺 3 个方向的客货列车到发、解体编组、取送作业；每日接发客货列车 88 列，卸车 180 辆，办理车数 1200 辆，从开远站出入的车辆占米轨运营车辆数的三分之二。1990 年旅客发送量 91.47 万人，货物发送量 282.44 万吨。①

（六）王家营车站站场建设

贵昆、成昆铁路建成后，昆河铁路成为连接省外铁路的内接线。为了有效换车，准轨、米轨间大宗货物换车车站建设提上日程。

1965 年起，准轨、米轨间大宗货物在昆明东站及昆河铁路牛街庄站换车，部分货物（多系危险品）利用浑水塘站准轨、米轨暂时并存的条件换装，发往滇南的石油换装在昆沾线杨方凹站油库专用线办理。1966 年换装量为：昆明东站连同牛街庄米轨换准轨 7 万吨，准轨换米轨 64 万吨，浑水塘米轨换准轨 1.1 万吨，准轨换米轨近 10 万吨；杨方凹准轨换米轨石油 8 万吨。1970 年大量货物换装改在王家营换装站进行，昆明东站与牛街庄的换装到 1973 年基本停止。杨方凹换装石油一直未间断，年运量在 2 万—11 万吨之间。②

王家营站换装场内准轨、米轨线路相对应成梭形，分为笨重货物、成件货物和散堆货物作业区，换装方式以车对车为主。笨重货物作业区有桥式起重机，最大起重能力 20 吨；散堆货物作业区设联合卸煤机，承担大宗褐煤换装作业，人工作业的散堆货物分别在准轨换米轨或米轨换准轨的高站台进行；成件货物的换装线间设有站台和仓库以供货物落地之用。换装场设计运量为准轨换米轨 94 万吨，米轨换准轨 134 万吨，另外设有普通、危险、石油、特种 4 个专用换装场，以供特殊运输时使用。各换装场相距较远，取送时间长，但各场分工明确，作业平行无干扰，有利于提高换装效率、安全作业。

王家营站换装量 1975 年准轨换米轨 115586 吨，米轨换准轨 131480 吨；

---

① 云南省开远市志编纂委员会编：《开远市志》，云南人民出版社 1996 年版，第 162 页。
② 云南省地方志编纂委员会编：《云南省志·铁道志》，云南人民出版社 1994 年版，第 174 页。

1985 年准轨换米轨 408273 吨，米轨换准轨 700150 吨；各为 1975 年的 353.2% 与 532.5%，设备尚能适应，准轨、米轨零担换装因未具备条件未开办。①

随着王家营换装物资的增加，为解决换装能力不足造成的堵塞问题，1987 年 9 月对王家营站进行扩能改造，新建米轨换装线 3 股、准轨 1 股，拨移并延长准轨 1 股；新建 2 股米轨夹 1 股准轨的三线货物换装雨棚 2 座，一座 120 米，一座 140 米，并将米轨南端 5、6 道改为编发线；普通货物增建准轨安全线；新建米轨桥式照明 1 架。

站场建设提升了王家营车站的换装能力。1975 年以前，年均货物换装量不足 20 万吨，米轨换装入准轨不足 1 万吨。1975 年以后，米轨换准轨数量增长较快，1980 年增至 53.4 万吨，1990 年增至 105.5 万吨，2000 年增至 117.7 万吨。1991—2000 年米轨换准轨年均 100.6 万吨，准轨换米轨 95.28 万吨。②

（七）昆明北站

昆明北站原称昆明总站，建于 1940 年，地处滇缅铁路和叙昆铁路衔接处，有 4 条编组线、1 条牵出线、2 条岔线，1949 年改称昆明北站，1979 年昆明北站建设为昆河铁路北端起点站。1979 年 1 月 1 日，昆明南站停止运营，昆河、昆石、昆小起点站改到昆明北站，昆明北站经技术改造提升为一级车站。改造后的昆明北站具有一级横列车场，有 25 股站线的米轨编组站，设有 5 股到发线、5 股调车线，有机车走行、检修、牵出、救援列车停留线个 1 股，货场装卸线 5 股，总长 5232 米。1983 年查定通过能力：客车 12 列、货车 59.2 列，改编能力 84 列，1188 辆，站房候车面积 872 平方米，可容最大结集人数 2000 人，货场面积 49 亩，总货位 168 个，吞吐能力 68 万吨。③ 1983 年进一步加强建设，车站河口端新建占地面积 9600 平方米的米轨客车整备所，新建两千余平方米的生产房屋。配有整备、存车线 6 股，总有效长 1294 米，修车台位 2 个，驾车台位 1 个。车站石咀端配有整备、待班线 5 股，配有

① 云南省地方志编纂委员会编：《云南省志·铁道志》，云南人民出版社 1994 年版，第 174 页。
② 昆明铁路局志编纂委员会编：《昆明铁路局志》中国铁道出版社 2005 年版，第 327 页。
③ 开远铁路分局志编纂委员会编：《开远铁道分局志》上册，中国铁道出版社 1997 年版，第 110 页。

调车机车，担任枢纽内米轨各站的调车及小运转任务。

随着昆玉河铁路的修建和运行，昆玉河铁路取代了昆河铁路运输，昆河铁路关闭了部分车站。2010 年 9 月 19 日，昆明铁路局对米轨铁路运输组织进行调整，昆河铁路只剩下王家营、水塘、宜良、盘溪、巡检司、小龙潭、十里村、开远、大塔、驻马哨、芷村、腊哈地、山腰、河口、雨过铺、仁和村、官家山、蒙自、芷村站保留货运营业办理，其他车站货运业务办理停止。

三、车辆更新

1940 年 9 月，滇越铁路运输中断，留在滇段的车辆计有客车 57 辆、货车 495 辆；1943 年国民政府接管时，仅存客车 46 辆、货车 403 辆；1946 年川滇铁路公司统计共有客车 39 辆、货车 188 辆；1950 年全部米轨共有客车 80 辆、货车 470 辆。[①] 1956 年以后，经铁道部批准，先后由昆明机车修理厂、太原、戚墅堰、大连机车车辆工厂新造或用准轨车辆改造米轨货车调入使用。1958 年"大跃进"开始后，云南铁路运量倍增，铁道部批准将太原铁路局的准轨 KD5 型机车改为米轨 KD55 型及同蒲铁路原有的 PL51 型、DK51 型、DK52 型、KD51 型米轨机车共 99 台分批调入昆明局，同时昆明机车修理工厂仿造 JF51（东风）型机车 4 台，将 GD51 型机车 1 台改为 TW51 型机车 2 台，[②] 从而缓和了机车不足的矛盾。至 1962 年，客车增至 104 辆、货车增至 2449 辆，但大部分是法、英、美、德、日、瑞士等国 20 世纪二三十年代制造的车辆，载重量小（最大的 25 吨，最小的 10 吨）、类型杂（转向架有 22 种，轮对有 17 种）、钢材锈腐裂损严重，行车安全无保障，维修困难，滇越铁路滇段车辆需要更新。1974—1975 年，唐山机车车辆工厂新造全钢客车 118 辆，[③] 有硬座、软卧、硬卧、餐车、卫生和试验车，新型客车替代旧客车，新型客车内用贴面塑料板取代木层板，硬座车安装人造革坐垫，车窗宽敞，空气通畅；软卧五间上下两层 20 个铺位；硬卧为敞开式三层共 34—36 个铺位，硬座 56—60 座，餐车餐厅设 26 座。

---

① 云南省地方志编纂委员会编：《云南省志·铁道志》，云南人民出版社 1994 年版，第 203 页。
② 云南省地方志编纂委员会编：《云南省志·铁道志》，云南人民出版社 1994 年版，第 189 页。
③ 云南省地方志编纂委员会编：《云南省志·铁道志》，云南人民出版社 1994 年版，第 204 页。

　　1980 年进一步更新，有齐齐哈尔车辆工厂新造全钢 30 吨棚车 300 辆，敞车 100 辆，西安车辆工厂新造罐车 100 辆，武昌车辆工厂新造守车 50 辆，哈尔滨车辆工厂新造 40 吨凹底平车 3 辆。1981—1984 年，旧型客货车辆大部分先后淘汰或报废，载重量提高到最大 60 吨，平均标记载重从 1954 年的 13.56 吨增至 27.16 吨，类型有棚车、敞车、罐车、平车、保温车、毒品专用车、发电车等，货车运输能力大大提高。发展到 1985 年，昆河铁路机车全部更换为内燃机车，有东方红 21 型机车 102 台，[①] 客车 187 辆，其中硬座车 97 辆，硬卧车 21 辆，软卧车 2 辆，餐车 9 辆，厨房车 4 辆，行旅车 1 辆，行李邮政合造车 12 辆，公务、卫生、试验等车共 7 辆，代用客车 34 辆；货车 1634 辆，其中棚车 539 辆、敞车 625 辆、砂石车 2 辆、罐车 227 辆，其他车 46 辆；另有守车 53 辆。货车平均标记载重量已从 1954 年的 13.56 吨提高至 1985 年的 26.8 吨，[②] 彻底改变了昆河铁路车辆陈旧、类型繁杂、载重量小的面貌。

　　1991 年，唐山机车车辆厂新造 M1 型全钢硬座客车投入运用，新增软卧空调车，外表油漆由传统的绿色改为橘黄色，卧铺由三层改为两层，这批客车较 1975 年生产并使用的客车在技术性能上有较大改进，增强了列车运行的平稳性。

　　2003 年，除东方红 21 型内燃机车外，又增加了东风 21 型内燃机车，蒸汽机车全部退役。YZ31 型简易硬座车仅限用于混合列车，旅客列车车厢全部使用国产新型全钢车厢，分硬卧、硬座两种。

四、设备改造更新

（一）增加电力及通讯设备

　　铁路电力的主要任务是保障对铁路信号和通信、列车编解、货物装卸、机车车厢修理、整备、给水等动力设备以及生产照明所需用电。

　　滇越铁路滇段在法国公司管理时期，仅在车房所在地芷村、开远、宜良、

① 云南省地方志编纂委员会编：《云南省志·铁道志》，云南人民出版社 1994 年版，第 191 页。
② 云南省地方志编纂委员会编：《云南省志·铁道志》，云南人民出版社 1994 年版，第 204 页。

昆明等处为修理机车设有锅驼机发电。1943 年至 1948 年国民政府接管经营期间，开远、宜良、江头村、昆明南站、北站以及小石坝接用地方电源供电。20 世纪 50 年代以后，为增加滇越铁路滇段所需电力，先在蒙自接用地方电源，后新建碧色寨、鸡街内燃机发电站；有开远、宜良、江头村、昆明南、昆明北、小石坝、碧色寨等 7 个电站。1965 年增加到 23 个，1975 年发展到 42 个电站。开远配电所于 1964 年竣工使用，引入开远电力局变电所 10 千伏电源，设高压开关柜 6 面，但设备陈旧，房屋矮小。1984 年更新改造，在原有基地上新建楼房，高压开关柜增加到 18 面。

截至 1990 年底，电力线路增加到 258.28 千米，其中架空电路线有 243.36 千米；6.10 千伏的配电室有宜良机务段配电室、开远机务段配电室、开远地区中心配电室；6.10 千伏区间线路有王家营至阳宗海长 19.9917 千米、宜良至水晶坡长 11.6549 千米、小河口至西扯邑长 31.658 千米、小龙潭至灯笼山长 7.197 千米、驻马哨至十里村长 30.002 千米、芷村至黑龙潭长 7.4792 千米、大树塘至老范寨长 11.9985 千米，总长度 119.9823 千米；电缆线路有 19.92 千米，其中高压电缆 0.8 千米，低压电缆 14.12 千米；变压器配电装置及开关共计 126 面，其中高压开关柜 24 面、低压开关柜 97 面、电气控制屏 4 面、整流器柜 1 面；变压器 149 台，计 10280 千伏安，其中运用的 107 台，计 1355 千伏安；照明灯塔 69 座，投光灯 341 盏，接地装置 107 处；发电车和发电机组，宜良配有 192 千瓦发电机组 1 台、大塔配有 50 千瓦战备发电机组 2 台、芷村配有 50 千瓦发电机 1 台、腊哈地有 12 千瓦战备发电机 1 台、开远有 84 千瓦战备发电车 1 台以及 120 千瓦使用发电机 1 台、芷村有 120 千瓦发电车 1 台；还有库存和救援使用 12 台。①

1943 年国民政府从法国公司接管滇越铁路滇段时，只有碧色寨至昆明的电线路继续使用，且电线路架设简易，电杆是 75 毫米的铁管，电杆距离不统一，电线仅由 2 条托架支撑，穿过隧道的电线是挂在边墙上。1949 年末，电线增至 3 对半，其中 2 对是铜线，由木横担及托架分别支撑。1955 年昆明至

---

① 开远铁路分局志编纂委员会：《开远铁道分局志》上册，中国铁道出版社 1997 年版，第 316 页。

开远间又架设铜线 1 对。1958 年碧河段修复时，架设铜线 1 对、铁线 4 对，电杆利用旧的 100 毫米输油管制成。为了提升通信能力，1959 年起，自昆明向南逐年分段进行大修、扩建、统一电杆标准距离，部分地区用素木电杆取代铁管杆，将部分隧道内线路迁出，不能迁出的采取防锈措施，同时增设养路、货运调度等电话线，闭塞电话单线改为双线，防止农村有线广播的干扰。60 年代，用 25 公斤钢轨电杆代替木电杆。1975 年至 1985 年，小龙潭至开远、昆明至小喜村等段先后采用长途地下电缆取代架空明线电线路，隧道内也改为电缆。至 1985 年末，各站、养路、闭塞等电话线都配齐，电线路计长439.4 公里，其中电缆电线路 245.35 公里，并由单一的音频电话线路改变为能同时传输 3 套 12 路加 3 套 3 路载波电话的通信能力。[①]

1957 年至 1958 年间，在昆河铁路昆明至开远至山腰间，首次安装进口 3 路载波电话机 1 套，并在山腰站安装 3 路载波电话端机 1 台对越南新铺站使用，是基本适应国际联运及铁路局管内运输指挥工作需要的长途电话。

专用通信于 1958 年安装，碧河段安装仿苏式脉冲选号式电话系列。1958 年碧河段首次安装使用脉冲选号式各站、养路电话；1956 年至 1958 年，昆碧段增设闭塞设备与闭塞电话共线应用；50 年代昆碧段无守护电话专线，个别重点桥隧守护电话与各站电话同线运用，1958 年碧河段部分区间设有桥隧守护电话专线，但现场指挥机构的电话仍接入各站电话线；1956 年昆碧段各站安装了扳道电话，仍由磁石式电话机共线方式构成。到 1985 年，仅碧河段部分区间设有专线，守护点的电话均为磁石式共线电话系统。

1985 年末，米轨铁路构建起与贵昆、成昆铁路等同的货运调度电话网，铁路信号、集中、闭塞设备齐全，通信线路全部建成 3 铜、4 铁，部分区段明线改埋电缆，安装了多路载波电话和电报设备。

（二）安装车站信号和联锁设备

滇越铁路滇段法国公司和国民政府管理时期没有信号和联锁设备。1956 年，滇越铁路滇段昆明至碧色寨段开始安装车站信号和联锁设备。碧河段修复时，

---

① 云南省地方志编纂委员会编：《云南省志·铁道志》，云南人民出版社 1994 年版，第 249 页。

各站安装了车站信号和联锁设备，滇越铁路滇段改变了几十年来凭口述命令和手信号接发列车方式。与此同时，在站内加装站内闭塞总机和分机。滇越铁路滇段命名昆河铁路后，除宜良站为红色电锁器联锁，昆明南、开远、山腰站为臂板电锁器联锁外，其余各站均为双导线臂板信号机（大部分点油灯）钥匙联锁。由于昆河铁路地形复杂，影响信号连续显示距离，大部分车站安装了预告信号机。随着技术进步，昆河铁路信号不断完善。1960 年以后，昆明南、开远等站先后改建为色灯电锁器联锁，车站值班员既可以在室内核查和控制接发车进路，又可以在控制台盘面上看到复示室外信号的开、闭状态，简化了办理接发列车过程；以后在有交流电源的车站，信号设备均改造为色灯电锁器联锁；1970 年前后，随着半自动闭塞设备的安装，正线设置矮型出站信号机。

1979 年昆河铁路开始技术改造，联锁设备更新，投资 95 万元建设开远站。[①] 开远北场于 1981 年 3 月建成 6502 大站电气集中联锁设备，该设备具有电气自动控制和远程控制的性能，使信号机、道岔和进路站均为红色电锁器联锁，1982 年 11 月 1 日开通使用。1985 年昆明至开远站安装使用双频电视机车信号设备，为铁路运输提供了安全保障。1989 年又在开远站南场建成 6502 电气集中联锁设备，8 月 27 日开通使用。这是电气自动控制和远程遥控的现代化装置，使信号机、道岔及进路间相互联锁，为铁路运输提供了安全保障。1989 年至 1990 年，又分别在昆明北、王家营、雨过铺等 15 个车站的到发线加装了闭路式轨道电路，加大了行车安全系数。此外，还安装道口信号、机车信号、塌方落石报警装置。

1952 年，铁路局取消滇越铁路滇段昆碧线的密码确认，以单路签替换原用路签路牌。车站添设站界标，安装道岔锁板，使进路可以加锁。1956 年 10 月 26 日，在呈贡、可保村站分别安装了米轨第一台苏式特列格拉式电气路签机，结束了米轨无电气闭塞设备的历史。1957 年至 1958 年，在昆河铁路各站安装使用路签机。1969 年，路签闭塞被列为淘汰设备，停止生产。1970 年，昆明至狗街子新建继电半自动闭塞机。随后，昆河铁路路签闭塞陆续改为继

① 开远铁路分局志编纂委员会编：《开远铁道分局志》上册，中国铁道出版社 1997 年版，第 392 页。

电半自动闭塞，至 1990 年只有芷村至河口段 16 个站、昆明至开远段 7 个站未使用继电半自动闭塞。

（三）改扩建给水站

铁路给水一般包括集水、泵房、水泵、管网以及净化消毒设备，水源以河溪水为最多，其它依次是深井水、浅井水、山泉水、龙潭水、水库水。

滇越铁路滇段原设有昆明、水塘、宜良、徐家渡、西洱、西扯邑、开远、大庄、碧色寨、芷村、倮姑、湾塘、腊哈地、老范寨 14 个给水站，装有 27 个水鹤，每站设蓄水池，昆明、开远、芷村蓄水池容量为 60 立方米，其余均为 30 立方米。抗日战争时期碧河段拆除后，滇越铁路滇段给水站调整增加到 16 个，即昆明、呈贡、水塘、凤鸣村、可保村、江头村、宜良、徐家渡、禄丰村、糯租、盘溪、巡检司、开远、大塔、大庄、碧色寨等 16 站及 K85+75、K91+700、K129+650、K206+500、K228+331 等 5 个区间补水点。1958 年碧河段修复通车后增建了黑龙潭、芷村、落水洞、戈姑、波渡箐、湾塘、白寨、腊哈地、老范寨、山腰等 11 个给水站及 K206+500、K391+370、K436+840 等 3 个区间补水点。中越两国办理国际铁路联运后，货物运输大幅增长，列车对数增加，各给水站供水能力日显不足。铁路局首先对水源不足尤其是与农民争水的自流式水源的凤鸣村、徐家渡、糯租、巡检司、小龙潭等 5 站，改为取用河水；对水塘、大庄 2 站则在原有水源的基础上扩建；可保村由浅井供水改为取用河道水；盘溪站用龙潭取水；大塔站则使用两级蒸汽锅炉华氏泵，再改为使用一级电泵，扬程 160 米，抽取南涧暗河水，结束了长期依靠罐车运水的历史；开远站先是扩建采用灌溉沟水取代浅井，后再改进用深井供水；宜良站用江头村河水取代浅井用水。同时相应新置或更新了水泵房、水泵，杨、配水管路等设备。20 世纪七八十年代安装了水质净化设备，采用倒锥壳水塔，不仅保障了供水，且对水进行净化和消毒。

1986 年至 1990 年，铁道部投入资金解决边远地区小站工区用水难问题。昆河铁路沿线新建和改造部分小站、工区生活用水工程，解决了昆明北、水塘、凤鸣村、可保村、江头村、宜良、狗街子、徐家渡、糯租、盘溪、巡检司、小龙潭、开远、大塔、大庄、碧色寨、戈姑、波渡箐、白寨、鸡街、雨过铺等站取水设备、配水管电、蓄水等问题。

（四）设置列检所

为保障行车安全，在铁路局各区段都设置有列检所，大的编组站还设站修所，分工负责货车的检查与维修。

列检所负责货物列车的日常检查与小维修，分主要、区段、一般列检所三个等级。列检所布局密度一般在300至500公里之间，但由于云南系山区铁路，列检所设置的距离均在200公里以内。1958年修复滇越铁路滇段昆碧段以后，滇越铁路滇段建有昆明北、王家营、开远、开远北、芷村、南溪等列检所。

站修所主要负责货车的辅修、轴检两个低级修程，昆河铁路设有昆明北、开远北两个站修所。1960年在昆明东郊牛街庄新建厂房，1962年竣工，昆明车辆处由南车房迁往牛街庄新厂房，1970年9月更名为昆明东车辆段，承担米轨货车的运用和检修工作。昆明东车辆段设有检修台位12个，其中客车8个，货车4个。1980至1984年，年均完成客车厂修37辆，段修105辆，货车厂修133辆。[①] 1976年，开远车辆段按货车段进行技术改造，扩建厂修库、办公室和开远列检所等房屋。1980年，开远分局单独设立车辆科，管理米轨铁路车辆配置、运用和维修，下辖昆明车辆段、开远车辆段，分别承担米轨客货车辆厂、段修任务。开远车辆段有货车台位14个，1980至1985年年均完成货车厂修160辆，段修1062辆。[②] 2000年，经过调整，昆河铁路有王家营、开远、开远北3个主要列检所和山腰、芷村两个装卸检修所。

五、提升技术

（一）提升机车检修技术

机车检修是保障机车运行的关键之一，机车检修称"洗炉"。1950年以前，滇越铁路滇段机车检修滞后，机务段内配备洗炉组，洗炉时由领班安排

---

① 云南省地方志编纂委员会编：《云南省志·铁道志》，云南人民出版社1994年版，第210页。
② 云南省地方志编纂委员会编：《云南省志·铁道志》，云南人民出版社1994年版，第210页。

工人对机车进行检修，完成后由监工员、工务人员验收后交运转值班室。乘务员只管开车，修车与开车互不相干。1950 年以后，机车检修形成一套制度，检修方法不断提升。机车检修遵循铁道部"修养并重、预防为主"的方针，铁路局实行包乘制与包修组对口的固定机车修养负责制，要求包乘组加强机车日常保养，实行 26 项自检自修，承担机车部分简易项目的修理；规定包乘组须具有司机五级、副司机四级、司炉三级钳工水平。为此，机务段组织乘务员进行钳工训练，学习修车技能及机车保养、给油技术，提高机车乘务员技术水平。

机车检修不断改进完善。1953 年引进软水投药控制锅炉水垢增长，对锅炉进行循环减温、温水洗炉技术，锅炉水垢减少，机车修程随之改为洗检和架检或架修，机车修程改为大、中、架、洗修四级。由于米轨机车车架、马鞍架、锅炉经常出现裂损，中修接近大修，机车修程不得不于 1966 年改为大、架、洗修三级，架、洗修由机务段承担，大修由昆明机车修理工厂承担。1966 年米轨大修 10 万公里、架修 5 万公里、洗修 0.5 万公里（洗修为大修至架修或架修至架修之间的修程）。

机车检修逐渐机械化。1950 年以前机车检修无基本的检测试验和机械设备，靠经验手工检修，1950 年后有了气压表试验台、易熔塞手压试验台、手动落轮机、循环减温设备。1958 年后机务段自制了风泵、风表、水泵、电机、安全阀等试验台；60 年代车辆检修添置了桥式起重机、电动空气锤、剪板机、电动大螺母拆装机、电动架车机、地下风镐等设备；昆明东和开远车辆段自制了 100 吨冲床和 300 吨油压机；制作了风动和电动综合研磨台，并改进了以前的简易设备和动力，一些简易单项试验台改为多功能的综合试验台，把手动落轮机改为电动，购置了 ET6 型制动机试验台；70 年代初又增加了风动扳手等。70—80 年代，米轨牵引动力改革，专门制作了修内燃机车的各种非标准的检修试验设备，检修技术不断革新。1975 年以前，车轴探伤使用电磁探伤器，这只能探测车轴外露表面肉眼不能发现的毛细裂缝，对轮座（车轴与车轮结合处）部位的裂纹和车轴材质缺陷则无法发现。1975 年昆明车辆段首先采用超声波探伤仪探测车轴轮座裂纹，之后昆明东和开远车辆段相继采用超声波探伤仪探测车轴轮座裂纹，准确率均达到 90% 以上，节省了大量的人力物力。此外，还采用了红外线探测轴温、远红外挂瓦炉、合成闸瓦、泡沫塑料油卷、通用轴油等新技术。

检修工艺一直以来是靠师徒传递经验。1962 年以后，从沈阳机务段引进东方红型机车检修工艺，经过不断实践，编制了符合米轨机车的检修工艺。该工艺得到不断完善，1983 年机务处组织编制"框格式检修工艺"，由工序、工步、作业要领、质量标准、管理点五个部分组成。米轨东方红 21 型内燃机车编制了 327 项工序、1012 项工步、1341 项作业要领、1591 项质量标准、254 种检测记录的框格式工艺。1978 年，米轨牵引机车由蒸汽机车向内燃机车过渡，米轨运输能力得到提高，但检修周期缩短，检修分大修、架修、定修三级。检修里程标准为：大修 33 万—39 万公里，架修 11 万—13 万公里，定修 1.2 万—1.3 万公里，由分局各机务段承担定修。由于全面加强质量监督管理，机车质量提高，使列检行车责任事故逐年下降，行车中的机车破损事故和临修明显减少。分局通过技术培训，使各段都达到和超过铁道部规定的定修机务段东方红型机车检修应具备的 26 项工艺装备要求。1980 年，为适应内燃机车检修的需要，采用"专业化、集中修"的办法，将机车单一作用的部件实行架、定、临修专业包修。这是包修责任制的一项重大改革。1981 年以后相继取消了固定机车包修制，根据新型机车的复杂构造，采用专业化检修。根据检修任务量成立了柴油机、增压器、高压油泵、变速箱、电机、电器、仪表、蓄电池、台车、制动等专修组进行专业包修。

机车检修周期 1950 年以前以时间计算，如宜良机务段每 10 天进行一次洗炉（检修），半年进行一次中修，一年进行一次大修。1950 年以后段修修程为普、加、特洗（特洗相当于架修），后又改为丙检、乙检、甲检。检修周期列车机车以走行公里计算，调车机车仍以时间计算，大修 7.5 万公里（调车 2 年），中修 3.75 万公里（调车 1 年），甲检 1.25 万公里（调车 4 个月），乙检 0.25 万公里（调车 20 天），丙检（洗炉）0.125 万公里（调车 10 天）。1982 年起内燃机车的检修周期，米轨大修 33 至 39 万公里、架修 11 至 13 万公里、定修 1.2 至 1.3 万公里（定修为大修至架修或架修至架修之间的修程）。

1985 年繁忙区段的昆明北至宜良段，货运列车 19 对，仅为设计 29.6 对的 64.2%，开远、宜良机务段大定修机车 31 台，小定修机车 330 台，分别为设计能力的 24.5%、32.4%；昆东车辆段查定 4 个修理台位，其利用率厂修 78%，段修 63%，[①] 机车、车辆检修能力富裕。

（二）装卸和养路作业向自动化和机械化推进

1955 年以前，昆河铁路货物装卸无机械设备，完全靠人力。1955 年，为减轻装卸工人的劳动强度，从苏联进口 2 台 IC－150 型 3 吨汽车吊和 1 台国产 5 吨汽车吊配置在昆明南站；1957 年又在开远站配置 3 台国产"解放牌"3 吨汽车吊；1958 年鸡街站配置蒙自配件厂自行设计制造的 5 吨固定式门吊，开远站利用电葫芦配钢制门架制成 15 吨简易起重机，昆明北站从昆明建筑重型机械厂购入 3 台吊机。其他较大车站组建小型装卸机械工厂，采用各种技术设计制造出少先吊、桅杆吊、皮带输送机、轴承手推车等机械改善装卸。1970 年成昆铁路通车后，昆河米轨铁路与成昆准轨铁路联运。为解决换装问题，王家营站新置 20 吨桥式吊、联合卸煤机，调入 15 吨轨道蒸汽吊各 1 台；开远站新进口 1 台 10 吨捷克吊、1 台内燃叉车，河口站新置 1 台 1 吨内燃叉车。1972 年，王家营站新购 2 台 1 吨电瓶叉车，宜良站新置 1 台挖掘机和 1 台推土机。1979 年，开远分局拥有装卸机械 28 台，挖掘机、装卸机、推土机各 1 台。装卸机械的投入使用，使装卸效率明显提高。1980 年装卸机械作业比重达到 32%。

1950 年以前，机车上煤、油、水、砂全靠人力搬运。50 年代以后开始进行减轻体力劳动为主要内容的技术革新，人力上煤改为腹带输煤、行车吊煤，以后再改为抓煤机，人工上砂改为风动。1985 年机车装备从卸油、上油、贮油、烤砂、上砂到冷却水制作和供应都达到机械化、自动化。

昆河铁路货物装卸经 1980 年以后进一步更新装卸设备，至 1998 年全面实现装卸机械化。

改革开放前，昆河铁路养护主要依靠手工作业。1980 年，开远分局相继购置新型发电车、液压捣固机、轨缝调整器、电动扳手、液压起拨道器、液压直（弯）轨器等养路机械化设备，配发各工务工区，逐步实施机械化作业。

---

① 云南省地方志编纂委员会：《云南省志·铁道志》，云南人民出版社 1994 年版，第 43 页。

2000年后，昆河铁路沿线的工区逐步配备了小型机械捣固机、内燃扳手、小型液压起道机等设备，工区养护基本实现半机械化。装载机、推土机等先进养护设备大量投入使用，缩短了断道时间，不仅减轻了工人的劳动强度，而且大大提高了作业质量，保障了线路工人和列车行车安全。

六、提升服务质量

滇越铁路滇段车站设备简陋，最大的昆明南站只有售票房和站台雨棚做候车和接送旅客之用，大多数车站露天候车。客车条件悬殊，二、三等客车分别设有沙发、软座和横式硬座，四等客车两侧置长条木凳，各有木制大窗四扇，两端无门。车内无照明，列车过隧道时漆黑一片，煤烟弥漫，物件、家畜、家禽与人同车，空气污染。昆明至海防的米西林是豪华设备，内设豪华的沙发椅34座，时速快，但票价为头等座的5倍，只有官员、富商少数人乘坐。国民政府接管后无改变。直到20世纪50年代，昆河铁路大站陆续设置候车室，室内有座椅和开水供应，昆明南站安装了广播，增设问事处、小件寄存处、售货处、母子候车室、贵宾候车室等；1959年开远站建成了309平方米的简易候车室。1952年客车改为软席、硬席两种座席，1956年在几列长途客车上安装了照明和广播，1958年开始在昆明南至宜良列车上安装旅客列车广播，1958年又在昆明南至开远旅客列车上安装广播。1970年前后，全面更新旅客列车广播，采用具有收、扩音及盒式磁带录、放功能等组合一体的专用设备。至1985年，所有的旅客列车都安装列车广播设备。1975年新型客车替代旧客车，新型客车内用贴面塑料板取代木层板，硬座车安装人造革坐垫，车窗宽敞，空气通畅。80年代进一步改善车站服务设施，昆明北站和开远站新建的客运站房，面积大，设备齐全。

法国公司经营滇越铁路滇段时，站、车不配备服务人员，只有一个检票员，旅客购票登车无人组织，秩序混乱。国民政府接管后，每列客车配备1至2名列车员协助检票。1950年以后，大站配备服务员，列车配备客运乘务组，负责组织旅客乘降和列车服务。列车启动和到站停车前，列车员站立门口实行把门，杜绝抓车跳车，车门坚持停开、动关，途中加锁，防止意外。饮食供应方面，法国公司经营时，只在头等、二等、三等车厢供应饮食；国民政府接管后，增加了饭车；1951 年在沿线大站设饮食供应点为旅客服务，列车饮食、开水均送到旅客座位。80 年代以后昆河铁路本着"人民铁路为人民"的宗旨做好服务工作。

昆河铁路经过改造更新，运输能力增强，改造更新后的运输能力较改造更新前增长 30%；改造更新后昆河铁路不仅列车运行速度加快，而且稳定性增强，保证了行车安全；同时正点率大大提高，"米轨始发正点率 99.7%，运行正点率 99.2%"。①

第四节　昆河铁路运输

20 世纪 50 年代滇越铁路滇段修复后，于 1957 年 12 月命名为昆河铁路。昆河铁路成为云南交通运输主干线，在昆河铁路改造更新中，运输获得发展。20 世纪 50 至 80 年代，是昆河米轨铁路与个碧石寸轨铁路联运的发展期，80 年代中期发展到高峰，80 年代后期开始衰落。贵昆铁路和成昆铁路修建后，昆河铁路米轨与准轨联运，昆河铁路在与贵昆、成昆铁路联运中发挥出巨大的运输功能。

1957 年滇越铁路碧河段修复后，中断了 17 年的滇越铁路恢复运输。1958 年中越国际铁路联运，滇越铁路再次成为中国西南国际交通干线。在复杂的国际格局中，滇越铁路国际联运在起伏中运行发展。20 世纪 50 至 70 年代前期是中越国际铁路联运的高峰期，70 年代后期至 90 年代初停运，90 年代中期至 21 世纪再次步入发展期。

一、昆河铁路运价

中华人民共和国成立后，滇越铁路滇段（1957 年 12 月命名为昆河铁路）收归国有。滇越铁路滇段运价在铁道部定位的基础上，根据云南特殊区位而定，高于全国统一价格，但不断调整。之后，随云南交通建设的发展逐渐与全国持平。

---

① 云南省地方志编纂委员会编：《云南省志·铁道志》，云南人民出版社 1994 年版，第 164 页。

1950 年米轨铁路货运价沿用旧制五等。第五等货物每吨公里以旧人民币 360 元（折合新人民币 0.36 元）为基数，等间递增率 50%，一等货物为五等的 5.06 倍。同年 5 月 1 日起改为二十等，一等为二十等的 25.3 倍，二十等每吨公里为 122 元，零担二十等每百公斤每公里 24 元。

1953 年 1 月 1 日起，运价改照按照铁道部定 30 等制，米轨三十等费率按北南方铁路每吨公里 100 元（旧人民币）加 150% 为 250 元，零担按北南方铁路基数加 100% 起码里程由 100 公里改为 50 公里；米轨较全国统一价率高 1.5 倍。1955 年云南铁路随全国铁路将分等改为 59 个运价号的分号运价，米轨运价率较全国统一价率高 1.3 倍。1958 年米、寸轨拉平，每吨公里为 0.02464 元人民币，较全国高 0.7 倍。1961 年 8 月起执行全国 28 个运价号，改为 0.021 元，较全国高 0.5 倍。1964 年 1 月 1 日起，与全国铁路持平，执行统一运价率 0.014 元。

1983 年 12 月 1 日实行的铁路分号制货物运价，以普通运价为运价的基本形式，计算运费的起码里程为 100 公里。整车 1 至 10 号计 10 个运价号由低价率（每吨公里 0.017 元）到高价率。零担 11 至 15 号计 5 个运价号，也是由低价率（每吨公里 0.0003 元）到高价率。除整车、零担之外，运价还规定了集装箱的运价率，按 1 吨、5 吨箱型各有两个运价号，改变了过去比照零担运价率或整车运价率计算集装箱运费的办法，运价率收费较过去收费有所降低。

特定运价有 3 个号，均为减收或不收运费。另外，铁路还有水陆联运的优等运价、临时营业线实行的地方运价和国际铁路联运运价。

为减轻铁路压力，促使短途货物由公路、水路分流，1982 年 8 月 1 日起，铁路实行短途货物运输附加费，并于 1983 年 12 月 1 日起并入现行运价率内。1985 年 5 月 15 日起，短途货物运输加收附加费，200 公里以内整车每吨加 4 元，零担每 10 公斤加 4 分，5 吨集装箱每箱加 12 元，1 吨集装箱每箱加 4 元。[①]

二、昆河铁路运输的恢复和发展

中华人民共和国建立后，在修复滇越铁路滇段的同时，不断改造提升云

---

① 云南省地方志编纂委员会编：《云南省志·铁道志》，云南人民出版社 1994 年版，第 171—172 页。

南铁路交通，特别是滇越米轨铁路与个碧石寸轨铁路网的改造更新，提升了昆河铁路的运输能力。

（一）昆河铁路运输

1950 年，随着滇越铁路滇段设备维修整治，客运速度得到提升，特快旅客列车速度每小时为 23 公里，普客为 18 公里，云南铁路年均客运量 171 万人。1953 年至 1957 年，大规模经济建设开始，集市贸易开放，人员流动频繁，客流量逐步上升，年均客运量 330 万人，其中市郊为 106 万人，主要客运站昆明南站年均 82 万人，开远 14 万人。[①]

1958 年 7 月 1 日碧色寨至河口段铁路正式交付营运，昆河铁路全线恢复通车，昆河铁路运输迅速发展。1958 年客运量达 227.3 万人，1959 年客运量 249.9 万人次。[②] 60 年代用牵引力较大的机车牵引旅客列车，速度得到提升，普客速度达到 24 公里。昆河铁路昆明南站至开远间每列 11 辆，定员 528 人，1958—1962 年，昆河铁路客运量增至年均 426 万人。[③]

1953—1957 年期间，滇越铁路滇段运输量成倍增长，各区段拉运繁忙，货运量由 1950 年的 36.5 万吨迅速上升到 1957 年的 234.7 万吨，增加了 5.4 倍。[④] 特别是 1958 年中越国际铁路联运开始，运量猛增，列车密集，导致车站作业能力紧张。铁路局为此对车站进行技术改造，前后增设 9 个会让站、两个线路所，并扩建 3 个编组（区段）站，在货运量大的站增铺和延长股道。在限制区段有 4 处用补机送坡，8 处双机牵引，2 处增开小运转列车，腊哈地至芷村间按隔时法行车，这不同程度地提升了主要限制区段的通过能力。昆河铁路运能提升。1959 年，昆河铁路全年最大货运通过能力，宜昆段为 115 万吨，龙开段为 53 万吨，开芷段为 75 万吨。经在凤鸣村水塘间列车用补机送坡，在小龙潭开远间增加车站，在开远大塔间增设车站和列车双机牵引之后，最大货运量通过能力提高到：宜昆段 128 万吨，龙开段 76 万吨，开芷段

① 云南省地方志编纂委员会编：《云南省志·铁道志》，云南人民出版社 1994 年版，第 155 页。
② 云南省地方志编纂委员会编：《云南省志·铁道志》，云南人民出版社 1994 年版，第 156 页。
③ 云南省地方志编纂委员会编：《云南省志·铁道志》，云南人民出版社 1994 年版，第 155 页。
④ 云南省地方志编纂委员会编：《云南省志·铁道志》，云南人民出版社 1994 年版，第 164 页。

113 万吨。① 1958 年 7 月 1 日碧色寨至河口段铁路正式交付营运，昆河铁路全线恢复通车，昆河铁路运输迅速发展。当时昆河铁路是云南唯一的铁路干线，与滇越铁路越段连接，中国内地货物通过越段经海防输出，同时外部货物由越南海防经河口入境，运往铁路沿线各地；另一部分来自外省的货物，经广西凭祥换装，通过国际联运至河口入境，再运抵铁路沿线各地，滇越铁路运输迅速发展。1958 年货运量达 245.2 万吨，1959 年货运量 428.4 万吨，1965 年昆河铁路货运量达 422.1 万吨。②

　　20 世纪 70 至 80 年代，昆河铁路运输受中越关系的影响有所变化。1978 年 8 月 30 日，中越国际联运被中断，但昆河米轨铁路与个碧石寸轨铁路运输仍然处于发展中。客运方面，由于改革开放初期公路交通还相对落后，云南省内外客商往来的出行主要依靠铁路客运，同时随着社会经济的发展和人民出行需求的增加，推动着铁路运输的发展。1980 年起，昆明至蒙自至宝秀方向普快客车逐日对开一列，挂硬卧车厢一节，硬座车厢六至七节，行旅包裹车厢一节，餐车一节。由昆明开出的客车 22 点 35 分发车，次日 10 点 18 分到达蒙自；由宝秀开出的客车 7 点 30 分发车，16 点 27 分到达蒙自，次日 5 点 20 分到达昆明。

　　开远至河口方向每日对开一列客货混合列车。1979—1989 年，受国际关系的影响，列车仅运行至蚂蝗堡。由开远开出的混列 8 点 50 分发车，18 点 35 分到达蚂蝗堡；由蚂蝗堡开出的混列 8 点 20 分发车，18 点 34 分到达开远。昆河铁路混列还有开远往返蒙自、开远往返芷村、雨过铺往返建水、雨过铺往返鸡街、开远往返小龙潭等列车运行。此外，铁路支线草（坝）官（家山）线每日开行客车 1 对，另有两列混合列车；雨过铺至官家山兼营客运。1981 年，昆河铁路新增昆明北至开远间管内快车 1 对，开远至小龙潭混合列车 1 对，开远至宝秀旅客列车 1 对。蒙宝铁路和鸡个段（寸轨）也兼营客运。

　　80 年代中期，随着昆河铁路的改造和服务能力提升，昆河铁路运输发展

---

① 云南省地方志编纂委员会编：《云南省志·铁道志》，云南人民出版社 1994 年版，第 150 页。
② 云南省地方志编纂委员会编：《云南省志·铁道志》，云南人民出版社 1994 年版，第 156—157 页。

到巅峰。据统计，"1978—1985 年，米轨铁路客运量累计 4878.8 万人次，年均客运量 609.85 人次，最高为 1984 年 699.6 万人次，最低为 1979 年 518.7 万人次。"① 1985 年后客运量减少，1985 年米轨昆明北站每日到、开旅客列车 6 对，全年发送旅客 82 万人，开远站每日到、开旅客列车 6 对，全年发送旅客 88 万人。② 1985 年 10 月，随着公路客运的发展和铁路小机车的报废，寸轨客运停业。1997 年，草官线客运停业。

（二）昆河铁路与个碧石铁路联运的兴衰

20 世纪 50 年代是昆河米轨铁路与个碧石寸轨铁路联运的恢复期。米轨和寸轨的换装量，1952 年至 1957 年（缺 1953 年），年均米轨换到寸轨的货物是 19 万吨，寸轨换到米轨的货物是 2.06 万吨。③ 60 至 70 年代是发展期，特别是 1970 年的高峰期，客运量达到 669.9 万人次，货运量达到 611.6 万吨。④

20 世纪 80 至 90 年代是昆河铁路与个碧石铁路联运由兴盛到衰落的转折时期。80 年代，随着社会经济的快速发展、昆河铁路全面技术的改造，昆河米轨铁路与个碧石寸轨铁路联运能力得到进一步提升。1987 年、1988 年两年间，开远分局增加大宗蔬菜、水果外运，使滇南地区增加税利三千多万元。运输年货运量 1985 年完成 481 万吨，为法国公司管理时期最高年货运量 32.2 万吨的 15.3 倍，为国民政府管理时期 1943 年 23.5 万吨的 24.3 倍。⑤ 90 年代以后，随着云南公路交通建设的发展，快速方便的汽车运输逐渐取代铁路运输，昆河米轨铁路与个碧石寸轨铁路联运逐年萎缩。到 1991 年 5 月 28 日，蒙宝铁路鸡街至个旧段停止货运，结束了长达 70 年的昆河米轨铁路与个碧石寸轨铁路联运史。

表 6-1 记载了 20 世纪 60 至 80 年代云南窄轨铁路运输量，从中可以看出昆河铁路运输情况。

---

① 红河州地方志编撰委员会编：《红河州志》（上），云南人民出版社 2013 年版，第 557 页。
② 云南省地方志编纂委员会编：《云南省志·铁道志》，云南人民出版社 1994 年版，第 155 页。
③ 昆明铁路局志编纂委员会编：《昆明铁路局志》，中国铁道出版社 2005 年版，第 326 页。
④ 云南省地方志编纂委员会编：《云南省志·铁道志》，云南人民出版社 1994 年版，第 157 页。
⑤ 云南省地方志编纂委员会编：《云南省志·铁道志》，云南人民出版社 1994 年版，第 43 页。

表 6－1　1950—1985 年窄轨铁路运输量一览表①

项目 年份	旅客运输量（万人）			货物运输量（万吨）		
	米轨	寸轨	合计	米轨	寸轨	合计
1950	147.8	35.9	183.7	29.9	6.6	36.5
1951	135.0	32.6	167.6	34.6	8.5	43.1
1952	131.2	30.6	161.8	45.0	9.4	54.4
1953	245.5	63.1	308.6	81.7	22.9	104.6
1954	274.2	72.2	346.4	105.0	27.8	132.8
1955	245.0	66.4	311.4	199.0	36.4	155.4
1956	234.8	70.2	305.0	140.7	35.5	176.2
1957	297.8	82.2	380.0	187.4	47.3	234.7
1958	227.3	87.6	314.9	245.2	56.1	301.3
1959	249.9	118.5	368.4	428.4	88.4	516.8
1960	273.9	124.3	398.2	546.8	110.7	657.5
1961	361.7	132.3	494.0	414.4	62.4	476.8
1962	419.1	139.0	558.1	307.8	44.2	352.0
1963	334.0	117.7	451.7	325.7	52.3	378.0
1964	320.3	116.4	436.7	351.9	59.9	411.8
1965	336.1	121.5	457.6	422.7	67.4	489.5
1966	380.3	153.7	534.0	490.1	73.8	563.9
1967	485.1	171.4	656.5	376.5	61.2	437.7
1968	439.5	97.5	537.0	134.1	21.2	155.3
1969	451.6	181.6	632.2	444.9	85.5	530.4
1970	505.7	164.8	669.9	546.7	69.4	611.6
1971	522.1	37.7	559.8	555.3	40.1	595.4
1972	598.8	36.4	635.2	560.0	39.9	599.9
1973	626.4	42.2	668.6	568.3	39.5	607.8
1974	571.4	39.6	611.0	483.0	27.7	510.7
1975	549.2	35.8	585.0	504.6	28.0	532.6
1976	437.3	31.8	469.1	349.8	17.5	367.3
1977	497.5	28.7	526.2	499.2	27.8	527.0

---

① 参照云南省地方志编纂委员会《云南省志·铁道志》，云南人民出版社 1994 年版，第 156—157 页列表整理。

续表

项目 年份	旅客运输量（万人）			货物运输量（万吨）		
	米轨	寸轨	合计	米轨	寸轨	合计
1978	564.3	25.5	589.8	568.9	32.2	601.1
1979	518.7	26.2	544.9	547.3	32.3	579.5
1980	578.1	34.5	612.6	555.5	34.1	589.6
1981	599.7	36.6	636.3	538.5	32.5	517.0
1982	617.1	32.8	649.9	564.7	30.3	595.0
1983	655.2	29.6	685.8	597.9	23.6	621.5
1984	699.6	21.9	721.5	633.4	19.2	652.6
1985	646.1	10.7	656.8	599.9	16.8	616.7

注：1963 年以前运输量含昆沾、昆一线米轨运输量。

从 1950—1985 年窄轨铁路运输量图表可以看出，20 世纪 50 年代是昆河米轨铁路与个碧石寸轨铁路联运的恢复期，60 至 70 年代是发展期，1970 年是第一高峰期，客运量达到 669.9 万人次，货运量达到 611.6 万吨。1984 是第二高峰期，客运量达到 721.5 万人次，货运量达到 652.6 万吨。

（三）昆河铁路与贵昆、成昆铁路联运

昆河铁路是运行于崇山峻岭中的米轨铁路，速度慢，运力有限，不能适应云南的经济建设与社会发展的需求。为了加快云南经济和社会的发展，60 年代修建了贵昆铁路和成昆铁路。1958 年到 1965 年，修建云南通往省外的铁路贵昆铁路。贵昆铁路全长 643 公里，1966 年全线通车，结束了云南"火车不通国内通国外"的历史。1964 年，为加快内地经济建设和国防建设，缓建的成昆铁路于 8 月复工建设，1970 年 7 月 1 日竣工通车。成昆铁路全长 1100 公里，北接宝成铁路、成渝铁路，是我国铁路网中的重要干线。

贵昆铁路和成昆铁路修建后，昆河铁路米轨与准轨联运。1965 年起，准轨、米轨间大宗货物在昆明东站及昆河铁路牛街庄站换车。部分货物（多系危险品）利用浑水塘站准轨、米轨暂时并存的条件换装。发往滇南的石油换装在昆沾线杨方凹站油库专用线办理。1966 年换装量为，昆明东站连同牛街庄米轨换准轨 7 万吨，准轨换米轨 64 万吨；浑水塘米轨换准轨 1.1 万吨，准轨换米轨近 10 万吨；杨方凹准轨换米轨石油 8 万吨。1970 年大量货物换装改在王家营换装站进行，昆明东站与牛街庄的换装到 1973 年基本停止。杨方凹换装石油一直未间断，年运量在 2 万—11 万吨之间。①

王家营站换装量，1975 年准轨换米轨 115586 吨，米轨换准轨 131480 吨；1985 年准轨换米轨 408273 吨，米轨换准轨 700150 吨；各为 1975 年的 353.2% 与 532.5%，设备尚能适应，准轨、米轨零担换装因未具备条件未开办。② 1975 年以后，米轨换准轨数量增长较快，1980 年增至 53.4 万吨，1990 年增至 105.5 万吨，2000 年增至 117.7 万吨。1991—2000 年米轨换准轨年均 100.6 万吨，准轨换米轨 95.28 万吨。③ 昆河铁路在与贵昆、成昆铁路联运中发挥出巨大的运输功能。

三、20 世纪末至 21 世纪初昆河铁路运输的兴衰

20 世纪 90 年代以来，昆河铁路受到公路发展的挑战。昆河铁路存在"火车没有汽车快"的缺陷，穿行于崇山峻岭中的昆河铁路在时速上无法与公路运输竞争。为此，昆河铁路不断提升改造。为了有效防止客流下降，铁路局采取增设售票窗口、送票上门、发售往返车票、延长售票时间以及根据客流变化加开临客、扩大客运编组等优质服务新举措，保证了铁路客运正常运行。

1990 年，昆明北至开远间开行旅客快车 2 对，旅客列车 1 对，开远至蚂蟥塘、开远至蒙自、开远至小龙潭分别开行混合列车 1 对。1991 年 4 月起，米轨旅客列车调整图共开行客车 11 对（含市郊、混合列车），货车 98 对。

1992 年 8 月 1 日，为适应滇南旅游事业发展需要，开行昆明—河口"南疆号"旅游列车，昆明北站、开远站单独增设旅游列车售票窗口，实行全程对号不超员服务。至此，经调整的昆河铁路旅客列车有两趟快车及五趟慢车：

（1）311/312 快客列车：昆明北—开远，由 3 节 YZ30 型硬座车、6 节 YZM1 型硬座车、3 节 YW30 型硬卧车组成。

（2）313/314 次快客列车：昆明北—河口，由 5 节 YZM1 型硬座车、2 节 YWM1 型硬卧车、1 节 CA30 型餐车、1 节 C30 型棚车组成。

（3）501/502 次旅客列车：昆明北—蒙自，由 9 节 YZ30 型硬座车、1 节

---

① 云南省地方志编纂委员会编：《云南省志·铁道志》，云南人民出版社 1994 年版，第 174 页。
② 云南省地方志编纂委员会编：《云南省志·铁道志》，云南人民出版社 1994 年版，第 174 页。
③ 昆明铁路局志编纂委员会编：《昆明铁路局志》，中国铁道出版社 2005 年版，第 327 页。

YZ31 型硬座车、1 节 XU30 型邮政行李合造车组成。

（4）681/682 次混合列车：开远—河口，由 7 节 YZ30 型硬座车、1 节 XU30 型邮政行李合造车、1 节 C30 型棚车组成。

（5）683/684 次混合列车：开远—小龙潭。

（6）685/686 次混合列车：开远—小龙潭。

（7）687/688 次混合列车：昆明北—宝秀。

基本保障了昆河铁路旅客发送量。1991—2000 年，昆河铁路"年均完成旅客发送量 410 万人次"，① 较 80 年代末有所增长，但较 80 年代初仍有所下降。

货运方面，1991—2000 年，开远铁路分局采用货源运输组织形式、强化考核机制等有力措施，保证货源，如 1994 年完成货物发送量 574.7 万吨，1995 年完成货物发送量 604.7 万吨，但"年均货物运输量持续下降"②。

昆河铁路经过扩能，虽然行车速度和舒适度有所提高，铁路职工的服务意识增强，但是路段火车的速度慢于汽车，是一个无法改变的事实。从蒙自坐米轨火车，朝发夕至，差不多 10 小时左右到达昆明，而坐汽车走昆河二级公路仅需 5 小时左右即可到达昆明。因此，伴随公路建设的迅速发展、各公路交通网络的逐渐连通，昆河铁路的客运发送量呈明显下降趋势。以蒙自站为例，2000 年，蒙自站的客运发送量为 9.08 万人次，2002 年降为 7.87 万人次；雨过铺站 2000 年的客运发送量为 4.23 万人次，2002 年仅为 3.53 万人次。米轨铁路设备建设标准低，且经过近百年运营，行车设备老化，加之沿线自然环境变化，沿线铁路两侧植被破坏严重，泥石流、坍方、落石等对铁路行车安全带来极大威胁，米轨铁路设备已不能适应客运安全的需要。从 2004 年初开始，蒙宝线米轨铁路逐渐停办客运业务。至 2005 年，仅在昆河线、蒙宝线部分区段开行路用职工工作通勤车。

货运也存在同样问题。石屏火车站 2000 年才新建站房 640 平方米，仓库

---

① 红河州地方志编撰委员会编：《红河州志》（上），云南人民出版社 2013 年版，第 557 页。

② 开远市地方志编纂委员会编：《开远市志》，云南人民出版社 2015 年版，第 346 页。

700 平方米，但当年发送货物仅 11.5728 万吨，客货运输总收入仅 660 余万元；① 蒙自火车站 2001—2005 年 5 年间总货运量才为 11.7 万吨。

时至 2010 年 9 月，昆明铁路局仅剩米轨机车 32 台，基本全部用于昆河铁路滇越线的大区间运行。9 月 19 日，昆明铁路局对米轨铁路运输组织进行调整，关闭滇越线 15 个车站、蒙河线 5 个车站（江水地、鸡街、南营寨、建水东、石屏），这样只剩下"王家营、水塘、宜良、巡检司、小龙潭、十里村、开远、山腰、雨过铺、仁和村、官家山、蒙自、芷村站保留货运营业办理，其他车站货运业务办理停止。"②

昆河铁路运输 20 世纪末逐渐落下帷幕，21 世纪初的中越联运维系着滇越铁路运输功能。

四、中越国际铁路联运

滇越铁路贯穿中越两国，是云南陆地与海洋对接的国际铁路。自 1910 年通车至日本 1940 年占领越南，一直以来就是中国西南的对外交通线。1957 年滇越铁路碧河段修复后，中断了 17 年的滇越铁路恢复运输，1958 年中越际铁路联运运输恢复，中越国际铁路联运在复杂的国际格局中起伏运行。

（一）20 世纪 50 至 70 年代中期中越国际铁路联运

1. 中越国际铁路联运议定书

1957 年 12 月 21 日至 1958 年 1 月 11 日，中国政府与越南民主共和国在河内举行的中越两国铁路联合委员会第一次会议上签订了 3 个议定书：《关于修改和补充中越国境铁路协定的议定书》、《中越国境铁路联合委员会第一次会议议定书》、《关于从中国昆明铁路通过越南铁路到中国其它铁路各站间往返运送货物的议定书》。这三个议定书一是修改和补充 1955 年中越国境铁路协定的协议书，规定了云南铁路与越南铁路办理联运有关行车组织、旅客运输、货物运输、车辆的使用和交接以及费用清算等具体条文；再次是从中国

---

① 云南省石屏县志编纂委员会编：《石屏县志（1986—2000）》，云南人民出版社 2005 年版，第 86 页。

② 云南年鉴社编：《云南年鉴》（2011），云南年鉴社 2011 年版，第 199 页。

云南铁路通过越南铁路到中国其他铁路各站间往返运送货物的议定书。

《中越国境铁路协定》及议定书的主要内容如下①：

（一）云南与越南铁路间的国境站：中方为山腰站，距国境线 6.5 公里；越方为新铺站，距国境线 2.4 公里（国境站间中方有河口站，越方有老街站），规定由一方向另一方的货物交接在接方国境站办理。轨道衡应由交方的检衡车每年最少检查两次。

（二）行车组织：双方办理行车及货物、车辆交接业务采用 24 小时制的北京时间 18 时（河内时间 17 小时）起至第二日 18 时止为"报告日"。列车运行规定山腰至新铺为上行，新铺至山腰为下行。国境站间 1958 年制定了 15 对列车时刻表（1965 年定为 4 对，第二十次议定书定为 2 对）。列车牵引定数 420 吨（中方蒸汽机车担任），长度不多于 68 轴（以后多次改动，第二十次议定书定为上行 550 吨，下行 650 吨，长度不超过 120 轴）。列车每百吨重量的压瓦压力不少于 8 吨。河口至老街区间基本闭塞阀停用时，禁止使用电话联络行车，改用书面联络；闭塞未办妥前优先发车的车站为下行方向车站。并规定用人传递通知书的办法。上、下行列车允许速度为 20 公里每小时，进站和通过河口至老街大桥的速度为 15 公里每小时。河口至老街间大桥为铁路公路两用，在大桥两端装有公路道口栏木，栏木开通以公路为空位。列车编组，重车为一组，空车为一组；关闭自动制动机的车辆连续连挂不超过 2 辆；装有需隔离货物的车辆按隔离表编挂（表略）。第四次议定书规定凭祥至山腰间每日开一列货物直达列车，重量 800 吨，整列空车不少于 20 辆。

（三）旅客运输：中国昆明铁路和越南铁路暂不办理旅客运输。各以到达自方国境站的旅客列车办理相互往返两国间的旅客运送。昆明至河口间和河内至老街间修改旅客列车运行时刻表，实行前以电报通知。

（四）货物运输：中国昆明铁路和越南铁路相互间货物运输按一车一票办理，对跨装、爬装及使用游车的货物，准按每一组（限五辆）一票运送；昆明铁路通过越南铁路向中国其他铁路或其它国家运送货物时，重量为 50、60

---

① 转引自昆明铁路局志编纂委员会《昆明铁路局志》，中国铁道出版社 2005 年版，第 345—347 页。

吨；棚车装轻质货为 60、73、85 立方米，敞车装轻质货为 78、90、105 立方米，以上一批货物使用两辆货车装运必须成组挂同一列内交对方国境站。对需加冰、保温货物，有特别的承运规定。敞车货物应按越南铁路米轨车辆装载限界尺寸装载。

表 6 - 2　越南铁路米轨车辆装载限界尺寸

单位：mm

由轨外起算的装载高度	由线路中心线起算的宽度距离	由轨面起算的装车高度	由线路中心线起算的宽度距离
3700	900		
3690	1025	3510	1300
3680	1075	3500	1420
3670	1115	3490	1425
3660	1145	3480	1430
3650	1175	3470	1435
3640	1200	3460	1440
3630	1225	3450	1445
3620	1245	3440	1450
3610	1265	3430	1455
3660	1285	3420	1460
3590	1300	3410	1465
3580	1300	3400	1470
3570	1300	3390	1475
3560	1300	3380	1480
3550	1300	3370	1485
3540	1300	3360	1490
3530	1300	3350	1495
3520	1300	3340—700	1500

平砂车一辆装载超长货物的最大长度为 1800 毫米，允许突出车辆端梁 250 毫米，超过时必须使用游车，但每端不得超过 3000 毫米，突出货物与游车底间隔不少于 150 毫米，其端部与游车上装载货物距离不少于 600 毫米；突出长度 1500 毫米内，货物重量为标重的 80%，2000 毫米内，货物重量为标重的 75%，超过 2000 毫米，货物重量为标重的 65%。超限货物必须经越南铁

路运输局、昆明铁路局间商定后，出具电报，双方交接共同检查。

中国昆明铁路通过越南铁路过轨往返运送货物，一般货物按中国国内价规品名表规定填写，危险货物按《国际货协》规定的品名表填写。

通过越南运送中国各站间的货物（包括通过海防港）运费，按照越南国内运价规程规定费率计算后只核收 10%（因为越南货物运价高于国际联运统一价规的 165%），但杂费按照上述规程的正常规定计算。

凭祥山腰间往返调送的运送用具，通过越南给予免费运送。

越南铁路运行的车辆总重为 48 吨（自重加载重）。

过境越南里程，老街国境线至同登国境线为 442 公里；至海防港站为 389 公里。

货物交接，加封的棚车（罐车）签封交接。敞车类货车，状态上施有标记时凭标记交接；成件或包装的货物，按一张运单不超过 100 件时，点件交接；超过 100 件及未施行标记的散装货物，凭检查每批货物包括货车自重在内的总重办理（检斤超重时，由交方负责处理）。

（五）车辆的使用和交接："车辆交接单"由交方按所属路分别编制交接收方，守车用"守车交接簿"办理。在列车准备妥当，没有商务事故，接收路即应接收。车辆已符合联运技术条件，接方人员在交接单上签字和加盖日期戳时起，为交付完了。已交付的列车，因故发生甩车，原交接单中应划销盖章证明，补挂时单独编交接单办理。车辆的技术交接工作在到发线上办理。米轨车辆交接技术条件由附件规定，与国有规章不同部分分述如下：

轮对有下列不良情形时，禁止使用：轮箍或整体车轮踏面擦伤深度 2 毫米；一体车轮轮网厚度小于 19 毫米；闸瓦磨耗厚度小于 12 毫米。

（六）清算：中越联运的费用清算，包括过轨运费、车辆使用费、列车服务费、检衡车使用二日以上时的费用（二日内免收）等，凡执行"协定"所发生的费用，按《清算规则》规定清算。由发生国编制有关规定的格式寄对方边境局、部，分别由有关财务部门办理。

车辆使用费的清算，米轨四轴车按二轴费率计算；列车服务费每轴公里为 90.0158 卢布（后改为 0.0351 元人民币），检衡车超过免费日使用费每日 4.568 卢布（后改为 10.15 元人民币）。车辆在使用路上发生损坏、部件丢失或车辆遗失发生的费用，按附件内规定的价目表清算。

（七）事故处理：列车在国境站或国境区间发生事故，事故所在铁路部门应即修复。对方国在接到救援请求时，应派出救援列车。救援费用由责任方负担。费用计算按救援国规章，作非贸易清算。发生事故的责任按事故发生地所在国家的法令规章判定和处理。由于事故或其它原因致货物、行李、包裹、机车、车辆、铁路线路、建筑物损坏、人员伤亡等损失，由责任方负责。因车辆不良所致的事故，在办理交接前由交方负责，办理交接后由接方负责。

其它还有国境站间公务电报办法等（略）。

根据《中越国境铁路协定》及议定书，中越双方在边境都设有铁路国境站，互派交接人员驻对方站办理货物和车辆交接，运入云南的货物和车辆在云南山腰国境站交接。中越国境铁路会议每年一次，轮流在中国、越南举行，内容是协商联运计划，解决存在问题。1958年3月1日，中越铁路国际联运协定书生效，云南铁路与越南铁路货物联运正式开始。

2. 中越国际铁路联运工作

为迎接中越国际联运，1957年第3季度至1958年2月，昆明局完成联运人员培训工作，人员到位，同时制定了国境站规章制度和工作纪律。山腰、新铺国境站站长每月举行一次会议（后改为一季度一次），会同双方交接所长对执行现行协定、议定书情况进行检查，特别检查运行图执行情况，预确报质量和空车供应，且决定双方消除存在问题的措施。双方国境局认为必要时，可派科级干部列席国境站站长会议。

国境站长遇本国重大庆典，宴请对方相应级别官员；被对方宴请时设宴回请。宴请对方或被宴请时，要遵守外交礼节，严格执行外交规定。

铁路员工因公务在对方国境站驻留，按"协定"附件规定的职名，办理规定手续和持有相应证件，出入境时提交对方边防机关查验；在规定允许范围内工作、生活；遵守驻在国的法令和规章。为列车服务的铁路人员，除为保证列车或单机的机车安全外，在国境站的区间内，不得离开车辆和机车。

中国铁路驻外和为列车服务外出的员工，着中国铁路规定的服装，遵守中国铁路涉外的有关规定。

山腰站是国境口岸站，办理昆明铁路与越南铁路国际联运交接业务。昆河铁路山腰国境站与越南新铺国境站间为货物联运、交换需要，相互建立业务机构、服务设施、业务往来。车站由路局直管，技术性质为区段站，业务性质为货运站，办理国际联运交接业务等级定为三级，行政副处级。行政设办公、技术、人劳、材料等室；车间有山腰交接所，驻越南新铺交接所；班组有转运室、货运室（监管装卸工）、河口站（四等客运站）。地区单位有机务山腰驻在所、通信领工区、信号领工区、车辆列检所、工务领工区、水电工区、建筑领工区、行车公寓以及后来建的贵宾招待所，越南驻山腰交接所由中方山腰站提供办公室及住所。

行车主要设备有：到发线 3 股（包括正线），有效长 225—371 米；调车线 3 股，有效长 172—225 米；牵出线 1 股，有效长 243 米；检衡线 1 股，有效长 257 米；货物线 1 股，有效长 180 米，货拉 8 个。货运设备有 100 平方米零担车仓库 1 幢，1000 平方米整车仓库 1 幢，简易仓库 4 个，机械轨道衡 1 台，最大称量 60 吨。

信号设备为电气路签闭塞，8001 型壁板电锁器联锁，1974 年更新为 8505 型色灯电锁器联锁。通讯设备国内设调度、闭塞、各站、扳道、养路、公安电话、音响电报等部门；国境区段设山腰至新铺通信线 1 对，装设莫尔斯电报；河口至老街间闭塞线 1 对。1979 年以前，中国对越南开 3 路载波电话，载波端机由中国提供。1996 年恢复联运，根据两国协定新开 12 路载波电话 1 对。

机车配备根据能力和需求调整，按越南铁路列车通过能力老街安沛间 10 对，安沛海防间 15 对，安沛同登间 7 对，但当时只有提供 5 对列车的能力，1959 年提供 7 对。1961 年，碧河段接入货物七十余万吨，腊哈地芷村区段设计能力 16 对，但倮姑—波渡箐间只能开行 13.5 对，比需要能力少 4.5 对。

3. 中越国际铁路联运规模

中越国际铁路联运对双方都有利。当时，云南经沾益与内地的物资交流须经汽车、火车两次换装，费用高，时间长，若经越南过境，既节省运费，又缩短了运输时间。对越南方面来说，联运有利于中国援越物资的运输，而且货物过境又增加了收入。云南出口货物主要为粮食、锡、铅、磷矿石、磷矿粉、百货等，由凭祥经海防进入云南的有钢材（钢轨）、机器设备、化肥、石油、百货等。1958 年 3 月到年底，联运进出口各类物资 17 万吨，超过法国公司管理时期的任何一年。1958—1966 年经山腰站运出货物总计 198 万吨，运入 195 万吨，其中交越南 50 万吨（大部分系无偿援助物资），接受越南 16 万吨。1964 年以后由于越南越战爆发，昆河铁路承担起抗美援越物资运输。[①]

表 6 – 3 昆河铁路中越联运 1958—1968 年运量表[②]

单位：吨

年度	出口	进口	年度	出口	进口
1958	84346	89278	1969	9070	4970
1959	243733	274442	1970	6413	
1960	283861	347885	1971	22813	
1961	199441	291067	1972	80997	
1962	163367	198567	1973	64328	
1963	200071	219740	1974	61668	
1964	230997	274219	1975	41008	
1965	142594	154220	1976	29240	
1966	43373	48280	1977	8938	
1967	63356	23204	1978	511	
1968	1154	26814	合计	1981279	1952686

1966 年贵昆铁路通车，云南的铁路与全国铁路网络联通，绕道越南的国际联运物资大为减少。1967 年中越过境运输终止，中越国际联运仅限于中方援越物资出口和越方少量出口物资。1970 年起中越联运只剩下中方援越物资的单向运输，主要有大米、玉米、水泥、盐、煤、军品等。

（二）昆河铁路与援越抗美战争

1964 年秋发生"北部湾事件"之后，美国不断增兵南越，同时对北越义安、鸿基、清化等地区进行轰炸，越南战争升级。1965 年美国直接派军队参与越南战争，越南战争全面爆发。越南人民开始了抗击美国侵略者的战争，

① 云南省地方志编纂委员会编：《云南省志·铁道志》，云南人民出版社 1994 年版，第 175—176 页。
② 云南省地方志编纂委员会编：《云南省志·铁道志》，云南人民出版社 1994 年版，第 176 页。

越南人民反对美国霸权的战争得到世界爱好和平与反对霸权的国家与人民的同情与支持。中国与当时的越南民主共和国都属于社会主义阵营，中国承担起抗美援越战争的重任，滇越铁路承担起抗美援越战争的军运民运，中越国际联运以抗美援越军运民运物资为主导。

1965年10月起至1973年底，昆河铁路承载了持续8年之久的援越抗美物资运输。其间共装车17096辆，开行军列274列，加上其他准轨铁路装车5486辆，军车205列，总共运送人员17万余人，物资43万余吨，完成了援越抗美部队的作战、施工、生活供应、换防和回撤的各项任务。①

此外，在援越抗美战争期间，云南铁路除做好援助物资运输外，还在许多方面对越南铁路给予援助：（一）支援米轨车辆及货车篷布，自1965—1977年供越南铁路使用被美机轰炸后返还铁路局修理或报废的货车就有160辆。（二）赠送机车两台。又先免费借用后作价拨给越南一批米轨机车、罐车。铁道部已拨昆局尚存放太原的米轨机车多台也交越方使用。（三）帮助修理机车。（四）大批越南机车、客货车辆疏散中方存放。（五）自1965年以来中方联运机车到新铺后，都应越方要求帮助调车，一直延续到1977年。②

1978年8月，中越国际联运中断。联运期间20年共完成联运量404万吨，其中进口198万吨，出口多为援越物资，累计206万吨。③

表6-4　山腰站1958—1978年进出口货物运量④

单位：吨

年度	出口				进口				进出口合计
	云南—凭祥	云南—海防	云南—越南	计	凭祥—云南	海防—云南	越南—云南	计	
1958	84995	26923		111918	100636	23266		123903	235822

---

① 云南省地方志编纂委员会编：《云南省志·铁道志》，云南人民出版社1994年版，第183页。
② 云南省地方志编纂委员会编：《云南省志·铁道志》，云南人民出版社1994年版，第176页。
③ 云南省开远市志编纂委员会编：《开远市志》，云南人民出版社1996年版，第163页。
④ 转引自昆明铁路局志编纂委员会《昆明铁路局志》，中国铁道出版社2005年版，第350页。

续表

年度	出口				进口				进出口合计
	云南—凭祥	云南—海防	云南—越南	计	凭祥—云南	海防—云南	越南—云南	计	
1959	209024	31257	1582	241864	231237	49109	9436	289782	531647
1960	244991	30349	4669	279939	296272	51335	9227	356834	626773
1961	200758	384	1158	202300	233879	32159	15148	281186	483486
1962	158332	3135	1180	162647	176998	18560	2641	198199	360846
1963	173487	890	27270	201647	216901	1015	1424	219340	420987
1964	218978	3350	7986	230314	363140		13219	276359	506573
1965	106768		3030	141936	111123		43061	154184	296120
1966	4171		47012	51183	31102		17261	48363	99546
1967			70796	70796			23685	23685	94481
1968			35961	35961			1224	1224	37185
1969			12406	12406			5033	5033	17439
1970			6292	6292					6292
1971			23313	23313					23313
1972			80105	80125					80105
1973			70361	70361					70361
1974			60991	60991					60991
1975			41008	41008					41008
1976			27286	27286					27286
1977			8873	8873					8873
1978			511	511					511
合计	1401434	99318	560898	2061652	1661288	175444	141359	1978093	4039745

表 6 – 5　1958—1978 年中越联运（过境）运量①

单位：吨

年度	联运进口	联运出口	合计	资料来源
1958	123903	111919	235822	
1959	28783	241864	531647	
1960	356834	279939	636773	
1961	281186	202300	483486	
1962	198199	162647	360846	
1963	219340	201647	420987	
1964	276359	230314	506673	
1965	154184	141936	296120	
1966	48363	51183	99546	
1967	23685	70796	94481	
1968	1224	35961	37185	昆明局国际联运处档
1969	5033	12406	17439	案 78 – 10 号统计表
1970		6292	6292	
1971		23313	23313	
1972		80105	80105	
1973		70361	70361	
1974		60991	60991	
1975		4108	41008	
1976		27286	27286	
1977		8873	8873	
1978		551	551	

　　至 1978 年 8 月中越国际联运中断，联运期间 20 年共完成联运量 404 万吨，其中进口 198 万吨，出口多为援越物资，累计 206 万吨，② 年均 19.2 万吨。1958 年至 1966 年年均 39.7 万吨（运出 18 万吨，运进 21.7 万吨），1960 年最高运出 28 万吨，运进 35.7 万吨。按货物流向与总量的比例，云南凭祥

---

① 转引自昆明铁路局志编纂委员会编《昆明铁路局志》，中国铁道出版社 2005 年版，第 352 页。

② 云南省开远市志编纂委员会编：《开远市志》，云南人民出版社 1996 年版，第 163 页。

间运进166.2万吨，运出140.1万吨；云南海防间运送物资27.5万吨，运出大于运进；云南越南间运送货物70.2万吨，运出占运进的4倍，主要是运送援越物资。其中进出主要物资品类及其占总量的比例，1958年至1964年运进钢材占17.9%，石油占15.8%，化肥占12.5%，日用工业品占12.3%，钢轨及路料占7.1%，机器占6.2%，金属工业品占5%，其它是云南急需的生活物资；运出矿石矿粉占24.5%，粮食占16.8%，精锡占9.7%，日用工业品占9.7%，铅占8.4%，钢材占5.4%，烤烟占4.4%，其它为云南土特产、农副产品。以1972年援越物资运输为例，各主要物资与总量比例为：水泥占40.9%，粮食占39.6%，煤占5.7%，盐占3.7%。[①]

（三）中越国际铁路联运中断

20世纪70年代，中越关系恶化。1978年8月29日17时35分，越方在信号机上钉上白色十字架；30日凌晨3时许，拆除中越大桥越方人行道木板；5时许，滇越铁路越段新铺站站长电告中方，以要修理线路和大桥为借口，由老街站推出一辆棚车置于中越河口铁路大桥越南一侧，并用钢丝网封闭，越南封闭滇越铁路。中方山腰站站长于9月8日奉命致电越方新铺站站长，对越方擅自封锁中越河口铁路大桥，破坏两国铁路协议提出抗议。1978年12月29日、31日，中越双方驻对方交接人员离境回国，中越国际联运被中断。1979年2月17日，越方将河口大桥管内的墩、梁破坏，中越关系恶化。

（四）20世纪末至21世纪初中越国际铁路联运的恢复和发展

1. 中越关系正常化

20世纪末随着国际格局的变化，中越关系缓和，逐渐正常化，中越两国从根本利益和长远利益出发，希望两国睦邻友好、积极合作、共同发展。

1990年9月3—4日，越共中央总书记阮文灵、越南政府部长会议主席（即总理）杜梅和越共中央顾问、越南政府前总理范文同到成都与时任中共中

---

① 转引自昆明铁路局志编纂委员会编《昆明铁路局志》，中国铁道出版社2005年版，第349—350页。

央总书记江泽民、国务院总理李鹏举行了两天内部会谈，双方就政治解决柬埔寨问题和恢复两国正常化关系达成了共识。会谈结束时，两国领导人签署了会谈纪要，为中越关系正常化扫清了障碍。

1991 年 11 月 5—10 日，应江泽民总书记和李鹏总理的邀请，越南共产党中央总书记杜梅和部长会议主席（越南目前已经把部长会议改为政府，其首脑为总理）武文杰率领的越南高级党政代表团正式访问中国。越南高级党政代表团访问中国，标志着中越两国关系经过十多年风风雨雨之后又走向正常化。江泽民同志在双边会谈中说："在两国关系经历了一段曲折之后，中越两国领导人今天坐在一起举行高级会晤，具有重要意义。这是一次'结束过去、开辟未来'的会晤。它标志着两国关系已经实现了正常化，并必将对两国关系产生深远的影响"①。1991 年 11 月 10 日，中越两国发表了联合公报，双方将在和平共处五项原则的基础上发展睦邻友好关系，并根据四项原则恢复中越两党的正常关系。

2. 中越国际铁路联运的恢复

为恢复中断的中越国际铁路联运，中国铁道部和越南交通运输部于 1992 年 1 月 9 日—14 日在越南河内举行了关于修改《中越过境铁路协定》问题的会谈。会谈结束时，双方草签了《中华人民共和国铁道部和越南社会主义共和国交通运输邮电部国境铁路协定》。同年 3 月 8 日，越交通运输邮电部裴名流部长率团来华访问，与铁道部部长李森茂正式签署《中华人民共和国铁道部和越南社会主义共和国交通运输邮电部国境铁路协定》。

1996 年 1 月 19—25 日，中国铁道部和越南交通运输部在南宁举行专家会谈，并签订会议纪要，商定了关于恢复国际铁路客货联运问题草案。1 月 29 日，国林副部长率中国铁道部代表团访问越南，与越南交通部运输部代表团就恢复中越国际铁路客货联运问题进行了会谈，于 2 月签署了会谈纪要，双方决定"自 1996 年 2 月 12 日起正式恢复经凭祥—同登、山腰—新铺（老街）铁路口岸办理国际联运（包括过境运输）"②，在滇越铁路首先恢复货物联运。

---

① 《人民日报》，1991 年 11 月 10 日。
② 王馨源：《中国铁路国际联运大事记（1950—1999）》，中国铁道出版社 2002 年版，第 149 页。

2 月 14 日，中越铁路恢复货物运输典礼在山腰国际联运办理站举行。5 月 24 日，首列满载货物的火车经过河口中越大桥通往越南，中断多年的中越国际铁路货运联运正式恢复。

1996 年 11 月，中越铁路专家组在昆明至越南首都河内间进行了国际旅客列车联运试运行，认证国际旅客列车联运条件基本成熟。

3. 中越国际铁路联运的发展

中越国际铁路联运货运业自 1996 年由开远铁路分局发送的 4.09 万吨货物，到 2000 年增长到 45.1 万吨，出口物资在五年间增长了 10 倍。中国出口的主要为煤、焦炭、钢铁、非金属矿、化肥、化工、机械、金属制品、建筑材料、农副产品等货物，其中工业制成品占很大比例；越南出口的货物以食品初级品、工矿、农产品等原材为主。中越两国形成了互惠互利的互补关系。

表 6-6　1996—2000 年中越联运（过境）运量①

单位：吨

年度	联运进口	联运出口	合计	资料来源
1996	229	40666	40895	昆明局国际联运处档案 78—10 号统计表
1997	37206	133990	171196	
1998	92218	186829	279047	
1999	97480	222930	320338	
2000	99470	351975	451445	

1997 年 4 月 18 日，中越双方分别在中国昆明和越南河内举行中越铁路国际旅客联运列车首发式。当日，由昆明北站直达越南河内的首趟国际联运客车正式开行，自 1940 年停运、中断 57 年的滇越铁路国际联运客运业务再次恢复。中越双方联运车组各编组 3 辆，中方软卧客车 2 辆，硬卧客车 1 辆，附挂列车是昆明北站至河口的 633/4 次旅客快车，每周五分别由昆明北站和越南河内车站附挂旅客列车始发对开，经边境站交接，附挂对方列车运行到终点站，每周日再从对方折返。行程单程 765 公里，其中中国境内 468 公里。

---

①　转引自昆明铁路局志编纂委员会编《昆明铁路局志》，中国铁道出版社 2005 年版，第 352 页。

中国境内客运业务在昆明北站、宜良站、开远站、河口站办理，客运乘务由开远客运段和昆明东车辆段选派 9 名乘务人员组成乘务组。中越双方为乘务组人员提供必要的工作和生活条件。

国际联运客车每周五分别由昆明北站和越南河内始发对开，编组 3 辆，每周日在对方折返，行程 2 天。1997 年，即客运复通当年，两国各开行列车 34 趟，输送旅客 1457 人，其中出境 851 人，入境 624 人。1998 年出境旅客 952 人、入境旅客 1204 人，其中，中方车组共运送 1204 人，越方车组运送 833 人。① 伴随旅游业的持续发展，2000 年 12 月 10 日在越南河内签订《中越国境铁路第二十四次会议议定书》，"5933 次开国际联运客车，昆明北每星期五、日开行；5124 次国际联运客车，河内每星期六、一开行；LC4 次国际联运客车，河内每星期六、一到达。LC1 次国际联运客车，河内每星期五、日开行；5121 次国际联运客车，老街每星期六、一开行；5934 次国际联运客车，昆明北每星期日、二到达。"②

为了适应中越国际联运增长的需求，中越双方不断提升滇越铁路运能，昆明铁路局坚持内涵扩大再生产，采取多种措施挖掘运输潜力，如：河口山腰站由于地形限制，原有货场较小，运能已经趋于饱和，铁道部和昆明铁路局于 2002 年共同投资 500 万元的新建联运货场，当年即投入使用，使山腰站的国际联运能力达到了 70 万吨；在加强装卸车组织方面，各站段利用列车间隔时间和到发线进行快速换装，增加夜晚装卸时间等，2004 年"米轨日均装车完成 769 车，同比增加 75 车；日均卸车完成 770 车，同比增加 76 车。"③ 2005 年"米轨日均装车突破 800 车大关，达到 854 车，同比增加 85 车，增长 10.5%"。2006 年"国际联运完成 117.9 万吨，同比增运 10 万吨，增长 8.9%。"④ 越南方面更换了马力更大的机车，加快了货物的吞吐。

2007 年，受越南矿业政策保护的影响，并限制粮食类货物出口，加之国内联运车辆不足，国际货物联运发送量开始下降，2008 年联运量仅为 84.4 万

① 昆明铁路局志编纂委员会编：《昆明铁路局志》，中国铁道出版社 2005 年版，第 296 页。
② 昆明铁路局志编纂委员会编：《昆明铁路局志》，中国铁道出版社 2005 年版，第 296 页。
③ 云南经济年鉴编辑部编：《云南经济年鉴》，德宏民族出版社 2005 年版，第 82 页。
④ 铁道部档案史志中心编：《中国铁道年鉴》（2007），中国铁道出版社 2007 年版，第 387 页。

吨。2010 年，米轨铁路运输组织调整，"米轨实行列车大区间运行，开行王家营—宜良、宜良—开远、开远—山腰（国际联运、兼路料运输）、开远—雨过铺（蒙自）、雨过铺—官家山货物列车及开远—小龙潭—巡检司间煤炭运输小运转列车，日开行 31 对，最大拉运能力 509 车/日"。① 调整后的米轨铁路更显运力不足，加之昆河高速已经通车，其他公路网络也发展迅速，公路运输挤占了国际联运的大部分份额，铁路国际联运勉强维持。

2014 年底，蒙河铁路正式开通运营。河口口岸形成了准轨和米轨铁路并用的运输格局，中越两国互联互通更加便利，铁路国际联运持续升温。为满足中越双边贸易运输需求，昆明铁路局着力创新中越国际联运新产品，推出"米轨直通国际联运、准米轨整车换装国际联运、集装箱国际联运和公铁联运"四种国际联运方式，百年滇越米轨铁路呈现出新一轮的活力。

2015 年，开远车务段及时与云南云天化红磷分公司取得联系，促成中越化肥供需双方合作，中越铁路双方还达成了铁路运输协议。由此，在开远市十里村火车站装车，发往越南老街省、海防港的化肥国际联运专列顺利始发。"3 月 7 日，开行滇越铁路国际联运化肥专列，将化肥运往越南；4 月 13 日，百年滇越铁路首次开行集装箱国际联运专列，打通了中越铁路集装箱国际联运大通道，为实现中国与南亚、东南亚地区的互联互通提供了便利。"②

为深化路地企战略合作，发挥米轨直通国际联运更大作用，增强中越铁路国际联运品牌效应，经中国铁路昆明局集团有限公司和云南云天化股份有限公司红磷分公司商定，组织开行中国开远站至越南海防站间国际货运班列。通过班列化运输组织方式，固定车次、路线、班期和全程运行时刻，提高铁路运输质量。为红磷分公司提供 35 万吨/年出口化肥、30 万吨/年进口硫黄的全程物流服务。2017 年 12 月 18 日，随着首趟满载 496 吨化肥的中亚（开远—海防）国际货运班列从开远站始发，标志着中亚（开远—海防）国际货运班列首发，列车将通过米轨铁路直达越南海防。与此同时，满载 496 吨的进口硫黄的列车也从海防驶向开远。

---

① 云南年鉴社编：《云南年鉴》（2011），云南年鉴社 2011 年版，第 199 页。
② 《滇越铁路服务"一带一路"成效初显国际联运量逐月攀升》，http：// news. xinhuanet. com/ local/2015–06/23/c_ 1115692638. htm。

　　这次开行的中亚班列，开行后运行时间约 68 小时，比原来运行时间压缩 12 小时左右，运输成本压缩 10%，取得中越两国路地企"三赢"的良好效果。开行中亚班列，是全国首趟米轨国际货运班列，开远站与海防站间按每天两列组织对开，列车编组为 16 至 18 辆，年运量为 65 万吨左右，这将为中国铁路在中亚国际货运班列上全面开展铁路国际货运业务奠定坚实的基础。

参考资料

中共中央马克思恩格斯列宁斯大林著作编译局译：《马克思恩格斯选集》第一卷，人民出版社 1972 年。

中共中央马克思恩格斯列宁斯大林著作编译局译：《马克思恩格斯全集》第二十一卷，人民出版社 1965 年。

中共中央马克思恩格斯列宁斯大林著作编译局译：《马克思恩格斯全集》第九卷，人民出版社 1965 年。

中共中央马克思恩格斯列宁斯大林著作编译局译：《马克思恩格斯全集》第三十八卷，人民出版社 1972 年。

中共中央马克思恩格斯列宁斯大林著作编译局译：《列宁全集》，人民出版社 1972 年。

［英］肯德著，李抱宏等译：《中国铁路发展史》，生活·读书·新知三联书店，1958 年。

［英］菲利普·约瑟夫著，胡滨译：《列强对华外交（1894—1900）——对华政治经济关系的研究》，商务印书馆 1959 年。

［法］米歇尔·博德著，吴艾美、杨慧玫译：《资本主义史：1500—1980》，东方出版社 1986 年。

［法］絮勒·卡纳尔：《黑非洲》，巴黎 1858 年。

［泰］姆·耳·马尼奇·琼赛著，厦门大学外文系翻译小组译：《泰国与柬埔寨史》，福建人民出版社 1970 年

［美］马士·宓亨利著，姚曾廙译：《远东国际关系史》，上海书店出版社 1998 年。

《美国外交文件》（英文），1868 年，第 1 卷。

［英］D. G. E. 霍尔著，中山大学东南亚历史研究所译：《东南亚史》下册，商务印书馆 1982 年。

［英］约瑟夫著，湖滨译：《列强对华外交（1894—1900）——对华政治经济关系的研究》，商务印书馆 1959 年。

［法］奥古斯特·弗朗索瓦（方苏雅）著，罗顺江、胡宗荣译：《晚清纪事——一个法国外交官的手记》，云南美术出版社 2001 年。

［英］H. R. 戴维斯著，李安泰等译：《云南：联结印度和扬子江的锁链：19 世纪一个英国人眼中的云南社会状况及民族风情》，云南教育出版社 2001 年。

《清实录》，中华书局 1987 年。

云南省历史研究所编：《清实录·云南部分》，云南人民出版社 1986 年。

［德］郭士立：《贸易通志》，清光绪十七年（1891）上海著易堂铅印《小方壶斋舆地丛钞》本。

法国资料，苏曾贻译：《滇越铁路纪要》（1919），云南大学图书馆藏，D304.34。

杨觐东：《滇事危言初集》，毓华印书局 1911 年。

陈晖著：《中国铁路问题》，上海新知书店，民国二十五年（1936）初版。

《修正军委会西南运输处组织大纲》，云南省档案馆未刊原件。

《海防分处工作报告（1940 年 11 月）》，未刊原件，云南省档案馆，全宗 54，目 1，卷 44。

《河内分处组织简章（1938 年 3 月）》，未刊原件，云南省档案馆，全宗 54，目 3，卷 1。

《海防分处工作报告（1940 年 11 月）》，未刊原件，云南省档案馆，全宗 54，目 31，卷 1493。

《海防分处工作报告（1940 年 11 月）》，未刊原件，云南省档案馆，全宗 54，目 31，卷 1493。

《北华捷报》（英文），1870 年 1 月 8 日。

《滇话报》，1908 年创刊号，第 17 页。

王丕承：《路警之性质》，《路警周刊》，1926 年第 2 期。

《云南民国日报》，1939 年 7 月 16 日。

《人民日报》1957 年 12 月 26 日。

王铁崖编：《中外旧约章汇编》，生活·读书·新知三联书店 1957 年。

宓汝成编：《近代中国铁路史资料》（中册），（台北）文海出版社 1977 年。

王彦威、王亮辑：《清季外交史料》，书目文献出版社 1987 年版。

黄国安等编：《近代中越关系史资料选编》上，广西人民出版社 1986 年。

杜恂诚：《民族资本主义与旧中国政府（1840—1937）》，上海社会科学院，
1991 年。

石源华：《中华民国外交史》，上海人民出版社 1994 年。

中国社会科学院近代史研究所译：《顾维钧回忆录》，中华书局 1985 年。

沈云龙主编：《近代中国史料丛刊续编》，文海出版社刊印。

方国瑜主编：《云南史料丛刊》第 12 卷，云南大学出版社 2001 年。

中国第二历史档案馆编：《中华民国史档案资料汇编》第 5 辑，江苏古籍
出版社 1997 年。

中国第一历史档案馆、北京师范大学历史系编：《辛亥革命前十年间民变
档案史料》（下册），中华书局 1985 年。

中国人民政治协商会议全国委员会文史资料研究委员会编：《文史资料选
辑》第七辑，中华书局 1960 年。

中国社会科学院近代研究所《近代史资料》编译室主编：《云南杂志选
辑》，知识产权出版社 2013 年。

龙云修，周钟岳等编，李春龙等点校：《新纂云南通志》，云南人民出版
社 2007 年。

云南省志编纂委员会办公室编：《续云南通志长编》中册，云南省志编纂
委员会办公室 1986 年。

云南省地方志编纂委员会编：《云南省志·铁道志》，云南人民出版社 1994 年。

云南省地方志编纂委员会编：《云南省志·海关志》，云南人民出版社 1996 年。

云南省地方志编纂委员会编：《云南省志·对外经济贸易志》，云南人民出版

社 1998 年。

昆明铁路局志编纂委员会编：《昆明铁道局志》，中国铁道出版社 2005 年。

开远铁路分局志编纂委员会编：《开远铁路分局志》上册，中国铁道出版社 1997 年。

红河哈尼族彝族自治州志编纂委员会编：《红河州志》第三卷，生活·读书·新知三联书店 1997 年。

红河州地方志编撰委员会编：《红河州志》（上），云南人民出版社 2013 年。

蒙自县志编纂委员会编：《蒙自县志》，中华书局 1995 年版。

云南省开远市志编纂委员会编：《开远市志》，云南人民出版社 1996 年。《石屏县志》，云南人民出版社 2005 年。

河口瑶族自治县志编纂委员会编：《河口瑶族自治县志》，生活·读书·新知三联书店 1994 年。

云南省石屏县志编纂委员会编：《石屏县志（1986—2000）》，云南人民出版社 2005 年。

贵阳铁路分局史志办公室编：《开远铁路分局年鉴》，中国铁道出版社出版 1992 年版，

云南年鉴社编：《云南年鉴》（2011），云南年鉴社，2011 年

铁道部档案史志中心编：《中国铁道年鉴》（2006），中国铁道出版社 2006 年。

铁道部档案史志中心编：《中国铁道年鉴》（2007），中国铁道出版社 2007 年

云南经济年鉴编辑部编：《云南经济年鉴》，德宏民族出版社 2005 年。

宓如成：《帝国主义与中国铁路》，经济管理出版社 2007 年。

西南地区文史资料协作会议编：《抗战时期西南的交通》，云南人民出版社 1992 年。

王馨源：《中国铁路国际联运大事记（1950—1999）》，中国铁道出版社 2002 年。

陈辉燎：《越南人民抗法八十年史》，生活·读书·新知三联书店 1973 年。

云南省历史学会、云南省中国近代史研究会编：《云南辛亥革命史》，云南大学出版社 1991 年。

王荣堂、姜德昌等主编：《新编世界近代史》，吉林人民出版社 1981 年。

责任编辑：邵永忠

封面设计：黄桂月

图书在版编目（CIP）数据

滇越铁路史研究 / 王玉芝　著 . —北京：人民出版社，2020.11
ISBN 978-7-01-021077-3

Ⅰ . ①滇…　Ⅱ . ①王…　Ⅲ . ①铁路运输—交通运输史—云南

　　Ⅳ . ① F532.9

中国版本图书馆 CIP 数据核字（2019）第 156634 号

滇越铁路史研究
DIANYUE TIELUSHI YANJIU

王玉芝　著

人民出版社出版发行

（100706　北京市东城区隆福寺街 99 号）

环球东方（北京）印务有限公司印刷　新华书店经销
2020 年 11 月第 1 版　2020 年 11 月北京第 1 次印刷
开本：710 毫米 ×1000 毫米　1/16　印张：14
字数：225 千字

ISBN 978-7-01-021077-3　定价：45.00 元

邮购地址　100706　北京市东城区隆福寺街 99 号
人民东方图书销售中心　电话（010）65250042　65289539